Obras completas
Sigmund Freud

Volumen 9

# Obras completas
## Sigmund Freud

Ordenamiento, comentarios y notas de James Strachey
con la colaboración de Anna Freud,
asistidos por Alix Strachey y Alan Tyson

Traducción directa del alemán de José L. Etcheverry

Volumen 9 (1906-08)

El delirio y los sueños
en la «Gradiva» de W. Jensen
y otras obras

Amorrortu editores
Buenos Aires - Madrid

Los derechos que a continuación se consignan corresponden a todas las obras de Sigmund Freud incluidas en el presente volumen, cuyo título en su idioma original figura al comienzo de la obra respectiva.

© Copyright del ordenamiento, comentarios y notas de la edición inglesa, James Strachey, 1959
Copyright de las obras de Sigmund Freud, Sigmund Freud Copyrights Ltd.
© Copyright de la edición castellana, Amorrortu editores S.A., Paraguay 1225, 7° piso (1057) Buenos Aires, 1976

www.amorrortueditores.com

Amorrortu editores España S.L., C/López de Hoyos 15, 3° izquierda - 28006 Madrid

Primera edición en castellano, 1979; segunda edición, 1986; primera reimpresión, 1989; segunda reimpresión, 1992; tercera reimpresión, 1993; cuarta reimpresión, 1996; quinta reimpresión, 1999; sexta reimpresión, 2003; séptima re-impresión, 2006; octava reimpresión, 2007; novena reimpresión, 2010; décima reimpresión, 2012; undécima reimpresión, 2014; duodécima reimpresión, 2020; décima tercera reimpresión, 2022

Traducción directa del alemán: José Luis Etcheverry
Traducción de los comentarios y notas de James Strachey: Leandro Wolfson
Asesoramiento: Santiago Dubcovsky y Jorge Colapinto
Corrección de pruebas: Rolando Trozzi y Mario Leff

Publicada con autorización de Sigmund Freud Copyrights Ltd., The Hogarth Press Ltd., The Institute of Psychoanalysis (Londres) y Angela Richards. Primera edición en *The Standard Edition of the Complete Psychological Works of Sigmund Freud*, 1959; sexta reimpresión, 1975.

La reproducción total o parcial de este libro en forma idéntica o modificada por cualquier medio mecánico o electrónico, incluyendo fotocopia, grabación o cualquier sistema de almacenamiento y recuperación de información, no autorizada por los editores, viola derechos reservados. Cualquier utilización debe ser previamente solicitada.

Queda hecho el depósito que previene la ley n° 11.723.

Industria argentina. Made in Argentina.

ISBN 978-950-518-575-7 (Obras completas)
ISBN 978-950-518-585-6 (Volumen 9)

Freud, Sigmund
 Obras completas : El delirio y los sueños en la Gradiva de W. Jensen y otras obras : 1906-1908.- 2ª ed. 13ª reimp.- Buenos Aires : Amorrortu, 2022.
 v. 9, 272 p. ; 23x14 cm.
 Traducción de: José Luis Etcheverry
 ISBN 978-950-518-585-6
 1. Psicoanálisis. I. José Luis Etcheverry, trad. II. Título.
 CDD 150.195

Impreso en los Talleres Gráficos Leograff, Rucci 408, Valentín Alsina, provincia de Buenos Aires, en mayo de 2022.

Tirada de esta edición: 2.000 ejemplares.

# Indice general

Volumen 9

xi Advertencia sobre la edición en castellano
xiv Lista de abreviaturas

1 El delirio y los sueños en la «Gradiva» de W. Jensen (1907 [1906])

3 Nota introductoria, *James Strachey*
7 *El delirio y los sueños en la «Gradiva» de W. Jensen*
78 Posfacio a la segunda edición (1912)

81 La indagatoria forense y el psicoanálisis (1906)

83 Nota introductoria, *James Strachey*
87 *La indagatoria forense y el psicoanálisis*

97 Acciones obsesivas y prácticas religiosas (1907)

99 Nota introductoria, *James Strachey*
101 *Acciones obsesivas y prácticas religiosas*

111 El esclarecimiento sexual del niño (Carta abierta al doctor M. Fürst) (1907)

113 Nota introductoria, *James Strachey*
115 *El esclarecimiento sexual del niño (Carta abierta al doctor M. Fürst)*

123 El creador literario y el fantaseo (1908 [1907])

125 Nota introductoria, *James Strachey*
127 *El creador literario y el fantaseo*

137 Las fantasías histéricas y su relación con la bisexualidad (1908)

139 Nota introductoria, *James Strachey*
141 *Las fantasías histéricas y su relación con la bisexualidad*

149 Carácter y erotismo anal (1908)

151 Nota introductoria, *James Strachey*
153 *Carácter y erotismo anal*

159 La moral sexual «cultural» y la nerviosidad moderna (1908)

161 Nota introductoria, *James Strachey*
163 *La moral sexual «cultural» y la nerviosidad moderna*

183 Sobre las teorías sexuales infantiles (1908)

185 Nota introductoria, *James Strachey*
187 *Sobre las teorías sexuales infantiles*

203 Apreciaciones generales sobre el ataque histérico (1909 [1908])

205 Nota introductoria, *James Strachey*
207 *Apreciaciones generales sobre el ataque histérico*

213 La novela familiar de los neuróticos (1909 [1908])

215 Nota introductoria, *James Strachey*
217 *La novela familiar de los neuróticos*

221 Escritos breves (1906-09)
223 Respuesta a una encuesta «Sobre la lectura y los buenos libros» (1906)
225 Presentación de la serie *Schriften zur angewandten Seelenkunde* (1907)
227 Prólogo a Wilhelm Stekel, *Nervöse Angstzustände und ihre Behandlung* (1908)
229 Prólogo a Sándor Ferenczi, *Lélekelemzés: értekezések a pszichoanalizis köréböl* (1910 [1909])

231 Bibliografía e índice de autores
243 Indice alfabético

# Advertencia sobre la edición en castellano

El presente libro forma parte de las *Obras completas* de Sigmund Freud, edición en 24 volúmenes que ha sido publicada entre los años 1978 y 1985. En un opúsculo que acompaña a esta colección (titulado *Sobre la versión castellana*) se exponen los criterios generales con que fue abordada esta nueva versión y se fundamenta la terminología adoptada. Aquí sólo haremos un breve resumen de las fuentes utilizadas, del contenido de la edición y de ciertos datos relativos a su aparato crítico.

La primera recopilación de los escritos de Freud fueron los *Gesammelte Schriften*,[1] publicados aún en vida del autor; luego de su muerte, ocurrida en 1939, y durante un lapso de doce años, aparecieron las *Gesammelte Werke*,[2] edición ordenada, no con un criterio temático, como la anterior, sino cronológico. En 1948, el Instituto de Psicoanálisis de Londres encargó a James B. Strachey la preparación de lo que se denominaría *The Standard Edition of the Complete Psychological Works of Sigmund Freud*, cuyos primeros 23 volúmenes vieron la luz entre 1953 y 1966, y el 24° (índices y bibliografía general, amén de una fe de erratas), en 1974.[3]

La *Standard Edition*, ordenada también, en líneas generales, cronológicamente, incluyó, además de los textos de Freud, el siguiente material: 1) Comentarios de Strachey previos a cada escrito (titulados a veces «*Note*», otras «*Introduction*»). 2) Notas

---

[1] Viena: Internationaler Psychoanalytischer Verlag, 12 vols., 1924-34. La edición castellana traducida por Luis López-Ballesteros (Madrid: Biblioteca Nueva, 17 vols., 1922-34) fue, como puede verse, contemporánea de aquella, y fue también la primera recopilación en un idioma extranjero; se anticipó así a la primera colección inglesa, que terminó de publicarse en 1950 (*Collected Papers*, Londres: The Hogarth Press, 5 vols., 1924-50).
[2] Londres: Imago Publishing Co., 17 vols., 1940-52; el vol. 18 (índices y bibliografía general) se publicó en Francfort del Meno: S. Fischer Verlag, 1968.
[3] Londres: The Hogarth Press, 24 vols., 1953-74. Para otros detalles sobre el plan de la *Standard Edition*, los manuscritos utilizados por Strachey y los criterios aplicados en su traducción, véase su «General Preface», vol. 1, págs. xiii-xxii (traducido en lo que no se refiere específicamente a la lengua inglesa, en la presente edición como «Prólogo general», vol. 1, págs. xv-xxv).

numeradas de pie de página que figuran entre corchetes para diferenciarlas de las de Freud; en ellas se indican variantes en las diversas ediciones alemanas de un mismo texto; se explican ciertas referencias geográficas, históricas, literarias, etc.; se consignan problemas de la traducción al inglés, y se incluyen gran número de remisiones internas a otras obras de Freud. 3) Intercalaciones entre corchetes en el cuerpo principal del texto, que corresponden también a remisiones internas o a breves apostillas que Strachey estimó indispensables para su correcta comprensión. 4) Bibliografía general, al final de cada volumen, de todos los libros, artículos, etc., en él mencionados. 5) Indice alfabético de autores y temas, al que se le suman, en ciertos casos, algunos índices especiales (p. ej., «Indice de sueños», «Indice de operaciones fallidas», etc.).

El rigor y exhaustividad con que Strachey encaró esta aproximación a una edición crítica de la obra de Freud, así como su excelente traducción, dieron a la *Standard Edition* justo renombre e hicieron de ella una obra de consulta indispensable.

La presente edición castellana, traducida directamente del alemán,[4] ha sido cotejada con la *Standard Edition*, abarca los mismos trabajos y su división en volúmenes se corresponde con la de esta. Con la sola excepción de algunas notas sobre problemas de traducción al inglés, irrelevantes en este caso, se ha recogido todo el material crítico de Strachey, el cual, como queda dicho, aparece siempre entre corchetes.[5]

Además, esta edición castellana incluye: 1) Notas de pie de página entre llaves, identificadas con un asterisco en el cuerpo principal y referidas, las más de las veces, a problemas propios de la traducción al castellano. 2) Intercalaciones entre llaves en el cuerpo principal, ya sea para reproducir la palabra o frase original en alemán o para explicitar ciertas variantes de traducción (los vocablos alemanes se dan en nominativo singular o, tratándose de verbos, en infinitivo). 3) Un «Glosario alemán-castellano» de los principales términos especializados, anexo al antes mencionado opúsculo *Sobre la versión castellana*.

Antes de cada trabajo de Freud, se consignan en la *Standard Edition* sus sucesivas ediciones en alemán y en inglés; por nues-

---

[4] Se ha tomado como base la 4ª reimpresión de las *Gesammelte Werke*, publicada por S. Fischer Verlag en 1972; para las dudas sobre posibles erratas se consultó, además, Freud, *Studienausgabe* (Francfort del Meno: S. Fischer Verlag, 11 vols., 1969-75), en cuyo comité editorial participó James Strachey y que contiene (traducidos al alemán) los comentarios y notas de este último.

[5] En el volumen 24 se da una lista de equivalencias, página por página, entre las *Gesammelte Werke*, la *Standard Edition* y la presente edición.

tra parte, proporcionamos los datos de las ediciones en alemán y las principales versiones existentes en castellano.[6]

Con respecto a las grafías de las palabras castellanas y al vocabulario utilizado, conviene aclarar que: *a*) En el caso de las grafías dobles autorizadas por las Academias de la Lengua, hemos optado siempre por la de escritura más simple («trasferencia» en vez de «transferencia», «sustancia» en vez de «substancia», «remplazar» en vez de «reemplazar», etc.), siguiendo así una línea que desde hace varias décadas parece imponerse en la norma lingüística. Nuestra única innovación en este aspecto ha sido la adopción de las palabras «conciente» e «inconciente» en lugar de «consciente» e «inconsciente», innovación esta que aún no fue aprobada por las Academias pero que parecería natural, ya que «conciencia» sí goza de legitimidad. *b*) En materia de léxico, no hemos vacilado en recurrir a algunos arcaísmos cuando estos permiten rescatar matices presentes en las voces alemanas originales y que se perderían en caso de dar preferencia exclusiva al uso actual.

Análogamente a lo sucedido con la *Standard Edition*, los 24 volúmenes que integran esta colección no fueron publicados en orden numérico o cronológico, sino según el orden impuesto por el contenido mismo de un material que debió ser objeto de una amplia elaboración previa antes de adoptar determinadas decisiones de índole conceptual o terminológica.[7]

---

[6] A este fin, entendemos por «principales» la primera traducción (cronológicamente hablando) de cada trabajo y sus publicaciones sucesivas dentro de una colección de obras completas. La historia de estas publicaciones se pormenoriza en *Sobre la versión castellana*, donde se indican también las dificultades de establecer con certeza quién fue el traductor de algunos de los trabajos incluidos en las ediciones de Biblioteca Nueva de 1967-68 (3 vols.) y 1972-75 (9 vols.).
En las notas de pie de página y en la bibliografía que aparece al final del volumen, los títulos en castellano de los trabajos de Freud son los adoptados en la presente edición. En muchos casos, estos títulos no coinciden con los de las versiones castellanas anteriores.
[7] El orden de publicación de los volúmenes de la *Standard Edition* figura en *AE*, 1, pág. xxi, *n*. 7. Para esta versión castellana, el orden ha sido el siguiente: 1978: vols. 7, 15, 16; 1979: vols. 4, 5, 8, 9, 11, 14, 17, 18, 19, 20, 21, 22; 1980: vols. 2, 6, 10, 12, 13, 23; 1981: vols. 1, 3; 1985: vol. 24.

# Lista de abreviaturas

(Para otros detalles sobre abreviaturas y caracteres tipográficos, véase la aclaración incluida en la bibliografía, *infra*, pág. 231.)

| | |
|---|---|
| AE | Freud, *Obras completas* (24 vols.). Buenos Aires: Amorrortu editores, 1978-85. |
| BN | Freud, *Obras completas*. Madrid: Biblioteca Nueva.* |
| EA | Freud, *Obras completas* (19 vols.). Buenos Aires: Editorial Americana, 1943-44. |
| GS | Freud, *Gesammelte Schriften* (12 vols.). Viena: Internationaler Psychoanalytischer Verlag, 1924-34. |
| GW | Freud, *Gesammelte Werke* (18 vols.). Volúmenes 1-17, Londres: Imago Publishing Co., 1940-52; volumen 18, Francfort del Meno: S. Fischer Verlag, 1968. |
| RP | *Revista de Psicoanálisis*. Buenos Aires: Asociación Psicoanalítica Argentina, 1943-. |
| SA | Freud, *Studienausgabe* (11 vols.). Francfort del Meno: S. Fischer Verlag, 1969-75. |
| SE | Freud, *The Standard Edition of the Complete Psychological Works* (24 vols.). Londres: The Hogarth Press, 1953-74. |
| SKSN | Freud, *Sammlung kleiner Schriften zur Neurosenlehre* (5 vols.). Viena, 1906-22. |
| SR | Freud, *Obras completas* (22 vols.). Buenos Aires: Santiago Rueda, 1952-56. |

---

* Utilizaremos la sigla *BN* para todas las ediciones publicadas por Biblioteca Nueva, distinguiéndolas entre sí por la cantidad de volúmenes: edición de 1922-34, 17 vols.; edición de 1948, 2 vols.; edición de 1967-68, 3 vols.; edición de 1972-75, 9 vols.

| | |
|---|---|
| *Dichtung und Kunst* | Freud, *Psichoanalytische Studien an Werken der Dichtung und Kunst.* Viena, 1924. |
| *Neurosenlehre und Technik* | Freud, *Schriften zur Neurosenlehre und zur psychoanalytischen Technik (1913-1926).* Viena, 1931. |
| *Sexualtheorie und Traumlehre* | Freud, *Kleine Schriften zur Sexualtheorie und zur Traumlehre.* Viena, 1931. |

# El delirio y los sueños en la «Gradiva» de W. Jensen
(1907 [1906])

# Nota introductoria

## Der Wahn und die Träume in W. Jensens «Gradiva»

*Ediciones en alemán*

1907 Leipzig y Viena: H. Heller, 81 págs. *Schriften zur angewandten Seelenkunde*, Heft 1. (Reimpreso sin modificaciones, con la misma portada pero con nueva sobrecubierta, Leipzig y Viena: F. Deuticke, 1908.)
1912 $2^a$ ed. Leipzig y Viena: F. Deuticke, 87 págs. (Con el «Posfacio».)
1924 $3^a$ ed. La misma editorial. (Sin modificaciones.)
1925 *GS*, **9**, págs. 273-367.
1941 *GW*, **7**, págs. 31-125.
1975 *SA*, **10**, págs. 9-85.

*Traducciones en castellano**

1923 *El delirio y los sueños en la «Gradiva» de W. Jensen.* *BN* (17 vols.), **3**, págs. 301-413. Traducción de Luis López-Ballesteros.
1943 Igual título. *EA*, **3**, págs. 275-377. El mismo traductor.
1948 Igual título. *BN* (2 vols.), **1**, págs. 589-633. El mismo traductor.
1953 Igual título. *SR*, **3**, págs. 209-87. El mismo traductor.
1967 Igual título. *BN* (3 vols.), **1**, págs. 585-628. El mismo traductor.
1972 Igual título. *BN* (9 vols.), **4**, págs. 1285-336. El mismo traductor.

De los análisis de obras literarias efectuados por Freud, este fue el primero que se publicó, aparte, desde luego, de sus

---

* {Cf. la «Advertencia sobre la edición en castellano», *supra*, pág. xiii y n. 6.}

comentarios sobre *Edipo rey* y *Hamlet* en *La interpretación de los sueños* (1900a), *AE*, 4, págs. 270-4. Le había antecedido, no obstante, su breve análisis, enviado a Fliess con la carta del 20 de junio de 1898 (Freud, 1950a, Carta 91), de un cuento de Conrad Ferdinand Meyer, «Die Richterin» {La juez}. Según nos informa Ernest Jones (1955, pág. 382), fue Jung quien advirtió a Freud sobre la existencia de la obra de Jensen,[1] y se ha dicho que Freud escribió el presente trabajo especialmente para complacer a Jung. Esto acontecía en el verano de 1906, varios meses antes de que Freud y Jung tuvieran su primer encuentro, y por ende el episodio fue el heraldo de las cordiales relaciones que mantuvieron durante cinco o seis años. El estudio de Freud se publicó en mayo de 1907 y poco después él le envió un ejemplar a Jensen. A ello siguió una corta correspondencia, a la que se alude en el «Posfacio a la segunda edición» (*infra*, pág. 78); las tres esquelas que constituyeron el aporte de Jensen a este intercambio epistolar (datadas el 13 de mayo, 25 de mayo y 14 de diciembre de 1907) fueron publicadas en *Psychoanalytische Bewegung*, 1 (1929), págs. 207-11. Estas misivas son de tono muy amable y dan la impresión de que Jensen se sintió halagado por el análisis que realizó Freud de su cuento; incluso parece aceptar los lineamientos principales de su interpretación. En particular, declara que no recuerda haber replicado «con algún desabrimiento» cuando (tal como se lee *infra*, pág. 75) alguien (aparentemente Jung) le preguntó si tenía algún conocimiento acerca de las teorías de Freud.

Dejando de lado el significado más profundo que Freud apreció en la obra de Jensen, no hay duda de que en ella debe de haberle atraído especialmente el escenario en que fue situada. Su interés por Pompeya tenía antigua raigambre; en su correspondencia con Fliess lo evidencia más de una vez. Así, como asociación a la palabra «*via*» de uno de sus sueños[2] brinda «las calles de Pompeya, que estoy estudiando». Esto ocurría el 28 de abril de 1897 (Freud, 1950a, Carta 60, *AE*, 1, pág. 287), varios años antes de su visita a Pompeya, que tuvo lugar en setiembre de 1902. Sobre todo,

---

[1] Wilhelm Jensen (1837-1911) era un dramaturgo y novelista de Alemania septentrional, respetado pero no considerado de primera categoría.
[2] El sueño de «Villa Secerno», sobre el cual se informa en *La interpretación de los sueños* (1900a), *AE*, 4, pág. 323, si bien no se menciona allí la asociación con Pompeya.

lo fascinaba la analogía entre el destino histórico de Pompeya (su sepultamiento y la excavación ulterior) y los fenómenos psíquicos que le eran tan familiares —el sepultamiento por represión y la excavación del análisis—. Algo de esta analogía le fue sugerido por el propio Jensen (cf. *infra*, pág. 43), y aquí, como también en otros contextos, Freud se complugo en elaborarla.

Al leer este estudio de Freud conviene tener presente el lugar que cronológicamente ocupa entre sus obras como uno de sus primeros trabajos psicoanalíticos. Fue escrito sólo un año después de la primera publicación del historial clínico de «Dora» (1905*e*) y de los *Tres ensayos de teoría sexual* (1905*d*). De hecho, insertos en el análisis de *Gradiva* se hallan no únicamente una síntesis de su explicación de los sueños sino también el primero, quizá, de sus trabajos de divulgación sobre la teoría de la neurosis y la acción terapéutica del psicoanálisis. Es imposible no admirar la habilidad, casi digna de un prestidigitador, con la que extrae un material tan rico de lo que a primera vista no es más que una anécdota ingeniosa.[3] Pero sería erróneo subestimar el papel que le cupo en el resultado, siquiera inconcientemente, al mismo Jensen.

James Strachey

---

[3] En su *Presentación autobiográfica*(1925*d*), *AE*, **20**, pág. 61, Freud se refirió algo peyorativamente a *Gradiva* como «una breve novela, no muy valiosa en sí misma».

# I

En un círculo de hombres para quienes es un hecho que el empeño del autor de esta obra ha resuelto los enigmas más esenciales del sueño,[1] despertó cierto día la curiosidad de abordar aquellos sueños que jamás fueron soñados, sino creados por poetas* y atribuidos a unos personajes de invención dentro de la trama de un relato. La propuesta de someter a indagación este género de sueños acaso pareciera ociosa y sorprendente, pero desde un ángulo se la podía considerar justificada. En efecto, en modo alguno es creencia compartida que el sueño sea algo provisto de sentido e interpretable. La ciencia y la mayoría de las personas cultas sonríen cuando se les propone la tarea de una interpretación de los sueños; sólo el pueblo apegado a la superstición, que en esto no hace sino prolongar las convicciones de la Antigüedad, persevera en concebir interpretables los sueños; y el autor de *La interpretación de los sueños* ha osado tomar partido por los antiguos y por los supersticiosos contra el veto de la ciencia estricta. Bien lejos está, por cierto, de reconocer en el sueño un anuncio del futuro, en cuya revelación el hombre se ha afanado siempre, y siempre en vano, con toda clase de recursos ilegítimos. Pero tampoco podría desestimar en todas sus partes la referencia del sueño al futuro, pues tras dar cima a un laborioso empeño de traducción, el sueño se le presentó como un *deseo* que el soñante se figura como *cumplido*: ¿y quién pondría en duda que los deseos suelen dirigirse predominantemente al futuro?

Acabo de decir que el sueño es un deseo cumplido. A quien no le arredre reelaborar por sí mismo un libro difícil, quien no pida que para ahorrársele esfuerzos un enmarañado problema le sea expuesto de una manera fácil y sencilla, en detrimento de la exactitud y la verdad, ese puede buscar en la ya mencionada obra *La interpretación de los sueños* una circunstanciada prueba de aquella tesis, y hasta que ese momento llegue, dejar en suspenso las objeciones a la equipa-

---

[1] Cf. *La interpretación de los sueños* (Freud, 1900a).
* {«*Dichter*»; entiéndase «poeta» en el sentido lato de «creador literario».}

ración de sueño y cumplimiento de deseo, que seguramente le acudirán.

Pero nos hemos adelantado demasiado. Es que no se trata aún de comprobar si el sentido de un sueño puede ser reflejado en todos los casos mediante un deseo cumplido, o bien con igual frecuencia lo sería por una expectativa angustiada, un designio, una reflexión, etc. Más bien lo que está en cuestión es si el sueño en general posee un sentido, si debe concedérsele el valor de un proceso anímico. La ciencia responde por la negativa; declara al soñar un proceso puramente fisiológico, tras el cual, en consecuencia, sería vano buscar un sentido, un significado, un propósito. Unos estímulos corporales tocarían sobre el instrumento anímico mientras se duerme y así llevarían hasta la conciencia ora esta, ora estotra representación arrancada de la armonía total del alma. Los sueños sólo serían respingos, en modo alguno comparables a unos movimientos expresivos de la vida anímica.

En esta polémica sobre la apreciación del sueño, sólo los poetas parecen situarse del mismo lado que los antiguos, que el pueblo supersticioso y que el autor de *La interpretación de los sueños*. En efecto, cuando hacen soñar a esos personajes que su fantasía ha plasmado, responden a la cotidiana experiencia de que el pensar y sentir de los hombres prosigue en su dormir; y lo que ellos procuran no es otra cosa que pintar los estados de alma de sus héroes por medio de los sueños que les sobrevienen. Ahora bien, los poetas son unos aliados valiosísimos y su testimonio ha de estimarse en mucho, pues suelen saber de una multitud de cosas entre cielo y tierra con cuya existencia ni sueña nuestra sabiduría académica.\* Y en la ciencia del alma se han adelantado grandemente a nosotros, hombres vulgares, pues se nutren de fuentes que todavía no hemos abierto para la ciencia. ¡Ah! ¡Con tal que fuera inequívoco el pronunciamiento del poeta en favor del sentido de los sueños! Es que una crítica más severa podría objetar que él no toma partido ni en favor ni en contra del significado psíquico del sueño singular; se limita a mostrar cómo el alma durmiente se estremece bajo las excitaciones que conservaron en ella su eficacia como emisarias de la vida despierta.

Sin embargo, este desencanto no embotará nuestro interés por el modo en que los poetas se sirven del sueño. Si la indagación no está destinada a enseñarnos nada nuevo sobre

---

\* {Alude a *Hamlet*, acto I, escena 5: «*There are more things in heaven and earth, Horatio / Than are dreamt of in your philosophy*».}

la esencia de los sueños, acaso nos permita atisbar desde este ángulo un pequeño panorama sobre la naturaleza de la producción literaria. Es cierto que ya los sueños reales se consideran producciones desenfrenadas y exentas de reglas: ¡qué no serán entonces unas libres replasmaciones de esos sueños! Pero en la vida anímica hay mucho menos libertad y libre albedrío de lo que nos inclinamos a suponer; acaso ni siquiera los haya. Harto sabido es: lo que llamamos contingencia en el mundo ahí fuera se resuelve en leyes; y también descansa en leyes —oscuramente vislumbradas por ahora— lo que en lo anímico llamamos «libre albedrío». Veamos, entonces.

Dos caminos habría para esa indagación. Uno, profundizar en un caso especial, en las creaciones oníricas de una sola obra de cierto autor. El otro consistiría en recopilar y cotejar todos los ejemplos de empleo de los sueños que pudieran hallarse en las obras de diversos autores. El segundo camino parece sin duda el más acertado, y acaso el único lícito, pues a poco andar nos libra de los perjuicios que conlleva adoptar el artificial concepto unitario de «el poeta». Por obra de la indagación, esta unidad se nos descompone en los poetas individuales de muy diversa valía, en algunos de los cuales solemos venerar a los conocedores más profundos de la vida anímica humana. A pesar de lo dicho, ocupará estas páginas una indagación del primer tipo. En aquel círculo de hombres en que nació la sugerencia, las cosas sucedieron así: Alguien[2] se acordó de que en la obra literaria con que últimamente se deleitara había varios sueños que le ofrecieron, por así decir, un rostro familiar, tentándolo a ensayar en ellos el método de *La interpretación de los sueños*. Confesó que el tema y el lugar de esa breve composición habían desempeñado la parte principal en su deleite: la historia se desenvolvía en el suelo de Pompeya y trataba de un joven arqueólogo que perdió interés en la vida por consagrárselo a los restos del pasado clásico, y era devuelto al presente por un rodeo asombroso, pero de todo punto correcto. Y mientras trataba ese material genuinamente poético, en el lector se movieron toda clase de resonancias emparentadas y acordes con aquel. Pues bien, esa obra era la novela breve *Gradiva*, de Wilhelm Jensen, definida por su propio autor como «fantasía pompeyana».

Y ahora debería pedir, en verdad, a todos mis lectores que dejaran este folleto y lo sustituyeran durante un buen tiempo por *Gradiva*, aparecida en librerías en **1903**; así

---

[2] [Se refiere a Jung; cf. mi «Nota introductoria», *supra*, pág. 4.]

podré referirme en lo que sigue a algo familiar. Empero, para quienes ya han leído *Gradiva*, devolveré a su memoria el contenido del relato mediante una breve síntesis, confiando en que desde su propio recuerdo le restablezcan todo el encanto que yo no le puedo dar.

Un joven arqueólogo, Norbert Hanold, ha descubierto en una colección de antigüedades, en Roma, un bajorrelieve que lo atrae con exclusión de cualquier otra cosa, a punto tal que le causa gran alegría poder conservar de él un excelente calco en yeso que colgará en una pared de su gabinete de trabajo, situado en una ciudad universitaria alemana, donde podrá estudiarlo con interés. Figura a una joven doncella, pero que ya no es una niña, en tren de andar; recoge un poco su vestido, que le cae en abundantes pliegues, de suerte que pueden verse sus pies calzados con sandalias. Uno descansa de lleno sobre el piso, mientras el otro, en el amago de seguirlo, apenas roza el suelo con la punta de los dedos en tanto la planta y el talón se elevan casi verticalmente.* La manera de caminar ahí figurada, inhabitual y de un particular encanto, probablemente atrajo la atención del artista y tantos siglos después aún cautivaba la mirada de nuestro contemplador arqueológico.

El interés de nuestro héroe por el bajorrelieve descrito es el hecho psicológico fundamental del relato. No es fácilmente explicable: «El doctor Norbert Hanold, profesor de arqueología, en realidad no hallaba nada digno de nota para su ciencia en ese bajorrelieve» (*G*, pág. 3).³ «No atinaba a explicarse qué podía haberle llamado la atención en él. Pero lo cierto era que algo le atrajo, y este efecto de la primera mirada se mantuvo sin mengua desde entonces». Y su fantasía se ocupa sin descanso de esa imagen. El le descubre un cierto «ahora», como si el artista hubiera fijado su visión «del natural» por la calle. Confiere un nombre a esta doncella figurada en el acto de andar: «Gradiva», «la que avanza»;⁴ fabula que es sin duda la hija de una casa noble, quizá «de un *aedilis* patricio** que ejercía su cargo en nombre de Ceres», y que por eso se encamina al templo de la diosa. Luego hay algo en él que se resiste a incluir su apariencia calma y sosegada en la maquinaria de una gran ciu-

---

* {Véase la lámina que aparece frente a la pág. 24.}
³ [La letra *G* seguida del número de página remite a Jensen, *Gradiva*, 1903.]
⁴ [La derivación del nombre es explicitada *infra*, pág. 42.]
** {Magistrado encargado del cuidado de los edificios públicos.}

dad; llega a convencerse de que es preciso situarla más bien en Pompeya, y es allí donde camina sobre esas curiosas piedras que acababan de desenterrarse y que en tiempo lluvioso servían de calzada para cruzar de un lado al otro de la calle, a la vez que permitían el paso de los carruajes. El perfil de su rostro se le antoja de tipo *griego*, e indudable su linaje helénico; de esta manera, toda su ciencia sobre la Antigüedad entra paulatinamente al servicio de las fantasías que va tejiendo en torno de la figura que sirvió de original al bajorrelieve.

Pero luego lo asedia un pretendido problema científico que demanda solución. Para él se trata de dirimir un juicio crítico: «¿Había tomado el artista del natural la manera de andar que fijó en Gradiva?». El no logró imitarla; y entonces, en su afán de averiguar la «realidad efectiva» de esa manera de andar, dio en «aclarar las cosas haciendo por sí mismo observaciones del natural» (*G*, pág. 9). Ello lo forzó, es cierto, a obrar de un modo que le era por completo ajeno: «El sexo femenino había sido hasta ese momento para él una entelequia de mármol o de terracota, y jamás había prestado la menor atención a sus coetáneas». Las reuniones sociales le parecieron siempre un fastidio inevitable; tanto no veía ni escuchaba a las jóvenes damas con quienes le tocaba compartirlas que, topándose por la calle con las que poco antes habían compartido con él una tertulia, pasaba de largo sin saludarlas; esto, desde luego, no lo presentaba ante ellas bajo una luz favorable. No obstante, la tarea científica que se había impuesto lo constriñó a mirar con celo por la calle los pies que llegaban a descubrirse de señoras y doncellas, hiciera buen tiempo o lloviese, y sobre todo cuando esto último sucedía; semejante actividad le valió muchas miradas de disgusto y no pocas de aliento de las así observadas, «pero él no atendía a lo uno ni a lo otro» (*G*, pág. 10). El resultado de esos prolijos estudios no pudo menos que ser este: el andar de Gradiva no se registraba en la realidad, lo cual le hacía lamentarse y lo llenaba de disgusto.

Poco después tuvo un sueño que le deparó terrible angustia: lo trasladó a la antigua Pompeya el día de la erupción del Vesubio y lo hizo testigo del sepultamiento {*Untergang*} de la ciudad. «De pronto, estando en el borde del *Forum*, junto al templo de Júpiter, vio a Gradiva a corta distancia frente a sí; hasta ese momento ni se le había ocurrido que ella pudiera estar ahí, pero ahora todo se le aclaró de golpe y le pareció natural que, siendo nacida en Pompeya, viviera en la ciudad de sus padres y, *sin que él lo hubiese notado, fuese su contemporánea*» (*G*, pág. 12). La angustia por el destino que se cernía sobre ella le arrancó un grito de advertencia, ante el cual la aparición que sosegada avanzaba volvió hacia él su rostro. Pero sin atender más prosiguió su camino hasta el *porticus* del templo[5] y allí se sentó en una de las gradas, sobre la cual reclinó lentamente su cabeza, al par que su rostro empalidecía más y más como si se trasmudara en blanco mármol. El se acercó corriendo y la halló tendida sobre la espaciosa grada, como durmiendo con expresión serena; al fin, su figura desapareció cubierta por la lluvia de ceniza.

Al despertar, creía oír todavía la confusa grita de los moradores de Pompeya en busca de salvación, y el bramido sordo y amenazador del mar embravecido. Pero aun después que recobró el sentido de las cosas y hubo discernido en esa algarabía el alboroto de la gran ciudad que despertaba a su ajetreo, durante un buen rato siguió creyendo en la realidad de lo soñado; cuando por fin se libró de la representación de que él mismo había presenciado el sepultamiento de Pompeya dos milenios antes, le quedó como convencimiento verídico que Gradiva había vivido en Pompeya y allí resultó enterrada en el año 79. Tal continuación hallaron sus fantasías sobre Gradiva por el duradero efecto de ese sueño, que sólo ahora la lloraba como a difunta.

Mientras prisionero de estos pensamientos miraba por la ventana, atrajo su atención un canario que por una ventana abierta de la casa lindera dejaba oír, desde la jaula, su canción. De pronto, algo como un sacudimiento estremeció al que no parecía del todo despierto de su sueño. Creía haber visto por la calle una figura como la de su Gradiva, y aun haberla discernido por su característico caminar; sin pensarlo más se lanzó a la calle para darle alcance, y sólo la risa y las burlas de la gente por su impropio atuendo matinal lo devolvieron con rapidez a su vivienda. En su cuarto, lo ocupó otra vez el canario que cantaba en la jaula, incitándolo a establecer una comparación con su propia persona. También él se encontraba como en la jaula, sólo que —pensó— le resultaba más fácil abandonarla. Como si siguiera bajo el efecto del sueño, acaso también bajo el influjo del tibio aire primaveral, se plasmó en él la decisión de emprender un viaje de primavera a Italia; pronto le halló un pretexto científico, aunque «la impulsión a viajar le había nacido de una sensación inefable» (*G*, pág. 24).

---

[5] [El templo de Apolo.]

Abandonamos por un momento este viaje de motivación asombrosamente vaga para considerar mejor la personalidad y el trajín de nuestro héroe. Todavía nos parece incomprensible y necio; no vislumbramos el camino por el cual su necedad particular se enlazaría con lo humano para conquistarse nuestra simpatía. Es privilegio del poeta dejarnos en esa incertidumbre; con la belleza de su lenguaje y sus atinadas ocurrencias nos premia provisionalmente la confianza que en él depositamos y la simpatía, inmerecida aún, que aprontamos hacia su héroe. Acerca de este nos comunica, además, que ya por tradición familiar estaba destinado a ser un investigador de las antigüedades clásicas, y luego de quedar solo y en posición económica independiente se consagró por entero a su ciencia, extrañándose de la vida y sus goces. Para su sentimiento, el mármol y el bronce eran lo único realmente vivo, aquello en que se expresaban el fin y el valor de la vida humana. Empero, y acaso con benévolo propósito, la naturaleza había instilado en su sangre un correctivo completamente acientífico: una vivísima fantasía, que no sólo en sueños, sino hasta en la vigilia, solía arrebatarlo. Esa segregación de la fantasía respecto de la capacidad de pensar lo destinaba a ser poeta o neurótico, lo incluía entre aquellos hombres cuyo reino no es de este mundo. Así pudo sucederle que su interés se prendara de un bajorrelieve en que se figuraba a una doncella de paso singular, que la urdiera en sus fantasías, le fabulara un nombre y un linaje, situara luego a ese personaje por él creado en la Pompeya enterrada más de 1.800 años antes, y por último, tras un curioso sueño de angustia, elevara la fantasía de la existencia y el sepultamiento de la doncella llamada Gradiva a la condición de un delirio que cobró influjo sobre sus actos. Raras e impenetrables nos parecerían esas operaciones de la fantasía si las encontráramos en alguien realmente vivo. Como nuestro héroe Norbert Hanold es una criatura de su autor, acaso nos gustaría preguntar tímidamente a este si su fantasía estuvo comandada por otros poderes que los de su propio albedrío.

Dejamos a nuestro héroe en el momento en que, al parecer por obra del canto de un canario, fue movido a emprender un viaje a Italia, cuyo motivo, es evidente, no le resultaba claro. Y luego nos enteramos de que ni siquiera se atuvo con firmeza a la meta y el fin de ese viaje. Un desasosiego y una insatisfacción interiores lo empujaron de Roma a Nápoles, y más lejos aún. Topó con el entusiasmo de las parejas en viaje de bodas, viéndose entonces forzado a ocuparse de los tiernos «August» y «Grete»,* absolutamente incapaz de comprender su obrar y trajinar. De tal modo, llegó a concluir que entre todas las necedades de los seres humanos, «la de casarse ocupaba sin duda el primer puesto, como la mayor y la más inconcebible, y sus absurdos viajes de bodas a Italia coronaban, por así decir, esa locura» (G, pág. 27). En Roma, la vecindad de una tierna pareja turbó su dormir; enseguida se precipitó a Nápoles, sólo para reencontrar allí otros «August» y «Grete». Como de sus pláticas creyó sacar en limpio que la mayoría de estos casales no pensaban anidar entre el cascajo de Pompeya, sino dirigir su vuelo hacia Capri, se resolvió a hacer lo que no hacían ellos; y así, «contra toda expectativa y todo deliberado propósito», a pocos días de su partida se encontró en Pompeya.

Sin embargo, tampoco ahí halla el reposo que busca. El papel que antes desempeñaron las parejas en viaje de bodas que inquietaban su ánimo y asediaban sus sentidos, lo cumple ahora la mosca doméstica, en la que se inclina a ver la encarnación del mal absoluto y de lo absolutamente superfluo. Ambas clases de espíritus martirizadores se le confundieron en una unidad: numerosas parejas de moscas le recordaban a las humanas en viaje de bodas, y podía conjeturar que en su lengua también se apelarían «mi incomparable August» y «mi dulce Grete». Por fin, no pudo dejar de reconocer que «su insatisfacción no nacía sólo de lo que hallaba en su entorno; en parte, brotaba de él mismo» (G, pág. 42). «Se sentía desazonado, algo le faltaba y no podía precisar qué».

A la mañana siguiente se encaminó a Pompeya a través del «*Ingresso*»; tras despedir al guía, erró sin rumbo por la ciudad sin acordarse —asombrosamente— de que poco antes había asistido en sueños a su enterramiento. Después, cuando en la «ardiente, sagrada» [G, pág. 51] hora del mediodía, que los antiguos consideraban la hora de los espíritus, los otros visitantes se hubieron retirado a guarecerse y las ruinas desiertas y relumbrantes de sol yacían frente a él, se le despertó la capacidad para remontarse hasta la vida sumergida, pero no con el auxilio de la ciencia. «Lo que esta enseñaba era una inerte visión arqueológica, y lo que acudía a sus labios, una lengua filológica, muerta. Y ello de nada valía para capturar las cosas con el alma, el ánimo, el corazón o como se quisiera decir; pero quien tuviera el

---

* {Nombres genéricos con que se designa en la novela a los novios en viaje de bodas.}

ansia de hacerlo debía permanecer aquí, en la ardiente paz del mediodía, solo, único ser vivo entre las reliquias del pasado, y no para ver ni escuchar con ojos y oídos corporales. Entonces... despertaban los muertos y Pompeya empezaba a revivir» (*G*, pág. 55).

Mientras así anima el pasado con su fantasía, ve de pronto a la inconfundible Gradiva de su bajorrelieve; con su andar alígero y grácil, marcha por las piedras de lava de la calzada para cruzar al otro lado de la calle, tal y como la viera en el sueño de aquella noche, cuando se recostó como para dormir sobre las gradas del templo de Apolo. «Y junto con este recuerdo, otra cosa más le acudió por primera vez a la conciencia: Había viajado a Italia y seguido su viaje hasta Pompeya, sin detenerse apenas en Roma y Nápoles, y desconociendo la impulsión interior que lo movía para tratar de descubrir allí huellas de su paso. Y esto último en el sentido literal, pues dada su particularísima manera de caminar tenía que haber dejado en la ceniza la impronta de sus dedos, que se distinguiría de todas las demás» (*G*, pág. 58).

La tensión en que el poeta nos ha mantenido hasta ahora se acrecienta en este lugar hasta extremarse por un momento en penosa perplejidad. No es sólo nuestro héroe quien manifiestamente ha perdido el equilibrio; nosotros mismos nos encontramos desorientados ante la aparición de Gradiva, hasta allí una figura de piedra y una imagen de la fantasía. ¿Es una alucinación de nuestro héroe deslumbrado por el delirio, un espectro «real», o una persona de carne y hueso? Y no es que debamos creer en espectros para formular esas alternativas. El autor, que ha subtitulado «fantasía» a su relato, no ha hallado todavía ocasión ninguna de aclarar si se propone dejarnos en este universo nuestro que se proclama positivo, gobernado por las leyes de la ciencia, o conducirnos a algún otro mundo fantástico en que se atribuyera realidad a espíritus y espectros. Como lo demuestran los ejemplos de *Hamlet*, de *Macbeth*, estaríamos prontos a internarnos con él, sin vacilar, en un universo así. En ese caso habría que medir con otro rasero el delirio de ese arqueólogo embelesado de fantasía. Y si consideramos cuán improbable sería la existencia real de una persona que en su aparición se mostrara idéntica a aquella antigua imagen de piedra, nuestra serie de posibilidades se reduce a una alternativa: alucinación o espectro del mediodía. Un pequeño trazo de la descripción pronto elimina la primera posibilidad. Una gran lagartija yace inmóvil, extendida al rayo del sol, y hete aquí que, al acercarse el pie de Gradiva, huye arrastrándose por las piedras de lava de la calle. Entonces no era una alucinación, sino algo exterior a los sentidos de nuestro soñante. Pero, ¿la realidad de una rediviva habría de espantar a una lagartija?

Delante de la Casa de Meleagro desaparece Gradiva. No nos asombra que Norbert prosiga su delirio diciéndose que en torno de él Pompeya ha empezado a revivir en la hora meridiana de los espíritus, y por eso también Gradiva ha vuelto a la vida e ingresa en la casa donde moraba hasta aquel fatal día de agosto del año 79. Devana agudas conjeturas sobre la personalidad del propietario que habría dado su nombre a esa casa, y así muestra que ahora su ciencia ha entrado íntegra al servicio de su fantasía. Ya en el interior de esa casa, redescubre de pronto a la aparición sentada sobre unas gradas bajas entre dos columnas amarillas. «Sobre sus rodillas yacía algo blanco desplegado que su vista no alcanzaba a distinguir con claridad; le pareció una hoja de papiro...». Bajo las premisas de la última combinación que había urdido acerca de su linaje, se dirigió a ella en griego, aguardando temeroso el averiguar de ese modo si en su existencia aparente le había sido deparada la facultad del lenguaje. Como no le respondiera, trocó su alocución por una en latín. Entonces se escuchó, de sonrientes labios: «Si quiere usted hablar conmigo, es preciso que lo haga en alemán».

¡Qué bochorno para nosotros, lectores! Conque también a nosotros nos ha burlado el autor instilándonos, como por reflejo del reverberante sol de Pompeya, un pequeño delirio que nos obliga a juzgar más benignamente al pobrecillo sobre quien quema, sí, el verdadero sol del mediodía. Pero ahora, restablecidos de esa breve confusión, sabemos que Gradiva es una muchacha alemana de carne y hueso, justo lo que nos parecía más inverosímil. Entonces tenemos derecho a esperar con calmosa superioridad hasta averiguar el vínculo que pueda existir entre la muchacha y su figura en piedra, y cómo nuestro joven arqueólogo dio en esas fantasías referidas a la personalidad real de ella.

No tan rápido como nosotros fue arrancado nuestro héroe de su delirio, pues «si la fe redimía —dice el autor—, le era preciso aceptar una buena suma de cosas incomprensibles» (*G*, pág. 140), y además es probable que ese delirio tenga en su interioridad unas raíces de las que nada sabemos y a nosotros nos faltan. Sin duda precisaría de un tratamiento a fondo que lo recondujera a la realidad. Por el momento no puede hacer más que adecuar su delirio a la maravillosa experiencia que acaba de hacer. Gradiva, sepultada junto con Pompeya, no puede ser sino un espectro del mediodía retornado a la vida en la breve hora de los espíritus. Pero, ¿por qué se le escapa a Hanold, tras aquella respuesta dada en lengua alemana, la exclamación: «¡Yo sabía que así era el sonido de tu voz!»? No sólo nosotros; la misma muchacha se ve llevada a preguntarlo, y él debe admitir que nunca ha escuchado esa voz, pero esperaba oírla aquella vez, en el sueño, cuando la llamó mientras ella se recostaba en las gradas del templo para dormir. Le ruega que vuelva a hacerlo como entonces, pero ella se pone en pie, le dirige una mirada de extrañeza y desaparece a los pocos pasos entre las columnas del atrio. Un momento antes había revoloteado una bella mariposa, y él la interpreta como mensajera del Hades para indicar el regreso a la difunta, pues expiraba la hora meridiana de los espíritus. Hanold alcanza a enviar todavía a la que desaparece el llamado: «¿Regresarás mañana aquí a la hora del mediodía?». Pero a nosotros, proclives ahora a interpretaciones más sobrias, casi nos parece que la joven dama ha visto algo inaudito en el ruego que Hanold le dirigió y por eso lo deja, ofendida, pues nada podía saber sobre su sueño. ¿Acaso su fina sensibilidad no habrá columbrado la naturaleza erótica del ruego, que para Hanold estaba motivado por referencia a su sueño?

Tras la desaparición de Gradiva, nuestro héroe pasa revista a todos los huéspedes presentes a la mesa del Hotel Diomède, y luego también a los del Hotel Suisse; puede decirse entonces que en ninguno de los dos albergues de Pompeya, los únicos de que tenía noticia, hay una persona que posea el más remoto parecido con Gradiva. Desde luego que habría debido rechazar como un contrasentido la expectativa de encontrar realmente a Gradiva en alguno de los dos hospedajes. El vino pisado en el ardiente suelo del Vesubio contribuye luego a aumentarle el vértigo en que pasó la jornada.

El único punto firme para el día siguiente era que Hanold debía regresar a la Casa de Meleagro a la hora meridiana; en la espera de ese momento ingresa a Pompeya por un camino inusual, atravesando la antigua muralla. Un ramillete de asfódelos con sus campánulas blancas le parece bastante significativo, como flor del mundo subterráneo, para recogerlo y llevarlo consigo. Pero durante su espera la íntegra ciencia de la Antigüedad se le antoja lo más falto de finalidad y lo más indiferente del mundo, pues otro interés se ha apoderado de él: averiguar «de qué contextura sería la aparición corpórea de un ser como Gradiva, un ser muerto y al mismo tiempo vivo, aunque esto último sólo a la hora meridiana de los espíritus» (G, pág. 80). También recela de no encontrar hoy a la buscada, pues acaso sólo se le permite retornar a largos intervalos; por eso cuando vuelve a percibir su aparición entre las columnas la tiene por un espejismo de su fantasía, lo cual le arranca la dolorosa exclamación: «¡Oh! ¡Ojalá existieras y estuvieras viva!». Sólo que esta vez evidentemente se había vuelto demasiado crítico, pues la aparición posee una voz que le pregunta si es a ella a quien trae las blancas flores, y entabla larga plática con él, que ha vuelto a caer en total desconcierto.

A los lectores, para quienes Gradiva ya se ha hecho interesante como personalidad viva, el poeta nos comunica que el disgusto y rechazo exteriorizados el día anterior en su mirada habían cedido el sitio a una expresión de inquisitiva curiosidad y apetito de saber. Así, de hecho lo explora, pide le aclare lo que le dijo el día anterior: cuándo estuvo junto a ella, que se recostaba para dormir; de ese modo se entera del sueño en que fue sepultada con su ciudad natal, y luego sabe del bajorrelieve y la posición del pie que tanto atrajera al arqueólogo. Ahora consiente también en hacer demostración de su andar, lo que permite comprobar una única diferencia respecto del original de Gradiva: la sustitución de las sandalias por un calzado claro, de color arena y de fino cuero; ella la explica como adecuación al presente. Es manifiesto que ella entra en su delirio, cuyo alcance total le sonsaca, sin contradecirlo. En una sola ocasión un afecto propio parece arrancarla de su papel: cuando él, pensando en su imagen del bajorrelieve, asevera haberla reconocido a la primera mirada. Como en ese punto de la plática ella aún no sabe nada del bajorrelieve, sin duda las palabras de Hanold le indujeron un malentendido, pero enseguida se hace dueña de sí y sólo a nosotros quiere parecernos que muchos de sus dichos suenan como de doble sentido: además de su significado dentro de la trama del delirio, mientan también algo real y presente. Por ejemplo, cuando lamenta que en aquella ocasión, por la calle, él no consiguiera comprobar la manera de andar de Gradiva: «¡Qué pena! Acaso no te hubiera hecho falta el largo viaje hasta aquí»

(*G*, pág. 89). Se entera también de que ha llamado «Gradiva» a su bajorrelieve, y le dice que su verdadero nombre es Zoe. «El nombre te queda muy lindo, pero me suena como amarga ironía, pues Zoe significa la vida». «Es preciso aceptar lo irreparable —replica ella—, y hace ya mucho tiempo que me he acostumbrado a estar muerta». Con la promesa de volver mañana al mismo sitio a la hora del mediodía, se despide de él tras requerirle el ramillete de asfódelos. «A quienes tienen mejor fortuna les obsequian rosas en primavera; pero para mí, la que corresponde de tu mano es la flor del olvido» (*G*, pág. 90). Claro está, la tristeza es lo adecuado para alguien difunto desde hace tanto tiempo, sólo por breves horas regresado a la vida.

Ahora empezamos a comprender y concebimos una esperanza. Si la joven dama en cuya figura ha revivido Gradiva acepta tan plenamente el delirio de Hanold, es probable que lo haga para librarlo de él. Y no hay otro camino para conseguirlo; mediante la contradicción uno se cierra esa posibilidad. Tampoco el tratamiento serio de un estado patológico real de esa índole podría hacer otra cosa que situarse al comienzo en el terreno del edificio delirante y entonces explorarlo de la manera más exhaustiva posible. Si Zoe es la persona idónea para ello, pronto sabremos de qué manera se cura un delirio como el de nuestro héroe. También nos gustaría saber de qué manera nace un delirio semejante. Rara coincidencia sería, mas no sin ejemplos ni paralelos, que tratamiento y exploración del delirio marcharan juntos y el esclarecimiento de su historia genética fuera justamente el resultado de su descomposición.* Desde luego, vislumbramos que nuestro caso clínico podría desembocar en una «corriente» historia de amor, pero no es lícito menospreciar al amor como potencia curativa del delirio; ¿y acaso el hecho de que nuestro héroe quedara prendado de la imagen de su Gradiva no equivale a un cabal enamoramiento, aun cuando dirigido todavía al pasado y a lo inerte?

Tras la desaparición de Gradiva resuena aún por un momento, desde la lejanía, algo así como el riente grito de un pájaro que sobrevolase la ciudad en ruinas. Hanold, que ha quedado solo, recoge algo blanco que Gradiva dejó abandonado: no es una hoja de papiro, sino un libro de esbozos con

* {O sea, su análisis.}

dibujos a lápiz sobre diversos motivos de Pompeya. Diríamos nosotros que es prenda de su retorno el haber olvidado allí el librillo, pues aseveramos que nada se olvida sin una razón secreta o un motivo oculto.

El resto del día aporta a nuestro Hanold toda clase de asombrosos descubrimientos y comprobaciones que él no atina a integrar en una totalidad. En el muro del *porticus* donde desapareció Gradiva, advierte hoy una estrecha grieta, empero lo bastante ancha para dejar pasar a una persona de inusual delgadez. Conoce que Zoe-Gradiva no necesitó hundirse en el suelo, cosa además tan contraria a razón que le avergüenza haberlo creído, sino que se valió de ese camino para dirigir sus pasos hacia su tumba. Una leve sombra le parece desvanecerse al término de la calle de los sepulcros, antes de la llamada Villa de Diomedes.

Presa del mismo vértigo que el día anterior, y ocupado en idénticos problemas, merodea ahora por los alrededores de Pompeya. Se pregunta cuál será la contextura corpórea de Zoe-Gradiva, y si uno sentiría algo tocándole la mano. Un curioso esfuerzo {*Drang*} lo lleva {*treiben*} al designio de emprender ese experimento, pero un horror no menos intenso lo disuade con solo representárselo.

En una ladera a pleno sol encuentra a un señor anciano que por sus pertrechos debía de ser un zoólogo o un botánico, y parecía ocupado en cazar algo. Este se volvió hacia él, diciéndole: «¿También usted se interesa por las *faraglionensis*? No lo hubiera creído, pero me parece de todo punto verosímil que no solamente habiten en los farallones de Capri, sino que con paciencia se las descubra además en tierra firme. El recurso indicado por mi colega Eimer[6] es realmente bueno; ya lo he empleado varias veces con el mejor de los éxitos. Por favor, manténgase inmóvil...» (*G*, pág. 96). El que hablaba se interrumpió entonces para tender un lazo, formado por un largo hilo de hierbas, en torno de una grieta en la roca por donde una lagartija asomaba su cabecita de azulinos destellos. Hanold dejó al cazador de lagartijas, con una idea crítica: era apenas creíble qué proyectos asombrosamente locos podían mover a la gente a emprender el largo viaje hasta Pompeya; claro que en esa crítica no se incluyó a sí mismo y su propósito de buscar en la ceniza de la ciudad las improntas del pie de Gradiva. Por otra parte, el rostro de ese señor se le antojó familiar, como si lo hubiera visto de pasada en alguno de los dos hospedajes, y además le había hablado como si lo conociera.

[6] [Un conocido zoólogo de la segunda mitad del siglo pasado.]

En su caminata llegó, por un atajo, a una casa que hasta entonces no había descubierto, y que resultó ser el tercer albergue, el «Albergo del Sole» {Albergue del Sol}. El hospedero, a la sazón desocupado, aprovechaba la oportunidad para elogiar su casa y los tesoros exhumados que ella contenía. Aseveraba haber estado presente también él cuando se descubrió en las proximidades del *Forum* a la joven pareja de enamorados que, conociendo el inevitable sepultamiento, se estrecharon en un abrazo y así esperaron la muerte. Hanold ya había oído antes esa historia, despreciándola con un encogimiento de hombros como fábula inventada por algún narrador fantasioso; pero hoy los dichos del hospedero despertaban en él una credulidad que no cedió cuando este trajo un prendedor de metal, cubierto por una verde pátina, que en su presencia había sido recogido entre las cenizas junto a los restos de la muchacha. Adquirió ese prendedor sin más reparos críticos, y cuando al abandonar el Albergo alcanzó a divisar un ramillete de asfódelos, poblado de flores blancas, que asomaba por una ventana abierta, la visión de esas flores funerarias se le impuso como confirmatoria de la autenticidad de su nueva adquisición.

Ahora bien, con ese prendedor un nuevo delirio había tomado posesión de él, o más bien el antiguo sumaba otra pequeña pieza; no parece un buen pronóstico para la terapia iniciada. No lejos del *Forum* se había exhumado a una joven pareja de amantes abrazados, y justamente en esas vecindades él había visto en el sueño a Gradiva recostarse para dormir en el templo de Apolo [cf. *supra*, pág. 12]. ¿No sería posible que en la realidad ella hubiera seguido camino, más allá del *Forum*, para encontrarse con alguien y morir luego juntos? De esta conjetura le nació un martirizador sentimiento que acaso podríamos equiparar a los celos. Se apaciguó meditando en lo incierto de esa combinación, y logró cobrar el suficiente ánimo para su cena en el Hotel Diomède. Dos huéspedes recién llegados, un hombre y una mujer, a quienes debió juzgar hermanos a causa de cierto parecido —aunque era diverso el color de sus cabellos—, atrajeron allí su atención. Entre las personas que había encontrado en su viaje, eran las primeras que le hacían una impresión simpática. Una roja rosa de Sorrento que la joven llevaba le despertó algún recuerdo, mas no pudo precisar cuál. Por fin se metió en cama y soñó; era un engendro singularmente disparatado, pero sin duda alguna construido a partir de las vivencias del día. «En algún lugar del Sol estaba Gradiva, hacía un lazo con hilo de hierbas para cazar una lagartija, y decía sobre eso: "Por favor, manténte inmóvil; la colega tiene razón, el recurso es realmente bueno y ella lo ha empleado con el mejor de los éxitos"». Todavía dormido se defendió de este sueño con la crítica de que era una rematada locura, y consiguió librarse de él con ayuda de un pájaro invisible que profirió un breve grito riente y se llevó la lagartija en el pico.

A pesar de tales fantasmas despertó más despejado y seguro. Un rosal, cuyas flores eran de la misma clase que ayer había notado en el pecho de la joven dama, le trajo a la memoria que en la noche alguien le había dicho que en primavera se obsequian rosas. Distraídamente cogió algunas, y sin duda a las rosas se anudaba algo que ejercía sobre su mente un efecto liberador. Desembarazado de su misantropía, dirigió sus pasos hacia Pompeya por el camino ordinario, cargado con las rosas, el prendedor de metal y el libro de esbozos, y ocupado en diversos problemas relacionados con Gradiva. El viejo delirio se había resquebrajado, ya dudaba de que ella tuviese permitido morar en Pompeya sólo a la hora meridiana y no en otros momentos. Pero a cambio de ello, el acento se había desplazado sobre la última pieza añadida al delirio, y los celos que de esta última se seguían lo martirizaban bajo variados disfraces. Casi desearía él que la aparición sólo fuera visible para sus ojos y se sustrajera a la percepción de los demás; así podría considerarla de su exclusiva propiedad. Durante su vagabundeo a la espera de la hora meridiana tuvo un sorprendente encuentro. En la Casa del Fauno divisó dos figuras que, refugiadas en un rincón y creyéndose a salvo de ajenas miradas, se confundían en un abrazo y unían sus labios. Con asombro las reconoció como la simpática pareja de la velada anterior. Pero por tratarse de dos hermanos su conducta presente, el abrazo y el beso, le parecieron demasiado prolongados; era entonces una pareja de enamorados, acaso de jóvenes esposos en viaje de bodas; también ellos, pues, un «August» y una «Grete». Ahora bien, asombrosamente, esa visión no le despertó esta vez sino complacencia, y temeroso de haber turbado una ceremonia secreta se retiró sin ser visto. Se había restablecido en él un respeto que por mucho tiempo le faltara.

Llegado a la Casa de Meleagro, volvió a sobrecogerle una angustia tan violenta de encontrar a Gradiva en compañía de otro que, ante su aparición, no halló otro saludo que preguntarle: «¿Estás sola?». Con dificultad deja que Gradiva lo lleve a tomar conciencia de que ha recogido las rosas para ella; le confiesa su último delirio, que ella fuera la muchacha a quien hallaron en el *Forum* en amoroso abrazo y a quien perteneció el verde prendedor. No sin un dejo de burla, ella le pregunta si encontró la pieza en el Sol. Este —aquí llamado *Sole*— produce parecidas cosas. Para curarle del mareo que él confiesa, le propone compartir su pequeña colación y le ofrece la mitad de un pan blanco envuelto en papel de seda, comiendo ella misma la otra mitad con visible apetito. Así se ven brillar entre sus labios los impecables dientes, que al morder la corteza producen un leve crujido. A su dicho: «Me parece como si ya una vez, hace dos mil años, hubiéramos comido así juntos nuestro pan. ¿No puedes acordarte?» (*G*, pág. 118), él no supo qué responder, pero el fortalecimiento de su mente por el alimento, y todos los signos de presencia que ella daba, no dejaron de producirle su efecto. La razón se elevó en su interior y puso en duda el íntegro delirio de que Gradiva sólo fuera un espectro del mediodía; en contra, desde luego, cabía objetar lo que ella misma acababa de decir, que dos mil años antes ya había compartido su colación con él. En ese conflicto, se le ofreció como medio de prueba un experimento que realizó con astucia y recuperada osadía. La mano izquierda de ella, con sus finos dedos, descansaba sobre sus rodillas, y sobre esa mano se posó una de aquellas moscas domésticas cuyo atrevimiento e inutilidad tanto lo indignaran antes. De pronto la mano de Hanold se levantó y dio una palmada, con golpe en modo alguno suave, sobre la mosca y la mano de ella.

Un doble resultado le aportó ese atrevido experimento; el primero, la jubilosa convicción de tocar una mano humana cálida y viva, indudablemente real, y el segundo, una reprimenda que lo hizo levantarse aterrorizado de su asiento en la grada. Es que de los labios de Gradiva se oyó, después que se hubo recuperado de su asombro: «¡Estás manifiestamente loco, Norbert Hanold!». Bien se sabe que llamar a un durmiente o sonámbulo por su nombre es el mejor recurso para despertarlo. Por desdicha, no se pudieron observar las consecuencias que tuvo para Norbert Hanold ser llamado por Gradiva con su propio nombre, que él no había comunicado a nadie en Pompeya. En efecto, en ese crítico instante apareció la simpática pareja de enamorados de la Casa del Fauno, y la joven dama exclamó, en tono de grata sorpresa: «¡Zoe! ¿Tú también aquí? ¿Y en viaje de bodas? ¡Pero si no me has escrito una palabra sobre eso!». Ante esa nueva prueba de la realidad viviente de Gradiva, Hanold emprendió la fuga.

Tampoco Zoe-Gradiva fue muy agradablemente sorprendida por esa imprevista visita, que la molestó en una tarea al parecer importante. Pero enseguida se hace dueña de sí y elabora una respuesta convencional en la que informa a su amiga, pero todavía más a nosotros, acerca de la situación, y con la que se las arregla también para deshacerse de la joven pareja. Les ofrece sus congratulaciones, pero ella, dice, no está en viaje de bodas. «El joven señor que acaba de alejarse es trabajado por una asombrosa quimera; cree, me parece, que una mosca le zumba en la cabeza; claro que cada quien tiene ahí dentro alguna variedad de insecto. Forzosamente, yo entiendo algo de entomología, y por eso puedo ser de alguna pequeña utilidad en tales estados. Mi padre y yo nos hospedamos en el Sole; él también tuvo un repentino ataque y, con él, la buena ocurrencia de traerme, a condición de que me entretuviera por mí misma en Pompeya y no lo requiriese para nada. Me dije que sola ya me exhumaría yo algo interesante aquí. Cierto es, el hallazgo que he hecho —me refiero a la dicha de encontrarte, Gisa— ha sido enteramente imprevisto» (*G*, pág. 124). Pero ahora debe apresurarse para hacer compañía a su padre en la mesa del Sole. Así se aleja, tras presentarse como la hija del zoólogo y cazador de lagartijas, y confesar, con toda clase de dichos de doble sentido, su propósito terapéutico y otras secretas intenciones.

Sin embargo, la dirección que tomó en modo alguno fue la del Albergo del Sole, donde su padre la esperaba, pues también a ella le pareció como si en los alrededores de la Villa de Diomedes una sombra anduviera en busca de su túmulo y desapareciera tras uno de los monumentos funerarios. Encaminó entonces sus pasos, siempre elevando el pie casi verticalmente, por la calle de los sepulcros. Hacia allí se había dirigido Hanold para refugiarse en su bochorno y confusión, y se paseaba de arriba abajo en el pórtico del jardín, ocupado en resolver el resto de su problema mediante un esfuerzo de pensamiento. Una cosa se le había vuelto clara e indiscutible: se había mostrado totalmente insensato y falto de entendederas creyendo que trataba con una joven pompeyana rediviva, más o menos corpórea, y esta nítida intelección de su locura constituía sin disputa un progreso esencial en su camino de regreso a la sana razón. Pero, por otra parte, ese ser vivo, con quien también otros trataban como si fuera un ser de carne y hueso semejante a ellos, era Gradiva, y por añadidura conocía su nombre: su razón apenas despertada no era lo bastante fuerte para resolver semejante enigma. Y tampoco tenía la suficiente tranquilidad de sentimiento para mostrarse a la altura de esa

Gradiva.

difícil tarea, pues ya preferiría haber sido enterrado con los demás, dos mil años antes, en la Villa de Diomedes, con tal de estar seguro de no encontrarse otra vez con Zoe-Gradiva. Empero, una violenta añoranza de volverla a ver luchaba contra el resto de inclinación a huir que perduraba en él.

Al girar por uno de los cuatro ángulos del pórtico rodeado de columnatas, retrocedió de pronto vivamente. Sobre un fragmento de pared estaba ahí sentada una de las muchachas que habían hallado la muerte en la Villa de Diomedes. Pero era un último intento, enseguida rechazado, de refugiarse en el reino del delirio; no, esa era Gradiva, evidentemente venida para ofrecerle la última parte de su tratamiento. Ella interpretó con exactitud su primer movimiento instintivo como un intento de abandonar el campo, y le mostró que no podía escapar, pues ahí fuera empezaba a arreciar un temible aguacero. La implacable inició el examen preguntándole qué se había propuesto con la mosca sobre su mano. El no halló ánimos para valerse de un pronombre determinado,[7] pero sí para formular la pregunta más valiosa, la pregunta decisiva:

«Yo tenía —como alguien dijo— un poco confusa la cabeza, y pido disculpas por la mano si he... No concibo cómo pude ser tan insensato... Pero tampoco logro concebir cómo su poseedora pudo reprocharme mi... mi sinrazón con mi nombre» (*G*, pág. 134).

«Así pues, tu comprensión no ha avanzado todavía hasta ahí, Norbert Hanold. Por lo demás, no puedo asombrarme, puesto que desde hace mucho me tienes acostumbrada a ello. Para volver a hacer la experiencia no me hubiera hecho falta venir hasta Pompeya, y tú habrías podido confirmármela un buen centenar de millas más cerca».

«Cien millas más cerca; frente a tu vivienda, un poco al sesgo, en la casa de la esquina; en mi ventana hay una jaula con un canario», revela ella ahora al que todavía sigue sin entender.

Esta última palabra toca al oyente como un lejano recuerdo. Era, entonces, el mismo pájaro cuyo canto le inspiró la decisión de viajar a Italia.

«En la casa vive mi padre, el profesor de zoología Richard Bertgang».

---

[7] [El de la segunda persona del singular, «tú». En todas las oportunidades en que se dirigió a Gradiva hasta el momento, Hanold había utilizado ese tratamiento —en parte, sin duda, para seguir la usanza clásica—, pero ahora que empieza a advertir que está frente a una muchacha alemana contemporánea considera que es demasiado familiar y afectuoso. Gradiva, en cambio, no deja de tratarlo de «tú».]

Entonces conocía su persona y su nombre por ser su vecina. Estamos casi por desilusionarnos ante una solución tan trivial, indigna de nuestras expectativas.

Norbert Hanold no muestra aún recuperada su autonomía de pensamiento cuando retoma lo dicho por ella: «Entonces usted... usted es la señorita Zoe Bertgang. Pero aquella tenía un aspecto totalmente distinto...».

Y ahora la respuesta de la señorita Bertgang nos muestra que habían existido, no obstante, entre ambos otros lazos que los de vecindad. Ella sabe defender el «tú» coloquial, que él brindaba naturalmente al espectro del mediodía pero había vuelto a retirar ante la mujer viva, y para el cual ella sin embargo hace valer antiguos derechos: «Si hallas más adecuado entre nosotros ese tratamiento {el de "usted"}, también yo puedo emplearlo; pero el otro me acude de manera más natural a los labios. Ya no sé si antes, cuando todos los días andábamos juntos en amistosos correteos, y a veces por variar nos dábamos de manotazos y empujones, mi aspecto era distinto. Pero si usted en los últimos años me hubiera mirado alguna vez, acaso sus ojos habrían descubierto que hace ya mucho tiempo tengo este aspecto».

Entonces había existido entre ambos una amistad infantil, acaso un amor de niños, que justificaba el «tú». ¿Quizás esta solución nos sigue pareciendo tan trivial como la conjeturada primero? Sin embargo, contribuye esencialmente al ahondamiento, pues se nos ocurre que ese lazo infantil explica de manera insospechada tantísimos detalles de lo sucedido entre ambos en su trato actual. Aquel golpe sobre la mano de Zoe-Gradiva, que Norbert Hanold supo motivarse tan excelentemente con la necesidad de resolver por vía experimental el problema de la corporeidad de su aparición, ¿no se asemeja por otra parte, de un modo bien notable, a una revivencia de aquel impulso a «dar de manotazos y empujones» cuyo imperio en la infancia nos atestiguan las palabras de Zoe? Y cuando Zoe pregunta al arqueólogo si no se acuerda de que ya una vez, hace dos mil años, compartieron así juntos la colación, ¿esa incomprensible pregunta no adquiere de pronto un sentido pleno si remplazamos aquel pasado histórico por el pasado personal, vale decir, la niñez, cuyos recuerdos se conservan vívidos en la muchacha, en tanto en el joven parecen olvidados? ¿No columbramos de pronto que las fantasías del joven arqueólogo sobre su Gradiva podrían ser un eco de esos recuerdos infantiles olvidados? Entonces no serían unas producciones arbitrarias de su fantasía, sino que estarían comandadas, sin que él lo supiese, por el material de recuerdos infantiles que ha olvidado, pero que mantiene dentro de él su presencia eficaz. Deberíamos ser capaces de demostrar en detalle este origen de las fantasías, aunque sólo fuera por vía de conjeturas. Por ejemplo, si es forzoso que a toda costa Gradiva sea de linaje *griego*, la hija de un hombre notable, acaso un sacerdote de Ceres, ello no armonizaría mal con un efecto retardado del conocimiento de su nombre griego «Zoe» y de su pertenencia a la familia de un profesor de zoología. Pero si las fantasías de Hanold son unos recuerdos trasmudados, tenemos derecho a esperar que las comunicaciones de Zoe Bertgang nos indiquen las fuentes de esas fantasías. Escuchemos, pues; ella nos cuenta de una amistad íntima de la niñez, y ahora averiguaremos el ulterior desarrollo que tomó en ambos ese vínculo infantil.

«Por entonces, y así hasta llegar a la época en que se nos llama, yo no sé por qué, *"Backfisch"* {"colegiala"; literalmente, "pescado frito"}, yo en verdad le había cobrado a usted grandísimo cariño y creía que nunca hallaría en el mundo un amigo que me fuera más grato. Es que yo no tenía madre, ni hermana o hermano; para mi padre, una culebra ciega en alcohol era muchísimo más interesante que yo, y algo es preciso tener —así lo consideraba aun de niña— en lo cual una pueda ocupar sus pensamientos y todo lo que tiene que ver con estos. Por entonces, ese algo era usted; pero cuando la ciencia de la Antigüedad lo absorbió a usted, descubrí que de ti —disculpe usted, pero su innovación de buen tono me suena demasiado tonta, y tampoco se ajusta a lo que deseo expresar—, quería decir que resultó que te habías convertido en un hombre insoportable, el cual, al menos para mí, ya no tenía ojos en la cara, ni lengua en la boca ni recuerdo alguno donde el mío permanecía afincado en nuestra amistad de niños. Por eso sin duda mi aspecto actual difiere del que antes tenía, pues si por casualidad me encontraba contigo en alguna reunión, como sucedió todavía el invierno pasado, no me mirabas y ni siquiera me dejabas oír tu voz, lo que por otra parte tampoco era un modo de distinguirme, puesto que hacías lo mismo con todos los demás. Yo era aire para ti, y tú, con tu rubio mechón de cabello que tantas veces te había tirado, eras tan aburrido, reseco y mudo como una cacatúa disecada y al mismo tiempo tan grandioso como un... *arqueoptérix*, sí, así se llama este monstruoso pájaro antediluviano que han desenterrado. Ahora, que tu cabeza albergara una fantasía igualmente grandiosa, considerarme también a mí en

Pompeya como algo exhumado y vuelto a revivir.... eso no lo hubiera sospechado de ti, y cuando de improviso te presentaste ante mí, me costó primero bastante trabajo caer en la cuenta de la increíble quimera que tu imaginación había fabricado. Después me causó gracia y no dejó de complacerme, a pesar de ser cosa de manicomio. Porque, como dije, eso no lo hubiera sospechado de ti».

Así, ella nos dice con bastante claridad qué se había hecho en cada uno, con los años, de su amistad de niños. En ella, se acrecentó hasta volverse franco enamoramiento, ya que algo es preciso tener de lo cual una muchacha pueda prendar su corazón. La señorita Zoe, la encarnación de la sagacidad y la claridad, nos vuelve trasparente su vida anímica. Si ya para la muchacha normal es regla universal que dirija primero su inclinación hacia el padre, ella, que en su familia no tenía a nadie más, sería muy particularmente proclive a hacerlo. Pero a este padre no le sobraba nada que pudiese darle, los objetos de su ciencia le habían confiscado todo su interés. Así, se vio precisada a mirar por otra persona y cobró un apego muy estrecho a su compañero de infancia. Y cuando tampoco este tuvo ya ojos para ella, eso no turbó el amor que le tenía, más bien lo acrecentó, pues así devenía igual a su padre, absorbido como este por la ciencia y alejado de la vida y de Zoe. De ese modo le estaba permitido permanecer fiel aun en la infidelidad, reencontrar al padre en el amado, abrazar a ambos con el mismo sentimiento o, como podríamos decirlo, identificar a ambos en su sentir. ¿De dónde extrae su justificación este pequeño análisis psicológico que fácilmente podría parecer desprovisto de otro fundamento que su propia coherencia? De un único detalle, pero en extremo característico; es el poeta mismo quien nos lo proporciona. Cuando Zoe describe la mudanza, tan desconsoladora para ella, de su compañero de juventud, se burla de él comparándolo con el arqueoptérix, aquel monstruoso pájaro que pertenece a la arqueología de la zoología. Así ha encontrado para la identificación de las dos personas una única expresión concreta; con la misma palabra, su rencor alcanza tanto al amado como al padre. El arqueoptérix es, por así decir, la representación intermedia o de compromiso[8] donde se encuen-

---

[8] [Esta clase de representaciones cumple un importante papel en los sueños y, en verdad, dondequiera predomine el proceso primario. Cf. *La interpretación de los sueños* (1900a), *AE*, **5**, pág. 586. Se dan unos buenos ejemplos en *Sobre el sueño* (1901a), *AE*, **5**, págs. 632 y sigs.]

tran dos pensamientos: el referido a la insensatez de su amado, y el análogo, relativo al padre.

Diverso había sido el giro de los acontecimientos en el joven. La ciencia de la Antigüedad se adueñó de él y sólo le dejó interés por mujeres de piedra y bronce. La amistad infantil resultó sepultada en vez de reforzarse en pasión, y los recuerdos sobre ella cayeron en un olvido tan profundo que ya no reconocía a su compañera de juventud ni reparaba en ella cuando la encontraba en reuniones. Sin embargo, considerando todo lo que siguió, tenemos derecho a dudar de que «olvido» sea la designación psicológica correcta para el destino de esos recuerdos en nuestro arqueólogo. Hay una clase de olvido que se singulariza por lo difícil que es despertar el recuerdo aun mediante unos intensos llamados exteriores, como si una resistencia interna se revolviera contra su reanimación. Ese olvido ha recibido en la psicopatología el nombre de «represión» {esfuerzo de desalojo}; el caso que nuestro poeta nos presenta parece ser de una represión así. Pues bien; respecto, en general, del olvido de una impresión no sabemos si va conectado al sepultamiento de su huella mnémica en la vida anímica; en cambio, sobre la «represión» podemos aseverar categóricamente que no equivale al sepultamiento, la extinción del recuerdo. Es verdad que regularmente lo reprimido no puede abrirse paso sin más en calidad de recuerdo, pero permanece susceptible de operación y de acción eficiente, y un buen día, por obra de un influjo exterior, genera secuelas psíquicas que es posible concebir como unos productos por mudanza y unos retoños del recuerdo olvidado, y no se entenderían si no se las concibiese así. En las fantasías de Norbert Hanold sobre Gradiva creeríamos discernir ya los retoños de sus recuerdos reprimidos sobre su amistad infantil con Zoe Bertgang. Con notable regularidad, semejante a la de una ley, cabe esperar ese retorno de lo reprimido cuando es el sentir erótico de una persona el que adhiere a las impresiones reprimidas, cuando es su vida amorosa la afectada por la represión. Se verifica en ese caso el viejo adagio latino, quizá no acuñado originariamente para referirse a conflictos internos, sino a la ex-pulsión {*Austreibung*} por medio de influjos externos: «*Naturam furca expellas, semper redibit*».[9] Pero este adagio no lo dice todo, sólo anoticia el hecho del retorno de ese fragmento de naturaleza reprimida, y no describe la

---

[9] [La cita correcta es: «*Naturam expelles furca, tamen usque recurret*» {«Aunque saques a la Naturaleza con una horquilla, siempre retornará»} (Horacio, *Epístolas*, I, 10, 24). En todas las ediciones alemanas reza como en el texto.]

modalidad en extremo notable de tal retorno, que se consuma como en virtud de una pérfida traición. Justamente aquello que se escogió como instrumento de la represión —al modo de la *furca* del adagio— pasa a ser el portador de lo que retorna; dentro de lo represor y a sus espaldas se impone al fin, triunfante, lo reprimido. Un conocido aguafuerte de Félicien Rops ilustra, con mayor evidencia de la que podrían ofrecer una suma de explicaciones, este hecho en que se repara poco y sin embargo demanda ser apreciado. Lo hace, por añadidura, en el arquetípico caso de la represión en la vida del santo y penitente. Un monje asceta se ha refugiado —sin duda de las tentaciones del mundo— en la imagen del Redentor crucificado. Y hete aquí que la cruz se esfuma como una sombra, y en su lugar, en sustitución de ella, se eleva radiante la imagen de una voluptuosa mujer desnuda en la misma postura de crucifixión. Otros pintores de menor perspicacia psicológica han mostrado, en tales figuraciones de la tentación, impúdicos y triunfantes los pecados en algún sitio junto al Redentor crucificado; sólo Rops les hizo ocupar el lugar mismo del Redentor en la cruz, como si hubiera sabido que lo reprimido, en su retorno, sale a la luz desde lo represor mismo.

Vale la pena que nos demoremos para convencernos, en casos patológicos, de cuán sensible se vuelve, en el estado de la represión, la vida anímica de una persona para la aproximación de lo reprimido, y cuán leves e ínfimas semejanzas le bastan a lo reprimido para producir efectos a espaldas, y a través, de lo represor. Tuve ocasión de ocuparme de un joven, casi un muchacho todavía, que, tras la primera indeseada noticia que recibió de los procesos sexuales, emprendió la huida frente a todas las concupiscencias que en él afloraban, valiéndose para ello de diversos instrumentos represivos: acrecentó su celo por aprender, exageró el apego infantil a la madre y adoptó en el conjunto un ser infantil. No expondré cómo en la relación con la madre, justamente, volvió a abrirse paso la sexualidad reprimida; me limitaré a describir el suceso, más raro y extraño, del abatimiento de uno de sus bastiones por obra de una ocasión que apenas creeríamos suficiente. Para distraer de lo sexual, son las matemáticas las que gozan de mayor fama; ya Jean-Jacques Rousseau tuvo que oír el consejo, de una dama insatisfecha con él: «*Lascia le donne e studia la matematica!*».*[10] Así,

---

\* {«¡Deja a las mujeres y estudia la matemática!».}

[10] [En todas las ediciones alemanas figura por error «*matematiche*» en lugar de «*matematica*».]

nuestro fugitivo se lanzó con particular celo sobre la aritmética y la geometría enseñadas en la escuela, hasta que un día su capacidad de comprensión quedó paralizada de pronto ante unas inocentes tareas. Fue posible establecer todavía el texto de dos de ellas: «Dos cuerpos chocan entre sí, uno a la velocidad... etc.», y: «En un cilindro de diámetro $m$, inscribir un cono... etc.». A raíz de esas alusiones al acontecer sexual, que ningún otro habría notado, se sintió traicionado también por las matemáticas, y también de ellas huyó.

Si Norbert Hanold fuera una personalidad tomada de la vida real, y hubiera removido de ese modo, por medio de la arqueología, el amor y el recuerdo de su amistad de niño, no sería sino acorde a ley y correcto que justamente un bajorrelieve antiguo le despertara el olvidado recuerdo de aquella a quien amara con sentimientos de niño; sería su bien merecido destino que se enamorara de la figura de piedra de Gradiva, tras la cual, y en virtud de una semejanza no esclarecida, se hiciera valer la viviente y por él descuidada Zoe.

La propia señorita Zoe parece compartir nuestra concepción sobre el delirio del joven arqueólogo, pues la complacencia que expresa al final de su «despiadado, prolijo y aleccionador sermón» difícilmente pueda tener otro fundamento que su proclividad a referir desde el comienzo mismo a su persona el interés de él por Gradiva. Era eso lo que nunca hubiera esperado de él y lo que empero discernió como tal a pesar de todos los disfraces del delirio. En él, en cambio, el tratamiento psíquico por ella dispensado consumó su benéfico efecto; se sintió liberado, pues ahora el delirio era sustituido por aquello de lo cual no podía ser más que un reflejo desfigurado e insuficiente. Ya no vaciló en recordarla y reconocerla como una buena, alegre, sagaz camarada que en nada había cambiado en el fondo. Pero otra cosa le resultó, sí, en extremo rara...

«Que alguien deba primero morir para devenir vivo —aventuró la muchacha—. Pero para los arqueólogos ello es sin duda necesario» ($G$, pág. 141). Aún no le había perdonado, es evidente, el rodeo que él había dado por la ciencia de la Antigüedad para pasar de aquella amistad de niños hasta la relación que acababa de anudarse.

«No, me refería a tu apellido... Porque "Bertgang" tiene el mismo significado que "Gradiva" y designa a "la del andar resplandeciente"» ($G$, pág. 142).

Tampoco nosotros estábamos preparados para esto. Nuestro héroe empieza a levantarse de su humillación y a desempeñar un papel activo. Es manifiesto que ha sanado por completo de su delirio, se ha elevado por encima de él y lo demuestra desgarrando por sí mismo los últimos hilos de la quimera delirante. De ese mismísimo modo se comportan también los enfermos a quienes se les ha aflojado la compulsión de sus pensamientos delirantes revelándoles lo reprimido que tras ellos se esconde. Una vez que lo han asido, ellos mismos brindan, en ocurrencias de afloramiento repentino, las soluciones de los últimos y más sustantivos enigmas de su raro estado. Ya habíamos conjeturado que el linaje griego de la Gradiva fabulosa era un oscuro eco del nombre griego de Zoe, pero no llegamos a hacer lo propio con el nombre «Gradiva», que juzgábamos una creación libre de la fantasía de Norbert Hanold. ¡Y hete ahí que justamente ese nombre revela ser descendiente, en verdad traducción, del apellido reprimido de la amada de la niñez supuestamente olvidada!

La derivación y la resolución del delirio ya están completas. Lo que el poeta agrega todavía sirve acaso al acabamiento armónico del relato. No puede sino tranquilizarnos con respecto al futuro que la rehabilitación del hombre, que por menesteroso de curación se vio precisado a desempeñar antes un papel tan pobre, avance unos pasos más y consiga entonces despertar en ella algo de los afectos que hasta entonces él había padecido. Sucede, pues, que la pone celosa al mencionarle a la joven y simpática dama que antes estorbara su entrevista en la Casa de Meleagro, y confesarle que fue la primera en resultarle gustosísima. Y cuando luego Zoe quiere darle fría despedida señalándole que ahora todo ha vuelto a entrar en razón, y ella misma en no menor grado; que ya puede él volver en busca de Gisa Hartleben, o comoquiera que ahora se llame, para ofrecerle su auxilio científico a los fines que persigue su estadía en Pompeya; pero que ahora ella debe irse al Albergo del Sole, donde su padre la espera para el almuerzo, y acaso vuelvan a verse otra vez en alguna reunión en Alemania o sobre la Luna, él gusta de volver a tomar como pretexto las fastidiosas moscas para apoderarse primero de su mejilla y luego de sus labios, y poner en obra la agresión que es el infaltable deber del varón en el juego del amor. Todavía una vez, una sola, parece abatirse una sombra sobre su dicha: cuando Zoe advierte que ahora sí debe acudir realmente adonde está su padre, pues de lo contrario él se morirá de hambre en el Sole. «Tu padre... ¿qué dirá?» (*G*, pág. 147). Pero la cauta muchacha sabe apaciguar enseguida esa preocupación: «Es probable que no diga nada, no soy una pieza indispensable de su colección zoológica; si lo fuera, acaso mi corazón no se hubiera prendado de ti tan imprudentemente». Y si a pesar de todo el padre sostuviera otro parecer que ella, restaba un medio infalible. Hanold no necesitaba más que viajar a Capri, cazar allí una *Lacerta faraglionensis*, para lo cual podía ensayar la técnica en el dedo meñique de ella; soltar luego el animal aquí, volver a darle caza ante los ojos del zoólogo y dejarle la elección entre la *faraglionensis* de tierra firme y la hija. Una propuesta en que la burla, como fácilmente se echa de ver, va mezclada con la amargura: por así decir, una advertencia al novio para que no se atenga con demasiada fidelidad al modelo según el cual lo escogió como amado. También Norbert Hanold nos reasegura sobre ese punto dejando traslucir, por toda clase de indicios en apariencia nimios, la gran trasmudación que le ha sobrevenido. Formula el designio de hacer el viaje de bodas con su Zoe a Italia y a Pompeya, como si nunca le hubiesen indignado los «August» y «Grete» en igual trance. Se ha borrado por completo de su memoria lo que sintió contra esas felices parejas que tan inútilmente se alejaban más de cien millas de su patria alemana. Sin duda alguna tiene razón el poeta cuando apunta que semejante desmemoria es el más valioso signo de un cambio de miras. A ese deseo que sobre la meta del viaje le anuncia su «*amigo de la niñez, en cierto modo también exhumado de la sepultura*» (*G*, pág. 150), Zoe replica que aun no se siente del todo viva como para tomar semejante decisión geográfica.

La hermosa realidad ha triunfado, pues, sobre el delirio; pero este todavía acecha para rendir su último homenaje antes que los dos abandonen Pompeya. Llegados ante la Puerta de Hércules, donde en el nacimiento de la *Strada consolare* la atraviesan las piedras de una antigua calzada, Norbert Hanold se detiene y ruega a la muchacha que lo preceda. Ella lo comprende «y recogiendo un poco su vestido con la mano izquierda, Zoe Bertgang, Gradiva rediviva, envuelta por los ojos de él que la miran ensoñados, cruza por las piedras de la calzada hasta el otro lado de la calle con su andar calmoso y grácil, en medio del resplandeciente brillo solar». El triunfo del erotismo lleva a reconocer lo que había de bello y valioso también en el delirio.

Ahora bien, con su último símil del «amigo de la niñez exhumado de la sepultura», el poeta ha puesto en nuestras manos la clave del simbolismo de que se valió el delirio del héroe para disfrazar el recuerdo reprimido. En efecto, para la represión, por la cual algo anímico se vuelve inasequible y al mismo tiempo se conserva, no hay mejor analogía que esta del entierro {*Verschüttung*}, como el que fue destino de Pompeya y del que la ciudad pudo resucitar luego en virtud del trabajo del azadón. Por eso el joven arqueólogo se vio llevado, en su fantasía, a situar en Pompeya la figura primordial {*Urbild*, «el original»} del bajorrelieve que le evocaba a su amada de juventud, olvidada. Y en cuanto al poeta, buen derecho tuvo para extenderse sobre la valiosa semejanza que su fina sensibilidad percibió entre un fragmento de acontecer anímico individual y un episodio histórico singular de la historia humana.[11]

---

[11] [El propio Freud adoptó el destino de Pompeya como símil de la represión en más de un pasaje de sus obras posteriores. Véase, por ejemplo, el historial clínico del «Hombre de las Ratas» (1909*d*), *AE*, **10**, pág. 140 —escrito no mucho después que el presente estudio—.]

# II

En verdad, nuestro único propósito era indagar, con el auxilio de ciertos métodos analíticos, los dos o tres sueños esparcidos en el relato *Gradiva*. ¿Cómo pudo suceder que nos viéramos arrastrados a desmembrar toda la historia y a examinar los procesos anímicos en sus dos personajes principales? Ahora bien, en modo alguno fue un trabajo superfluo, sino una preparación necesaria. También cuando nos proponemos comprender los verdaderos sueños de una persona real debemos ocuparnos intensamente de su carácter y sus peripecias, y averiguar no sólo las vivencias que ha tenido poco antes del sueño sino aquellas de un remoto pasado. Y hasta creo que todavía no tenemos el camino expedito para consagrarnos a nuestra genuina tarea; hemos de demorarnos todavía en la obra poética misma, y efectuar algunos otros trabajos preparatorios.

Nuestros lectores habrán notado con extrañeza que hasta ahora hemos tratado a Norbert Hanold y Zoe Bertgang en todas sus exteriorizaciones y actividades anímicas como si fueran individuos reales y no criaturas de un autor, y como si la mente del poeta fuese un medio absolutamente traslúcido, y no refractara u opacara el sentido. Y más extraño aún deberá parecer nuestro procedimiento dado que el propio autor renuncia de manera expresa a describir algo real, desde el momento en que titula «fantasía» a su relato. Sin embargo, hallamos que todas sus descripciones son fiel reflejo de la realidad, a punto tal que no manifestaríamos contradicción alguna si *Gradiva* no se llamase «fantasía», sino «estudio psiquiátrico». Sólo en dos puntos se vale el poeta de la libertad que se le concede para crear premisas que no parecen arraigar en el suelo de la realidad y sus leyes. La primera vez, cuando hace que el joven arqueólogo descubra un bajorrelieve de indudable antigüedad, que no sólo por la particular posición del pie al andar, sino por todos los detalles de la forma del rostro y el porte del cuerpo, imita a una persona que vive tantísimos años después, de suerte que pueda considerar la aparición de esa persona en carne y hueso como la imagen de piedra rediviva. Y la segunda vez, cuando le hace encontrar a la persona viva justamente en Pompeya, donde sólo su fantasía había situado a la difunta, siendo que en verdad mediante el viaje a Pompeya se alejó de la persona viva a quien había visto por la calle en su ciudad natal. Empero, esta segunda licencia del poeta no significa una desviación forzada respecto de las posibilidades de la vida real; no hace sino recurrir al azar, sin disputa copartícipe en tantas peripecias humanas, y además le confiere su buen sentido, pues ese azar espeja la fatalidad que ha ordenado reencontrarse, justamente por medio del instrumento de la huida, con aquello de lo que se huye. Más fantástica y nacida por entero del albedrío del poeta parece la primera premisa, base de todos los episodios ulteriores: el tan grande parecido de la figura de piedra con la muchacha viva, que un abordaje sobrio querría reducir al único rasgo de la postura del pie. Aquí se estaría tentado de hacer jugar la propia fantasía para anudarla a la realidad objetiva. Acaso el apellido Bertgang indicara que las mujeres de esa familia se distinguieron, ya en épocas antiguas, por aquella peculiaridad del hermoso andar, y acaso los Bertgang germánicos descendieran de aquellos griegos, una mujer de cuyo linaje había movido a un artista antiguo a fijar en la piedra la característica de su paso. Y como las variaciones singulares de la conformación humana no son independientes entre sí, y de hecho también en nuestro medio reaparecen de continuo los tipos antiguos que encontramos en las colecciones, no sería del todo imposible que una Bertgang moderna repitiera la figura de la mujer antigua que fue su ancestro, aun en todos los otros rasgos de su forma corporal. Claro está, más prudente que entregarse a semejante especulación sería averiguar del propio artista las fuentes de donde ha brotado esta pieza de su creación; de ese modo tendríamos buenas perspectivas para resolver en leyes otro fragmento de presunto albedrío. Mas como no nos son asequibles las fuentes en la vida anímica del poeta,[1] le dejamos íntegro el derecho de edificar un desarrollo enteramente verosímil sobre una premisa improbable, derecho que por ejemplo también Shakespeare, en *El rey Lear*, ha reclamado para sí.[2]

Pero en lo demás, hemos de repetirlo, el poeta nos ha brindado un estudio psiquiátrico totalmente correcto, en el

---

[1] [Cf. el «Posfacio», *infra*, pág. 78.]
[2] [Se hallarán otros comentarios sobre la «premisa improbable» de *El rey Lear* al final de «El motivo de la elección del cofre» (1913*f*), *AE*, **12**, pág. 316.]

que podemos medir nuestra comprensión de la vida anímica: un historial clínico y de curación como destinado a recomendar ciertas doctrinas fundamentales de la ciencia médica del alma. ¡Rara cosa que el poeta haya hecho eso! ¿Qué decir si, preguntado, negara por completo semejante propósito? Es tan fácil aderezar las cosas y suponerles intenciones... ¿No somos más bien nosotros quienes introducimos de contrabando en el bello relato poético un sentido ajeno a su autor? Es posible; más adelante volveremos sobre esto. Pero provisionalmente hemos intentado prevenirnos de semejante interpretación tendenciosa reproduciendo el relato casi con las palabras de su autor, haciendo que él mismo nos proporcione texto y comentario. Quien quiera comparar nuestra reproducción con el original de *Gradiva*, no podrá menos que reconocerlo.

Además, quizás hagamos menguado servicio a nuestro poeta en el juicio del público si calificamos de estudio psiquiátrico a su obra. Suele decirse que el poeta debe evitar los puntos de contacto con la psiquiatría y dejar a los médicos la descripción de estados anímicos patológicos. En verdad, nunca un genuino poeta obedeció a ese mandamiento. Es que describir la vida anímica de los seres humanos es su más auténtico dominio; en todos los tiempos ha sido el precursor de la ciencia y, por tanto, también de la psicología científica. Ahora bien, la frontera entre los estados anímicos llamados normales y los patológicos es en parte convencional, y en lo que resta es tan fluida que probablemente cada uno de nosotros la atraviese varias veces en el curso de un mismo día. Por otro lado, andaría errada la psiquiatría si quisiera limitarse de manera permanente al estudio de aquellas enfermedades graves y tétricas que surgen por un grueso deterioro en el fino aparato anímico. Las desviaciones más leves, y susceptibles de enderezamiento, respecto de la condición de salud, que hoy sólo podemos rastrear hasta unas perturbaciones en el juego psíquico de fuerzas, entran en no menor medida en su campo de interés; y aun sólo por medio de estas podrá comprender tanto la salud como los fenómenos de la enfermedad grave. Así, ni el poeta puede evitar al psiquiatra ni el psiquiatra al poeta, y el tratamiento poético de un tema psiquiátrico puede resultar correcto sin menoscabo de la belleza.[3]

Correcta es, efectivamente, esta exposición poética de un

---

[3] [Freud volvió a examinar el empleo de material psicopatológico por parte de los creadores literarios en un ensayo póstumo, «Personajes psicopáticos en el escenario» (1942a), escrito probablemente a fines de 1905 o comienzos de 1906.]

historial clínico y de tratamiento; y ahora que concluido el relato y disipada nuestra propia tensión podemos abarcarla mejor en su conjunto, la reproduciremos con las expresiones técnicas de nuestra ciencia, tarea en la cual no debe molestarnos el tener que repetir lo ya dicho.

El estado de Norbert Hanold es designado hartas veces «delirio» por el poeta, y nosotros no tenemos razón alguna para desestimar ese calificativo. Del «delirio» podemos indicar dos caracteres principales que, si bien no lo describen de manera exhaustiva, lo distinguen con nitidez de otras perturbaciones. El primero: pertenece a aquel grupo de estados patológicos a los que no corresponde una injerencia inmediata sobre lo corporal, sino que se expresan sólo mediante indicios anímicos; y el segundo: se singulariza por el hecho de que en él unas «fantasías» han alcanzado el gobierno supremo, vale decir, han hallado creencia y cobrado influjo sobre la acción. Si nos acordamos de ese viaje a Pompeya para buscar en las cenizas las improntas de forma singular que habría dejado Gradiva, tendremos un precioso ejemplo de acción realizada bajo el gobierno del delirio. El psiquiatra acaso habría incluido el delirio de Norbert Hanold en el gran grupo de la paranoia, designándolo tal vez «erotomanía fetichista» por resultarle lo más llamativo el enamoramiento de la figura de piedra y porque, con su tendencia a concebir en términos gruesos todas las cosas, no podrá menos que parecerle sospechoso de «fetichismo» el interés del joven arqueólogo por el pie de la mujer y su posición al andar. Empero, todas esas denominaciones y clasificaciones de las diversas clases de delirio de acuerdo con su contenido llevan en sí algo de desacertado e infecundo.[4]

Además, el psiquiatra rígido pondría enseguida a nuestro héroe, en tanto es una persona capaz de desarrollar un delirio sobre la base de tan rara afición, el marbete de «*dégénéré*», e investigaría su herencia, que ineluctablemente lo ha empujado a ese destino. Ahora bien, el poeta no lo seguirá en esto; y con buen fundamento. El quiere aproximarnos a su héroe, facilitarnos la «empatía»; con el diagnóstico de *dégénéré*, se lo pueda o no justificar científicamente, el joven arqueólogo sería de súbito lanzado lejos de nosotros; en efecto, nosotros, los lectores, somos los hombres normales y la medida de la humanidad. Tampoco importan mucho al

---

[4] El caso de N. H. tendría que designarse, en verdad, como de delirio histérico, no paranoico. Se echan de menos aquí los signos distintivos de la paranoia.

poeta las precondiciones hereditarias y constitucionales de
ese estado; en cambio, profundiza en la complexión anímica
personal capaz de dar origen a un delirio así.

Norbert Hanold se comporta en un punto importante de
manera muy diversa que un mortal corriente. No tiene interés por la mujer viva; la ciencia a la que sirve le ha absorbido ese interés y se lo ha desplazado a las mujeres de piedra
o de bronce. Y no se lo considere una peculiaridad indiferente; antes bien, es la premisa básica del episodio relatado,
pues un buen día sucede que una sola de esas figuras de
piedra reclama para sí todo el interés que de ordinario pertenecería a la mujer viva, con lo cual está dado el delirio. Y
vemos luego desplegarse ante nuestros ojos cómo este es
curado por una feliz coincidencia, y entonces el interés es
devuelto, de la piedra, a una mujer viva. El poeta no nos deja rastrear los influjos que hicieron caer a nuestro héroe en
ese estado de extrañamiento respecto de la mujer; sólo nos
pone sobre la pista de que esa conducta no se explica por
su disposición {constitucional}, sino que más bien encierra en
sí una pieza de necesidad subjetiva fantástica —complementaríamos por nuestra cuenta: erótica—. También averiguamos, desde un momento posterior, que en su infancia
no rehuyó a otros niños; en esa época mantuvo amistad con
una niña pequeña, era inseparable de ella, compartían sus
pequeñas colaciones y le daba de manotazos, lo que le valía
que ella le tirara del cabello. En ese apego, en esa unión de
ternura y agresión, se exterioriza el erotismo inmaduro de la
vida infantil, que sólo con acción retardada {*nachträglich*}
exterioriza sus efectos, pero entonces de una manera irresistible; y en la infancia misma sólo el médico o el poeta suelen
discernirlo como tal erotismo. Nuestro poeta nos da a entender claramente que tampoco él es de diverso parecer,
pues hace que en su héroe despierte, en la ocasión apropiada
y de modo repentino, un vivo interés por el andar y la posición del pie de las mujeres, lo cual para la ciencia y entre las
mujeres de su ciudad no puede menos que atraerle la mala
reputación de ser un fetichista del pie, en tanto que para
nosotros es la necesaria derivación del recuerdo de aquella
su compañera en los juegos de la infancia. Sin duda que ella
ya de niña mostraba la peculiaridad del bello andar, el paso
con la punta del pie casi vertical, y por la figuración de ese
andar, justamente, es que un bajorrelieve antiguo adquiere más tarde para Norbert Hanold su gran significación.
Agreguemos enseguida, por lo demás, que en la derivación de ese fenómeno asombroso del fetichismo el poeta se
mantiene en total acuerdo con la ciencia. En efecto, desde

Binet [1888] intentamos reconducir el fetichismo a impresiones eróticas de la niñez.[5]

El estado del extrañamiento permanente respecto de la mujer proporciona la aptitud personal —como solemos decir: la predisposición— para que se forme un delirio. El desarrollo de la perturbación anímica se inicia en el momento en que una impresión casual despierta las vivencias infantiles olvidadas, que presentan al menos los rastros de un tinte erótico. Claro está que «despierta» no es la designación justa si consideramos lo que viene después. Debemos reflejar la figuración correcta del poeta en una terminología psicológica precisa. A la vista del bajorrelieve, Norbert Hanold no recuerda que ya en su amiga de juventud ha visto esa posición del pie; en modo alguno se acuerda de ello, a pesar de que el bajorrelieve debe todo su efecto a ese anudamiento con la impresión de la niñez. Por tanto, esta última se pone en movimiento, se vuelve activa empezando a exteriorizar efectos, pero no llega a la conciencia, permanece «*inconciente*», como solemos decir hoy con un término que se ha vuelto indispensable en la psicopatología. Nos gustaría ver a esto inconciente sustraído de todas las querellas de los filósofos y de los filósofos de la naturaleza, que no suelen tener más que un valor etimológico. Para unos procesos que se comportan de manera activa y a pesar de ello no llegan hasta la conciencia de la persona en cuestión, provisionalmente no disponemos de un nombre mejor; y es eso, y sólo eso, lo que entendemos por nuestra «inconciencia» {*Unbewusstsein*}. Si tantos pensadores nos cuestionan la existencia de un tal inconciente, en el que ven un contrasentido, debemos creer que nunca se han ocupado de los fenómenos anímicos correspondientes; se encuentran bajo el sortilegio de la experiencia corriente según la cual todo lo anímico que se vuelve activo e intenso deviene, al mismo tiempo, conciente, y sería preciso que aprendieran justamente lo que nuestro poeta sabe bien: que existen empero procesos anímicos que, no obstante ser intensos y exteriorizar efectos enérgicos, permanecen alejados de la conciencia.

Ya antes hemos enunciado [págs. 29 y sigs.] que los recuerdos del trato con Zoe en la niñez se encontraban en Norbert Hanold en el estado de la «represión» {desalojo};

---

[5] [Freud se había referido a las concepciones de Binet sobre el fetichismo en sus *Tres ensayos de teoría sexual* (1905d), agregando empero en 1920 una nota al pie en la que cuestionaba la corrección de aquellas. En otra nota de ese mismo pasaje (*AE*, 7, pág. 140) se dan referencias a varios otros exámenes del fetichismo en los escritos de Freud.]

ahora acabamos de llamarlos recuerdos «inconcientes». Estamos, pues, obligados a prestar alguna atención al nexo entre esos dos términos técnicos, cuyo sentido parece coincidente. No es difícil ofrecer esclarecimiento sobre ello. «Inconciente» es el concepto más lato, «reprimido» el más estrecho. Todo lo reprimido es inconciente, pero no de todo lo inconciente podemos aseverar que está reprimido. «Inconciente» es un concepto puramente descriptivo, impreciso en muchos aspectos; por así decir, un término estático. «Reprimido» es una expresión dinámica que toma en cuenta el juego anímico de fuerzas y enuncia que ha estado presente un afán por exteriorizar todos los efectos psíquicos, entre ellos también el de devenir-conciente, pero además una fuerza contraria, una resistencia que fue capaz de impedir una parte de estos efectos psíquicos, y entre ellos el devenir-conciente. Signo distintivo de lo reprimido es, entonces, que a pesar de su intensidad no pueda llegar a la conciencia. En el caso de Hanold, tras la emergencia del bajorrelieve, se trata por tanto de algo inconciente reprimido; en síntesis: de algo reprimido.

Reprimidos están en Norbert Hanold los recuerdos de su trato con la niña del bello andar, pero este no es todavía el abordaje justo de la situación psicológica. Permaneceremos en la superficie mientras consideremos sólo recuerdos y representaciones. Lo único valorable {*das einzig Wertbare*} en la vida anímica son, más bien, los sentimientos; las fuerzas anímicas, todas ellas, sólo son sustantivas por su aptitud para despertar sentimientos. Las representaciones únicamente son reprimidas por anudarse a unos desprendimientos de sentimiento que no deben producirse; más correcto sería enunciar que la represión afecta a los sentimientos, pero a estos sólo podemos asirlos en su ligazón con representaciones.[6] Reprimidos están pues, en Norbert Hanold, los sentimientos eróticos, y puesto que su erotismo no conoce o no ha conocido otro objeto que a Zoe Bertgang en su infancia, los recuerdos sobre ella se encuentran olvidados. El bajorrelieve antiguo despierta en él el erotismo adormecido y vuelve activos los recuerdos de la niñez. A raíz de una resistencia al erotismo, existente en él, esos recuerdos sólo pueden devenir eficientes en calidad de inconcientes. El juego que luego se desarrolla en su interior es una lucha entre el poder del erotismo y las fuerzas que lo reprimen; lo que de esta lucha se exterioriza es un delirio.

[6] [Esto habría exigido una reformulación para armonizarlo con ulteriores y más elaborados esclarecimientos de Freud acerca de la represión, tal como aparecen, verbigracia, en las secciones III y IV de «Lo inconciente» (1915*e*).]

Nuestro poeta ha omitido motivar de dónde proviene la represión de la vida amorosa en su héroe; en efecto, su absorción por la ciencia es sólo el recurso de que la represión se vale. Aquí el médico estaría obligado a bucear más hondo, aunque en este caso quizá no alcanzara el fundamento. En cambio, según ya lo hemos puesto de relieve con asombro, el poeta no ha dejado de figurar cómo el despertar del erotismo reprimido sobreviene justamente desde el círculo del recurso que sirve para la represión. Es con todo derecho una mujer antigua, la figura de piedra de una mujer, la que arranca a nuestro arqueólogo de su extrañamiento respecto del amor y lo amonesta a pagar a la vida la deuda que con ella tenemos desde nuestro nacimiento.

Las primeras exteriorizaciones del proceso que el bajorrelieve incita en Hanold son unas fantasías que juegan con la persona así figurada. El modelado le parece como un «*ahora*» en el mejor de los sentidos, como si el artista hubiera tomado un calco «del natural» o en *vivo* de la que caminaba por la calle. Confiere a la doncella antigua el nombre de «*Gradiva*», que forma siguiendo el apelativo del dios de la guerra cuando redobla el paso empujando a la batalla, Mars Gradivus; y va delineando su personalidad con rasgos cada vez más precisos. Acaso es la hija de un hombre notable, quizá de un *patricio* vinculado con el *servicio en el templo* de una divinidad; alcanza a ver en sus rasgos un linaje *griego* y por último es esforzado a situarla lejos de la maquinaria de una gran ciudad, en la más silenciosa *Pompeya*, donde la hace caminar por las piedras de lava de la calzada que permiten pasar de un lado al otro de la calle. [Cf. *supra*, pág. 11.] Harto arbitrarias parecen estas operaciones de la fantasía, y también insospechables e inocentes. Incluso cuando desde ellas surge por primera vez una impulsión a actuar, cuando el arqueólogo, atormentado por el problema de saber si esa postura del pie es asimismo reflejo de la realidad, empieza a hacer observaciones del natural para ver los pies de las señoras y doncellas contemporáneas suyas, ese obrar se cubre con motivos científicos para él concientes, como si todo el interés por la figura de piedra de Gradiva le hubiera nacido en el suelo de su quehacer profesional en la arqueología [pág. 11]. Pero las señoras y muchachas a quienes así convierte por la calle en objeto de sus indagaciones no pueden menos que adoptar una concepción diversa, crudamente erótica, de sus actos; y debemos darles la razón. Para nosotros no caben dudas de que Hanold ignora tanto los motivos de su investigación como el origen de sus fantasías sobre Gradiva. Según nos enteramos luego, estas últimas son resonancias de sus recuerdos sobre la amada de la niñez, retoños de estos recuerdos, trasmudaciones y desfiguraciones de ellos, después que no consiguieron alcanzar la conciencia en una forma inalterada. El juicio supuestamente estético sobre el «ahora» que aquella imagen de piedra figuraría sustituye al saber de que ese paso pertenece a una muchacha de él consabida, que en el *presente* camina por las calles; tras la impresión de haber sido tomada «del natural» o en vivo, y tras la fantasía de su linaje griego, se esconde el recuerdo de su nombre Zoe, que en griego significa *vida*; Gradiva es, como al final nos lo esclarece él mismo, curado del delirio, una buena traducción de su apellido *Bertgang*, que viene a significar algo así como «la del andar resplandeciente o precioso» [pág. 31]; las precisiones sobre el padre de ella provienen del conocimiento de que Zoe Bertgang es hija de un prestigioso profesor de la universidad, término que bien puede traducirse como *servicio del templo* entre los antiguos. Y por último, su fantasía la traslada a Pompeya, no por cierto porque pudiera exigirlo «su apariencia calma y sosegada», sino porque dentro de su ciencia no encuentra otra analogía, ni mejor, con ese curioso estado en que él registra, en virtud de una oscura información, sus recuerdos sobre su amistad de la infancia. Si alguna vez, como tan fácil le resultaba, había comparado su propia infancia con el pasado clásico, el entierro de Pompeya, ese desaparecer con conservación del pasado, le proporcionaba una certera semejanza con la *represión*, de la que él, por así decir, tenía noticia por una percepción «endopsíquica». En esto trabaja en él un simbolismo idéntico al que el poeta pone en boca de la muchacha al avanzar el relato. «Me dije que sola ya me exhumaría yo algo interesante aquí. Cierto es, el hallazgo que he hecho (...) ha sido enteramente imprevisto» (*G*, pág. 124 [pág. 24]). Y hacia el final la muchacha responde al deseo que sobre la meta del viaje le anuncia «su amigo de la niñez, en cierto modo también exhumado de la sepultura» (*G*, pág. 150 [pág. 33]).

Así, ya en las primeras operaciones de las fantasías delirantes y acciones de Hanold hallamos un determinismo {*Determinierung*} doble, una descendencia de dos diversas fuentes. Un determinismo es el que le aparece al propio Hanold; el otro, el que se nos revela tras someter a examen sus procesos anímicos. Uno, referido a la persona de Hanold, es el que le resulta conciente; el otro, por completo inconciente. Uno procede enteramente del círculo de representaciones de la ciencia arqueológica; el otro, en cambio, proviene de los recuerdos infantiles reprimidos que en él se han puesto en movimiento, y de las pulsiones de sentimiento que a ellos adhieren. Uno es como superficial y recubre al otro, que por así decir se esconde tras él. Podría afirmarse que la motivación científica sirve de pretexto a la erótica inconciente, y que la ciencia se ha puesto por entero al servicio del delirio. Pero no es lícito olvidar que el determinismo inconciente sólo podrá conseguir aquello que al mismo tiempo satisfaga al determinismo científico conciente. Es que los síntomas del delirio —tanto fantasías como acciones— son resultado de un compromiso entre las dos corrientes anímicas, y en un compromiso se toman en cuenta las demandas de cada una de las partes; y por lo demás cada una de ellas ha debido renunciar a un fragmento de lo que quería conseguir. Toda vez que se produjo un compromiso, hubo ahí una lucha; en nuestro caso, el conflicto que hemos supuesto entre el erotismo sofocado y los poderes que lo mantienen en la represión. En verdad, cuando se forma un delirio esta lucha nunca toca a su fin. Ataque y resistencia se renuevan tras cada formación de compromiso, ninguna de las cuales resulta del todo satisfactoria, por así decir. Esto lo sabe también nuestro poeta, y por eso hace que a su héroe, en este estadio de su perturbación, lo gobierne un sentimiento de insatisfacción, una peculiar inquietud, como precursora y garantía de posteriores desarrollos.

En el ulterior progreso del relato volveremos a encontrar a menudo, y quizá más nítidas todavía, estas sustantivas peculiaridades del determinismo doble de fantasías y decisiones: la formación de pretextos concientes para acciones en cuya motivación el mayor aporte es de lo reprimido. Nada más justo que así sea, pues de ese modo el poeta apresa y figura el infaltable y principal carácter de los procesos anímicos patológicos.

El desarrollo del delirio avanza en Hanold con un sueño que, al no estar movido por ningún nuevo suceso, parece provenir todo él de su vida anímica íntegramente ocupada por un conflicto. Hagamos aquí una digresión: antes de considerar si también en la formación de sus sueños el poeta responde a nuestra expectativa demostrando una inteligencia más honda, preguntémonos qué dice la ciencia psiquiátrica acerca de las premisas con que él aborda la génesis del delirio, qué posición adopta frente al papel de la represión y de lo inconciente, frente al conflicto y la formación de compromiso. En suma, preguntémonos si la figuración poética de la génesis de un delirio puede resistir la prueba de la ciencia.

Y aquí debemos dar la respuesta, quizás inesperada, de que por desdicha la situación es en realidad la inversa: la ciencia es la que no resiste el logro del poeta. Entre las precondiciones hereditario-constitucionales y las creaciones ya listas del delirio, ella deja abrirse una laguna que hallamos salvada en el poeta. Todavía ni vislumbra el significado de la represión, no discierne que lo inconciente le es indispensable para explicar el mundo de los fenómenos psicopatológicos, no busca el fundamento del delirio en un conflicto psíquico ni aprehende sus síntomas como una formación de compromiso. Siendo ello así, ¿estaría solo el poeta contra la ciencia entera? No, eso no. . . siempre que el autor de estas líneas tenga derecho a incluir sus propios trabajos también en la ciencia. En efecto, desde hace una serie de años sustenta —y casi solitario hasta muy recientemente—[7] todas las intuiciones que aquí espiga en *Gradiva* de W. Jensen, y que acaba de exponer en términos técnicos. Ha mostrado, con el mayor detalle respecto de los estados conocidos como histeria y representar obsesivo, que la condición individual[8] de la perturbación psíquica es la sofocación de un fragmento de la vida pulsional y la represión de aquellas representaciones que subrogan a la pulsión sofocada, retomando enseguida igual concepción respecto de muchas formas de delirio.[9] En cuanto a saber si las pulsiones que cuentan para esta causación son, en todos los casos, componentes de la pulsión sexual o pueden ser también de otra índole, he ahí un problema que es lícito dejar irresuelto en el análisis de *Gradiva*, puesto que en el caso escogido por el poeta se trata justamente de la sofocación del sentir erótico. Y con relación a los puntos de vista del conflicto psíquico y de la formación de síntoma mediante compromisos entre las dos corrientes anímicas en recíproca pugna, el autor los ha establecido en casos clínicos realmente observados y sometidos a tratamiento médico, aplicándolos en iguales términos a los que pudo sostener para el Norbert Hanold inventado por el poeta.[10]

---

[7] Véase el importante escrito de E. Bleuler, *Affektivität, Suggestibilität, Paranoia*, y el de C. G. Jung, *Diagnostische Assoziationsstudien*, publicados ambos en Zurich en 1906. — [*Agregado* en 1912:] El autor debe refutar hoy (1912) la exposición del texto por anacrónica. El «movimiento psicoanalítico» por él iniciado ha adquirido desde entonces gran difusión, y continúa en ascenso.

[8] [Presumiblemente por contraste con un factor hereditario de índole más general.]

[9] Véase, del autor, *Sammlung kleiner Schriften zur Neurosenlehre*, 1906 [en especial, el segundo trabajo sobre «Las neuropsicosis de defensa» (1896*b*)].

[10] Cf. «Fragmento de análisis de un caso de histeria» (1905*e*).

La reconducción de las operaciones patológicas neuróticas, en especial las histéricas, al poder de unos pensamientos inconcientes había sido emprendida ya antes por Pierre Janet, el discípulo del gran Charcot, y por Josef Breuer, de Viena, en colaboración este último con el autor del presente escrito.[11]

Cuando en los años que siguieron a 1893 profundizaba en estas investigaciones sobre la génesis de las perturbaciones anímicas, al autor verdaderamente no se le ocurrió buscar en los poetas corroboración de sus conclusiones, y por eso no fue poca su sorpresa al descubrir en *Gradiva*, publicada en 1903, que el poeta basaba su creación en eso mismo que él suponía haber creado desde las fuentes de su experiencia médica. ¿Cómo llegó el poeta al mismo saber que el médico o, al menos, a comportarse como si supiera lo mismo?

El delirio de Norbert Hanold, decíamos, experimenta un ulterior desarrollo en virtud de un sueño que le sobreviene en medio de sus empeños por pesquisar en las calles de su ciudad natal un paso como el de Gradiva. Nos resulta fácil exponer en síntesis el contenido de ese sueño. El soñante se encuentra en Pompeya aquel día que trajo consigo el sepultamiento de la infortunada ciudad, presencia los terribles acontecimientos sin correr peligro él mismo, ve ahí andar a Gradiva y de golpe comprende, como cosa naturalísima, que, siendo ella pompeyana, viva en la ciudad de su padre y, «sin que él lo hubiese notado, fuese su contemporánea» [págs. 11-2]. Sobrecogido de angustia por su suerte, la llama, ante lo cual ella fugazmente vuelve su rostro. Empero, sigue caminando sin hacerle caso, se recuesta en las gradas del templo de Apolo y es enterrada por la lluvia de ceniza después que su rostro empalidece como si se trasmudara en blanco mármol, y por último se asemeja enteramente a una figura de piedra. Al despertar, todavía reinterpreta el alboroto de la gran ciudad, que hasta su lecho llega, como la grita de los desesperados moradores de Pompeya en demanda de auxilio y como el bramido del mar embravecido. El sentimiento de que eso que ha soñado le pasó realmente no lo abandona hasta un buen rato después, y de ese sueño le resta, como nuevo punto de partida para urdir su delirio, la convicción de que Gradiva ha vivido en Pompeya y murió aquel día de infortunio.

Menos fácil nos resulta decir qué entendió hacer el poeta

---

[11] Cf. *Estudios sobre la histeria* (Breuer y Freud, 1895).

con este sueño y qué lo movió a anudar el desarrollo del delirio justamente a partir de un sueño. Es verdad que laboriosos investigadores de los sueños han recopilado sobrados ejemplos de una perturbación mental anudada a sueños y procedente de estos,[12] y también parece que en la biografía de ciertos hombres sobresalientes unos sueños dieron impulso a importantes hazañas y resoluciones. Pero tales analogías no nos permiten entender gran cosa; atengámonos por eso a nuestro caso, el del arqueólogo Norbert Hanold fingido por el poeta. ¿Por cuál costado es preciso asir un sueño de esta naturaleza a los efectos de insertarlo en la trama, si es que no ha de quedar como un innecesario adorno de la figuración?

Bien puedo imaginarme que en este lugar un lector exclame: «¡El sueño es muy fácil de explicar! Un simple sueño de angustia movido por el alboroto de la gran ciudad y reinterpretado como el sepultamiento de Pompeya por el arqueólogo absorbido en su pompeyana». En efecto, dado el general menosprecio por las operaciones del sueño, el reclamo de explicarlo se suele reducir a buscar, para cierto fragmento del contenido soñado, un estímulo externo que coincida más o menos con él. Esa estimulación externa a soñar estaría dada por el alboroto que despierta al durmiente; y ello agotaría el interés por este sueño. ¡Con tal que tuviéramos algún fundamento para suponer que la gran ciudad era esa mañana más ruidosa que de ordinario, por ejemplo si el poeta no hubiera omitido comunicarnos que Hanold esa noche, y contra su costumbre, dejó abierta la ventana! Es lástima; el poeta no se ha tomado ese trabajo. ¡Y con tal que un sueño de angustia fuera algo tan simple! No; aquel interés no se agota tan sencillamente.

El anudamiento a un estímulo sensorial externo no es nada esencial para la formación del sueño. El durmiente puede descuidar ese estímulo del mundo exterior; puede dejar que lo despierte sin formar un sueño; puede también entretejerlo en su sueño, como aquí sucede, si le conviene por cualesquiera otros motivos, y hartos son los sueños respecto de cuyo contenido no puede demostrarse semejante determinismo de un estímulo que alcanzara los sentidos del durmiente.[13] No, intentémoslo por otro camino.

Ensayemos tomar como punto de partida el saldo que el sueño deja en la vida despierta de Hanold. Hasta entonces había sido fantasía suya que Gradiva fuera pompeyana.

---

[12] Cf. Sante de Sanctis, 1899. [Cf. *La interpretación de los sueños* (1900a), *AE*, **4**, págs. 110 y sigs.]

[13] [Cf. *ibid*., pág. 237.]

Ahora esa hipótesis se le vuelve certeza, y se le agrega una segunda certeza: allí quedó enterrada con los demás en el año 79.[14] Unas sensaciones de tristeza acompañan a este progreso de la formación delirante, como un eco de la angustia que había impregnado al sueño. Este nuevo dolor por Gradiva no quiere parecernos muy concebible; es que Gradiva habría muerto muchos siglos antes aunque en el año 79 se hubiera salvado del sepultamiento. ¿O bien no tenemos derecho a discutir en estos términos con Norbert Hanold ni con el poeta mismo? Tampoco desde aquí surge un camino que nos llevaría al esclarecimiento. Comoquiera que fuese, anotemos que al aumento que el delirio recibe de este sueño adhiere un tinte afectivo intensamente dolido.

Pero, por lo demás, no hay nada que mitigue nuestro desconcierto. Este sueño no se elucida por sí solo; hemos de resolvernos a tomar algunos préstamos de *La interpretación de los sueños*, del autor de estas líneas, y aplicar al presente caso algunas de las reglas que en dicha obra se dan para resolver sueños.

Una de esas reglas dice que un sueño se entrama regularmente con las actividades de la víspera.[15] El poeta parece querer indicarnos que ha obedecido a esa regla, pues anuda el sueño de una manera inmediata a las «indagaciones pedestres» de Hanold. Ahora bien, estas últimas no significan más que una busca de Gradiva, que él pretende discernir por su característico andar. El sueño, entonces, estaría destinado a indicar dónde se ha de encontrar a Gradiva. Y efectivamente contiene esa indicación, puesto que la muestra en Pompeya; pero ello no constituye todavía novedad alguna para nosotros.

Otra regla reza: cuando tras un sueño la creencia en la realidad de las imágenes oníricas dura un tiempo insólitamente largo, de suerte que uno no puede desasirse del sueño, ello no constituye, por ejemplo, un espejismo del juicio provocado por la vivacidad de aquellas imágenes, sino que es un acto psíquico por sí, un aseguramiento, referido al contenido del sueño, de que algo en él es en la realidad tal y como se lo soñó;[16] y entonces se obrará con acierto dando crédito a esa seguridad. Si nos atenemos a esas dos reglas, deberemos inferir que el sueño proporciona una información, coincidente con la realidad, acerca del paradero de la buscada Gradiva. Ahora bien; ya conocemos el sueño

---

[14] Véase el texto de *Gradiva*, pág. 15.
[15] [Cf. *La interpretación de los sueños* (1900a), *AE*, 4, págs. 182 y sigs.]
[16] [*Ibid.*, 4, pág. 202, y 5, pág. 377.]

de Hanold: ¿la aplicación a él de ambas reglas lleva a algún sentido racional?

Así es, curiosamente. Sólo que ese sentido está disfrazado de una peculiar manera, y por eso no se lo discierne de primera intención. Hanold se entera en el sueño de que la buscada vive en su misma ciudad y es su contemporánea. Eso es sin duda correcto respecto de Zoe Bertgang, sólo que ese lugar no es en el sueño la ciudad universitaria alemana, sino Pompeya, y la época no es el presente, sino el año 79 de nuestra era. Hay ahí como una desfiguración {dislocación} por desplazamiento; no es Gradiva quien vive en el presente, sino que el soñante se traslada al pasado. Pero con ello queda dicho lo esencial y nuevo, a saber, que *él comparte con la buscada lugar y tiempo*. ¿A qué se deben esa disimulación y ese disfraz que por fuerza nos engañan lo mismo que al soñante sobre el sentido y el contenido genuinos del sueño? Bien; tenemos al alcance de la mano el recurso que nos permitirá dar una respuesta satisfactoria a esta pregunta.

Recordemos todo cuanto tenemos averiguado acerca de la naturaleza y descendencia de las fantasías, esas precursoras del delirio [págs. 38 y sigs.]. Son sustitutos y retoños de unos recuerdos reprimidos a los que cierta resistencia no permite llegar a la conciencia, no obstante lo cual consiguen devenir concientes toda vez que arreglan cuentas con esa censura de la resistencia mediante unas alteraciones y desfiguraciones. Luego de consumado este compromiso, aquellos recuerdos se convierten en estas fantasías, sobre las cuales la persona conciente incurre con facilidad en un malentendido, esto es, puede entenderlas en el sentido de la corriente psíquica dominante. Ahora supongamos que las imágenes oníricas fueran las creaciones delirantes por así decir fisiológicas [o sea, no patológicas] del ser humano, los resultados de compromiso de aquella lucha entre lo reprimido y lo dominante que probablemente exista en todo hombre, aun en quienes gozan de una plena salud mental diurna. Entonces se comprende que se deban considerar las imágenes del sueño como algo desfigurado tras lo que es preciso buscar algo diverso, no desfigurado, pero escandaloso en algún sentido, como los recuerdos reprimidos de Hanold tras sus fantasías. Cabría expresar la oposición así discernida distinguiendo lo que el soñante recuerda al despertar, como *contenido manifiesto del sueño*, de lo que constituía la base del sueño antes de su desfiguración por la censura, los *pensamientos oníricos latentes*. Interpretar un sueño equivaldrá, pues, a traducir su contenido manifiesto a los pensamientos oníricos latentes, a deshacer la desfiguración que estos últimos recibieron de la censura de la resistencia. Si aplicamos estas reflexiones al sueño que nos ocupa, hallamos que los pensamientos oníricos latentes sólo pueden haber rezado: «La muchacha del hermoso andar, que tú buscas, vive realmente en esta ciudad contigo». Pero lo pensado no podía devenir conciente en esta forma; se lo estorbaba una fantasía, resultado de un anterior compromiso, según la cual Gradiva era pompeyana, y en consecuencia, si había de preservarse el hecho real de que ella vivía en su mismo lugar y tiempo, sólo restaba la alternativa de emprender esta desfiguración: «Tú vives en Pompeya en la época de Gradiva»; y esta es entonces la idea que el contenido manifiesto del sueño realiza, figurada como un presente en que uno vive y del cual es testigo.

Un sueño rara vez es la figuración —podría decirse: la escenificación— de un pensamiento único; lo es casi siempre de una serie de ellos, de un tejido de pensamientos. En el sueño de Hanold puede espigarse todavía otro ingrediente de su contenido, cuya desfiguración es fácil de eliminar a fin de enterarse de la idea latente por él subrogada. Es un fragmento del sueño con que este concluye y al que puede extenderse también la garantía de la realidad. Recuérdese que, en el sueño, Gradiva que camina se muda en una figura de piedra. No es otra cosa que una figuración plástica y poética del proceso real. De hecho Hanold había trasferido su interés de la persona viva a la figura de piedra; la amada se le había mudado en un bajorrelieve de piedra. Los pensamientos oníricos latentes, forzados a permanecer inconcientes, quieren retransformar esa figura en la persona viva; le dicen, acaso en conexión con lo anterior: «Si te interesas por el bajorrelieve de Gradiva es sólo porque te recuerda a la Zoe del presente, que vive aquí». Pero esta intelección significaría, si pudiera devenir conciente, el final del delirio.

¿Acaso estamos obligados a sustituir de esta manera cada fragmento singular del contenido manifiesto del sueño por unos pensamientos inconcientes? En rigor, sí; en la interpretación de un sueño realmente soñado no podríamos sustraernos de ese deber. Para ello el soñante debería respondernos de la manera más generosa. Es comprensible que no podamos cumplir ese requisito cuando se trata de la criatura de un poeta; empero, no olvidemos que todavía no hemos sometido al trabajo de interpretación o traducción el contenido principal de este sueño.

El sueño de Hanold es sin duda un sueño de angustia. Su

contenido es terrorífico, el soñante registra angustia dormido y después le quedan como secuela unas sensaciones dolientes. Por cierto que ello no facilita nuestro ensayo de explicación; otra vez nos vemos precisados a tomar grandes préstamos de la doctrina de la interpretación de los sueños. Esta nos advierte no caer en el error de derivar la angustia que uno siente en un sueño del contenido de este; no tratar, pues, al contenido del sueño como a un contenido de representación de la vida despierta. Nos señala cuán a menudo soñamos con las cosas más horribles sin sentir por ello un asomo de angustia. La verdadera situación es muy otra, nada fácil de colegir, pero de segura prueba. La angustia de los sueños de angustia, como en general toda angustia neurótica, corresponde a un afecto sexual, a una sensación libidinosa, y proviene de la libido en virtud del proceso de la represión.[17] Entonces, en la interpretación del sueño es preciso sustituir la angustia por un estado de excitación sexual. Ahora bien, la angustia así generada ejerce —no de manera regular, pero con frecuencia— un influjo selectivo sobre el contenido del sueño, instilándole elementos de representación que parezcan adecuados al afecto de angustia para la concepción conciente del sueño, la que incurre en un malentendido sobre él. Como dijimos, este en modo alguno es regularmente el caso, pues hay muchísimos sueños de angustia cuyo contenido no es terrorífico, y por tanto uno no puede explicarse en los términos de la conciencia la angustia registrada.

Sé que este esclarecimiento de la angustia en el sueño tiene aspecto muy extraño y no hallará fácil creencia; lo único que yo puedo aconsejar es avenirse a él. Por lo demás, bien curioso sería que el sueño de Norbert Hanold resultara acorde con esta concepción de la angustia y pudiera explicarse desde ella. Veamos, pues: diríamos que durante la noche se agita en el soñante la añoranza de amor, produce un violento avance para hacerlo conciente del recuerdo de la amada y así arrancarlo del delirio, pero experimenta una nueva desautorización y es mudada en angustia, la que luego instila en el contenido del sueño las imágenes terroríficas tomadas de los recuerdos que el soñante conserva de su saber académico. De tal modo, el contenido inconciente genuino del sueño, la enamorada añoranza por la Zoe otrora familiar, se refunde

---

[17] Véase mi primer trabajo sobre la neurosis de angustia (1895*b*) y *La interpretación de los sueños* (1900*a*) [*AE*, **4**, págs. 177-9, y **5**, págs. 573 y sigs. — En su libro *Inhibición, síntoma y angustia* (1926*d*), Freud expuso una concepción modificada sobre el origen de la angustia.]

en el contenido manifiesto del sepultamiento de Pompeya y de la desaparición de Gradiva.

Creo que hasta aquí todo suena enteramente verosímil. No obstante, habría derecho a exigir que, si unos deseos eróticos constituyen el contenido no desfigurado de este sueño, aun en el sueño replasmado pudiera pesquisarse al menos un resto reconocible de aquellos, escondido en alguna parte. Y bien; acaso se lo consiga con ayuda de una referencia a la continuación del relato. En su primer encuentro con la presunta Gradiva, Hanold tiene en mente este sueño y dirige a la aparición el ruego de recostarse como la había visto hacerlo aquella vez [pág. 17].[18] Ante ello, la joven dama se levanta indignada y abandona a su raro compañero, en cuyos dichos, gobernados por el delirio, ha escuchado resonar el impertinente deseo erótico. Creo que podemos hacer nuestra la interpretación de Gradiva; ni siquiera en el caso de un sueño real tenemos derecho a exigir siempre una figuración más precisa del deseo erótico.

En consecuencia, la aplicación de algunas reglas de la interpretación de los sueños al primer sueño de Hanold habría tenido el resultado de volvérnoslo comprensible en sus rasgos principales e insertarlo en la trama del relato. ¿Quiere decir, entonces, que el poeta lo ha creado forzosamente atendiendo a esas reglas? Y en definitiva cabría preguntar: ¿por qué el poeta ha introducido un sueño en el ulterior desarrollo del delirio? Bien; yo opino que está compuesto con arreglo a sentido y también es fiel a la realidad. Ya sabemos [cf. pág. 47] que en casos clínicos reales muy a menudo una formación delirante se sigue de un sueño, y tras nuestros esclarecimientos sobre la esencia del sueño no necesitamos descubrir ningún enigma nuevo en la situación considerada. Sueño y delirio provienen de la misma fuente: lo reprimido; el sueño es el delirio por así decir fisiológico del hombre normal. [Cf. pág. 49.] Lo reprimido, antes de adquirir suficiente fuerza para abrirse paso como delirio en la vida despierta, puede que alcance con facilidad su primer éxito, bajo las circunstancias más propicias del estado del dormir, en la forma de un sueño de prolongada eficacia. Durante el dormir, en efecto, con la rebaja de la actividad anímica en general, sobreviene también una relajación en la intensidad de la resistencia que los poderes psíquicos dominantes contraponen a lo reprimido. Es esta relajación la que posibilita la

---

[18] «No, hablado no. Pero te llamé cuando te recostabas para dormir y estuve de pie junto a ti... Tu rostro era hermosísimo y enormemente calmo, como de mármol... Te lo ruego, vuelve a recostarte así sobre la grada» (*G*, pág. 70).

formación del sueño, y por eso este último se convierte para nosotros en el mejor acceso para tomar noticia de lo anímico inconciente. Sólo que, de ordinario, al restablecerse las investiduras psíquicas de la vigilia el sueño vuelve a disiparse, y a desalojarse {*räumen*} el terreno ganado por lo inconciente.

# III

En la ulterior trayectoria del relato hallamos otro sueño que acaso nos tiente más todavía que el primero a ensayar traducirlo e insertarlo en la trama del acontecer anímico de nuestro héroe.[1] Pero economizaríamos poco si, abandonando ahora la figuración del poeta, abordáramos directamente este segundo sueño; en efecto, quien pretenda interpretar el sueño de otro no puede omitir el averiguar con el máximo detalle posible todas las vivencias externas e internas del soñante. Así pues, casi sería lo mejor seguir el hilo del relato e ir glosándolo en su secuencia.

La neoformación delirante sobre la muerte de Gradiva a raíz del sepultamiento de Pompeya en el año 79 no es el único efecto duradero del primer sueño que acabamos de analizar. Inmediatamente después Hanold se decide a hacer un viaje a Italia, que termina por llevarlo a Pompeya. Pero antes de esto le sucede otra cosa; asomado a la ventana, cree distinguir por la calle una figura con el porte y el andar de su Gradiva, corre tras ella a pesar de su impropio atuendo, mas no la alcanza; antes bien, las burlas que la gente le dirige por la calle lo devuelven a su vivienda. Ya de regreso en su habitación, el canto de un canario cuya jaula cuelga en una ventana de la casa lindera le convoca un talante como si él también aspirara a la libertad desde su prisión; y es entonces cuando aquel viaje de primavera se pone en ejecución tan rápido como se lo resolvió.

El poeta ha situado ese viaje de Hanold bajo una luz particularmente nítida, y aun le otorga a este una parcial claridad sobre sus procesos internos. Como es natural, Hanold se ha dado un pretexto científico para su viaje; pero no alcanza. En verdad sabe que «la impulsión a viajar le

---

[1] [El final de esta oración repite con leves variantes lo dicho en el párrafo precedente (pág. 52); en ambos resuena el comienzo de *La interpretación de los sueños* (1900a): «...todo sueño aparece como un producto psíquico provisto de sentido al que cabe asignar un puesto determinado dentro del ajetreo anímico de la vigilia» (*AE*, 4, pág. 29).]

había nacido de una sensación inefable». Un curioso desasosiego lo lleva a quedar insatisfecho con todo lo que encuentra; lo empuja de Roma a Nápoles, y de allí a Pompeya, pero ni aun en esta última estación de su viaje reordena su talante. Le produce enojo la necedad de las parejas en viaje de bodas y le indigna la desfachatez de las moscas domésticas que pueblan los albergues de Pompeya. A la postre, sin embargo, ya no se engaña sobre el hecho de que «su insatisfacción no nacía sólo de lo que hallaba en su entorno; en parte, brotaba de él mismo». Se considera sobreexcitado, «se sentía desazonado, algo le faltaba y no podía precisar qué. Y a todas partes llevaba consigo esa desazón». En tal estado de ánimo se subleva contra su ama, la ciencia; cuando deambula la primera vez por Pompeya bajo el resol de mediodía, «su ciencia íntegra no sólo lo había abandonado, sino que ni siquiera le dejó el menor anhelo de reencontrarla; se acordaba de ella como de algo remotísimo, y en su sentimiento era como una tía vieja, aburrida y reseca, la criatura más insulsa y superflua del mundo» (G, pág. 55).

En ese estado de ánimo signado por el fastidio y la confusión, se le soluciona luego uno de los enigmas relativos al viaje; es en el momento en que ve a Gradiva caminando por Pompeya. «... otra cosa más le acudió por primera vez a la conciencia: Había viajado a Italia y seguido su viaje hasta Pompeya, sin detenerse apenas en Roma y Nápoles, y desconociendo la impulsión interior que lo movía, para tratar de descubrir allí huellas de su paso. Y esto último en el sentido literal, pues dada su particularísima manera de caminar tenía que haber dejado en la ceniza la impronta de sus dedos, que se distinguiría de todas las demás» (G, pág. 58 [pág. 15]).

Que el poeta ponga tanto cuidado en describir este viaje nos sugiere, por fuerza, la conveniencia de elucidar su vínculo con el delirio de Hanold y su posición dentro de la trama de los episodios. El viaje es emprendido por motivos que la persona primero no discierne y sólo después se confiesa; unos motivos que el poeta designa directamente como «inconcientes». Esto sin duda ha sido espiado en la vida real y copiado de ella; no hace falta estar gobernado por un delirio para actuar de ese modo; más bien es un suceso cotidiano, aun en personas sanas, que se engañen acerca de los motivos de su obrar y sólo devengan concientes de ellos con posterioridad {nachträglich}, toda vez que un conflicto entre varias corrientes de sentimiento les cree las condiciones para ese estado de confusión. Así, el viaje de Hanold se orientaba desde el comienzo mismo al servicio de su delirio y estaba destinado a llevarlo a Pompeya para proseguir ahí su investigación y búsqueda de Gradiva. Recordemos que esa investigación y búsqueda lo absorbieron antes del sueño e inmediatamente después, y que el sueño mismo fue sólo una respuesta, ahogada por su conciencia, a la pregunta por el paradero de Gradiva. Ahora bien, algún poder que no alcanzamos a discernir inhibe al comienzo el devenir-conciente del designio delirante, de suerte que para la motivación conciente del viaje sólo restan unos pretextos insuficientes, que deben ser renovados a cada trecho. Otro enigma nos presenta el poeta cuando hace que el sueño, el descubrimiento de la supuesta Gradiva por la calle y la decisión de viajar tomada bajo el influjo del canario que canta se sucedan como unas contingencias carentes de vínculo interno.

Con ayuda de los esclarecimientos que extraemos de los posteriores dichos de Zoe Bertgang, esta oscura pieza del relato se ilumina para nuestro entendimiento. Era realmente el original de Gradiva, la señorita Zoe en persona, aquella a quien Hanold vio desde su ventana andar por la calle (*G*, pág. 89), y a quien enseguida habría dado alcance. La comunicación del sueño: «Ella vive en el presente y en la misma ciudad que tú», recibiría así, por un feliz azar, una confirmación irrefutable, ante la cual su renuencia interna se habría quebrantado. Y el canario cuya canción pulsionó a Hanold hacia lejanos horizontes pertenecía a Zoe; su jaula estaba en su ventana, en la casa lindera, un poco al sesgo de la de Hanold (*G*, pág. 135 [pág. 25]). Hanold, que según la queja de la muchacha poseía el don de la «alucinación negativa», o sea el arte de no ver ni reconocer a las personas aunque estuvieran presentes, forzosamente tuvo desde el comienzo la noticia inconciente de lo que nosotros averiguamos sólo después. Los signos de la proximidad de Zoe, su aparición por la calle y el canto de su pájaro, tan cercano a la ventana de él, refuerzan el efecto del sueño, y en esa situación tan peligrosa para su resistencia contra el erotismo... emprende la huida. El viaje surge de una reanimación de la resistencia tras aquel avance de la añoranza amorosa en el sueño, de un intento de huir de la amada corpórea y presente. En la práctica significa un triunfo de la represión, que prevalece esta vez en el delirio, así como el erotismo había triunfado en su anterior obrar, en las «indagaciones pedestres» de señoras y doncellas. Pero a lo largo de estos cambios de fortuna en el combate, la naturaleza de compromiso se preserva dondequiera en los resultados; el viaje a Pompeya, destinado a alejarlo de la Zoe viva, lo conduce al menos hacia su sustituta, Gradiva. El viaje, emprendido a despecho de los pensamientos oníricos latentes, sigue empero la dirección de Pompeya que marca el contenido manifiesto del sueño. Así, el delirio vuelve a salir vencedor cada vez que erotismo y resistencia traban nuevo combate.

Esta concepción del viaje de Hanold como huida frente a la añoranza de amor que le despierta esa amada tan próxima es la única que armoniza con los estados de ánimo descritos en el relato durante su estadía en Italia. La desautorización del erotismo, en él dominante, se expresa allí en su aborrecimiento por las parejas en viaje de bodas. Un pequeño sueño en el *albergo* de Roma, movido por la vecindad de una pareja de enamorados alemanes, «August» y «Grete», cuyo crepuscular coloquio no puede menos que espiar con las orejas a través de la delgada pared divisoria, arroja luz, como con efecto retardado {*nachträglich*}, sobre las tendencias eróticas de su primer gran sueño. El nuevo sueño vuelve a trasladarlo a Pompeya, donde acaba de estallar la erupción del Vesubio; así se anudaba con el anterior, que siguió ejerciendo sus efectos en el curso del viaje. Pero entre las personas en peligro no divisó esta vez, como antes, a sí mismo y a Gradiva, sino al Apolo de Belvedere y a la Venus capitolina, sin duda como unas exaltaciones irónicas de la pareja de la habitación contigua. Apolo alza a Venus y así la lleva para depositarla sobre un objeto en sombras, que parece un carruaje o un carro, pues deja oír como un «chirrido». Para interpretar este sueño, ciertamente, no hace falta un arte particular (*G*, pág. 31).

Nuestro poeta, quien según hace tiempo confiamos no introduce en su cuadro ninguna pincelada ociosa o carente de propósito, nos ha dado otro testimonio de la corriente asexual que gobierna a Hanold en su viaje. Mientras vaga horas y horas por Pompeya, «asombrosamente ni una sola vez recuerda que hace algún tiempo soñó presenciar el entierro de la ciudad por la erupción del cráter en el año 79» (*G*, pág. 47). Sólo a la vista de Gradiva se acuerda de pronto de ese sueño, y en ese mismo momento deviene conciente del motivo delirante de su enigmático viaje. Ahora bien, ¿qué otra cosa podría significar este olvido del sueño, esta barrera de represión entre el sueño y el estado de alma en el viaje, sino que este último, en lugar de ser producto de una incitación directa del sueño, lo es de la revuelta contra este, como emanación de un poder anímico que no quiere saber nada del sentido secreto del sueño?

Pero, por otra parte, este triunfo sobre su erotismo no alboroza a Hanold. La moción anímica sofocada conserva la fuerza suficiente para vengarse de la sofocadora provocando malestar e inhibición. La añoranza de Hanold se ha mudado en un desasosiego y una insatisfacción que le hacen parecer sin sentido el viaje; la intelección de los motivos de este viaje hecho al servicio del delirio está inhibida, y perturbada la relación del héroe con su ciencia, que en un lugar como ese debería suscitar todo su interés. Así, el poeta nos muestra a su personaje, tras su huida del amor, en una suerte de crisis, en un estado de confusión y desperdigamiento completos, en un desarreglo como el que suele sobrevenir en la cima de los estados patológicos cuando ninguno de los poderes en pugna es más fuerte que el otro en medida suficiente para que esa diferencia pueda fundar un régimen anímico vigoroso. Pero en este punto interviene el poeta para remediar y allanar las cosas; en efecto, hace entrar en escena a Gradiva, que emprende la curación del delirio. Con su poder para guiar hacia buen desenlace los destinos de los seres humanos por él creados, a despecho de las leyes objetivas y necesarias a que los somete, él sitúa a la muchacha de quien Hanold había huido escapando a Pompeya justamente aquí, y de ese modo corrige la necedad que el delirio hizo cometer a nuestro joven, la de encaminar sus pasos desde el lugar donde moraba la amada viva hasta el sepulcro de quien era su sustituta en la fantasía.

Con la aparición de Zoe Bertgang como Gradiva, que marca el punto de máxima tensión en el relato, también sobreviene un giro en nuestro interés. Si hasta aquí hemos covivenciado el desarrollo de un delirio, ahora seremos testigos de su curación, y tenemos derecho a preguntarnos si el poeta ha fabulado meramente el proceso de esta última o lo ha plasmado siguiendo posibilidades de efectiva existencia. Las propias palabras de Zoe en el encuentro con su amiga nos autorizan de manera terminante a atribuirle ese propósito terapéutico (*G*, pág. 124 [pág. 24]). Ahora bien, ¿cómo se dispone a conseguirlo? Tras sofocar la indignación que le produjo la propuesta de volver a recostarse para dormir «como aquella vez», al día siguiente se presenta a la misma hora meridiana y en idéntico sitio, y sonsaca a Hanold todo el secreto saber que le había faltado la víspera para entender su comportamiento. Así se entera del sueño de él, del bajorrelieve de Gradiva y de la peculiaridad del andar que ella comparte con esa figura. Acepta el papel de espectro llamado a la vida por una breve hora, que, según advierte, le imparte el delirio de él, y delicadamente, con palabras de múltiple interpretación, le indica una nueva postura al aceptarle las flores funerarias que él ha traído consigo sin propósito conciente, lamentándose de que no le obsequiara rosas (*G*, pág. **90** [pág. 19]).

Pero es probable que nuestro interés por el comportamiento de esta muchacha reflexiva y prudente, que ha resuelto ganar para marido a su amado de la niñez después de discernir, tras su delirio, su amor como fuerza pulsionante, es probable, decíamos, que ese interés se vea refrenado en este punto por la extrañeza que bien puede provocarnos el delirio. Su plasmación última, a saber, que Gradiva enterrada en el año 79 pueda mantener plática con él durante una hora como espectro del mediodía, trascurrida la cual se abisma o busca otra vez su tumba, quimera esta que no es turbada por la percepción de su moderno calzado ni por su ignorancia de las lenguas antiguas y su dominio del alemán, inexistente en aquellos lejanos tiempos, parece justificar sin duda la designación del poeta: «Una fantasía pompeyana», pero excluir toda comparación con la realidad clínica. Y sin embargo me parece que, considerándolo mejor, se disipa en su más amplia medida la inverosimilitud de este delirio. El propio poeta ha asumido parte de la responsabilidad, encarnándola en la premisa del relato: que Zoe es en todos sus rasgos la homóloga del bajorrelieve. Entonces hay que guardarse de desplazar la inverosimilitud de esta premisa a su consecuencia, que Hanold tenga a la muchacha por la Gradiva rediviva. Además, el poeta ha aducido una circunstancia atenuante y propicia para el desvarío de su héroe: el resol de la Campania y la virtud ensalmadora y embriagadora del vino nacido en las laderas del Vesubio. Empero, entre todos los factores, el que mejor lo explica y disculpa sigue siendo la ligereza con que nuestra capacidad de pensar se resuelve a aceptar un contenido absurdo cuando unas mociones de intenso tinte afectivo hallan en él su satisfacción. Es un hecho asombroso, y casi nunca apreciado en la medida en que lo merece, cuán fácil y frecuentemente hasta personas de vigorosa inteligencia producen, bajo esas constelaciones psicológicas, las reacciones de una imbecilidad parcial; y quien no sea demasiado presumido podrá observarlas en sí mismo cuantas veces quiera. ¡Y qué decir cuando una parte de los procesos del pensar en cuestión adhiere a motivos inconcientes o reprimidos! De buena gana cito las palabras de un filósofo, quien me escribe: «He empezado a anotar los casos, vivenciados por mí mismo, de errores manifiestos, de acciones impensadas para las que uno busca motivos con posterioridad (y de una manera harto irracional). Aterra, pero es típica, toda la estupidez que sale a la luz de ese modo». Y considérese además que la creencia en espíritus y fantasmas, y en almas que retornan, con tantos apoyos donde apuntalarse en las religiones a que todos nosotros estuvimos apegados al menos en la infancia, en modo alguno ha sido sepultada en todas las personas cultas, y ello hasta el extremo de que muchas de estas, racionales de ordinario, hallan compatibles con la razón las prácticas espiritistas. Y aun quien se haya vuelto positivo e incrédulo acaso perciba, abochornado, con cuánta facilidad regresa a la creencia en espíritus si en él se conjugan emoción y desconcierto. Sé de un médico que había perdido a una de sus pacientes, aquejada por la enfermedad de Basedow, y no pudo aventar una leve sospecha de haber contribuido él mismo al infortunado desenlace mediante una medicación imprudente. Cierto día, trascurridos ya varios años, entró en su consultorio una muchacha en quien, a pesar de toda su renuencia, no pudo menos que reconocer a la difunta. Le fue imposible concebir otro pensamiento que este: «Es entonces verdad que los muertos pueden retornar», y su estremecimiento sólo cedió a la vergüenza cuando la visitante dijo ser la hermana de alguien que había muerto de la misma enfermedad que ella tenía. Es que la enfermedad de Basedow presta a quienes la padecen una semejanza notable, que se ha señalado a menudo, en los rasgos faciales; y en este caso la semejanza típica se había sumado a la fraternal. Y bien, yo fui el médico a quien tal cosa sucedió, y por eso no seré justamente yo quien cuestione a Norbert Hanold la posibilidad clínica de su breve delirio sobre Gradiva rediviva. Y, en definitiva, todo psiquiatra sabe bien que en casos graves de formación delirante crónica (paranoia) se llega a extremos en materia de absurdos de ingeniosa urdimbre y buen sustento.

Tras su primer encuentro con Gradiva, Norbert Hanold había bebido su vino primero en uno y luego en el otro albergue de Pompeya por él conocidos, mientras los otros visitantes estaban ocupados en almorzar. «Desde luego, ni se le pasó por la mente el contrasentido» de que obraba así para averiguar en qué hospedaje moraba y tomaba sus comidas Gradiva, pero es difícil decir qué otro sentido podía tener ese obrar suyo. El día que siguió a su segunda reunión en la Casa de Meleagro vivencia toda clase de cosas dignas de asombro y al parecer inconexas: descubre una estrecha grieta en la muralla del Pórtico, ahí donde había desaparecido Gradiva; se topa con un extravagante cazador de lagartijas que se dirige a él como si lo conociera; halla un tercer hospedaje, de escondida ubicación, el «Albergo del Sole», cuyo propietario lo engatusa con un prendedor metálico de verde pátina, supuestamente exhumado entre los restos de una muchacha pompeyana; y por último, ya de regreso en su hostería, le llama la atención una pareja de jóvenes recién llegados en quienes él discierne unos hermanos y los ve con simpatía. Todas estas vivencias se le entretejen luego en un sueño «singularmente disparatado», cuyo texto es el siguiente:

«En algún lugar del Sol estaba Gradiva, hacía un lazo con hilo de hierbas para cazar una lagartija, y decía sobre eso: "Por favor, manténte inmóvil; la colega tiene razón, el recurso es realmente bueno y ella lo ha empleado con el mejor de los éxitos"» [págs. 21-2].

Todavía dormido se defiende de este sueño con la crítica de que es una rematada locura, y se revuelve en su lecho para librarse de él. Lo consigue con ayuda de un pájaro invisible que profiere un breve grito riente y se lleva la lagartija en el pico.

¿Ensayaremos interpretar también este sueño, vale decir, sustituirlo por los pensamientos oníricos latentes a partir de cuya desfiguración no pudo menos que surgir? Es tan disparatado como sólo se puede esperar que lo sea un sueño, y este absurdo de los sueños es el principal apoyo de la opinión que les rehúsa el carácter de un acto psíquico de pleno derecho y los hace proceder de una excitación, no sujeta a plan alguno, de los elementos psíquicos.

Podemos aplicar a este sueño la técnica que cabe designar como el procedimiento regular de la interpretación de los sueños. Consiste en no hacer caso de la aparente ilación del sueño manifiesto, sino considerar por sí cada fragmento del contenido y buscarle su derivación en las impresiones, recuerdos y ocurrencias libres del soñante.[2] Mas como no podemos examinar a Hanold, tendremos que darnos por satisfechos con la referencia a sus impresiones y sólo con la máxima prudencia estaremos autorizados a sustituir sus ocurrencias por las nuestras.

«En algún lugar del Sol está Gradiva, caza lagartijas y dice sobre eso». — ¿Qué impresión del día resuena en esta parte del sueño? Indudablemente el encuentro con el anciano señor, el cazador de lagartijas, que por tanto está sustituido por Gradiva en el sueño. Era él quien estaba sentado o yacía en una ladera «a pleno sol», y también quien dirigió la palabra a Hanold. Además, los dichos de Gradiva en el sueño están copiados de los dichos de aquel hombre. Compárese: «El recurso indicado por mi colega Eimer es real-

---

[2] [Cf. *La interpretación de los sueños* (1900a), AE, 4, pág. 125.]

mente bueno; ya lo he empleado varias veces con el mejor de los éxitos. Por favor, manténgase inmóvil» [pág. 20]. En parecidos términos habla Gradiva en el sueño, sólo que el «colega Eimer» es sustituido en el sueño por una colega innominada; además, el «varias veces» del dicho del zoólogo ha sido eliminado en el sueño, y se ha cambiado un poco la estructura de la oración. Parece, pues, que esta vivencia del día ha sido trasmudada en el sueño mediante algunas variantes y desfiguraciones. ¿Por qué estas justamente, y qué significan las desfiguraciones, la sustitución del anciano señor por Gradiva, así como la introducción de la enigmática «colega»?

Hay una regla de la interpretación de sueños que reza: Un dicho en el sueño proviene siempre de un dicho escuchado o pronunciado en la vigilia.[3] Y esta regla parece obedecida en este caso; los dichos de Gradiva no son más que una modificación de los dichos escuchados del anciano zoólogo la víspera. Otra regla de la interpretación de sueños nos diría que la sustitución de una persona por otra, o la contaminación de dos de ellas, por ejemplo si una es mostrada en una situación característica de la otra, significa una equiparación de ambas, una coincidencia entre ellas.[4] Si nos atrevemos a aplicar también esta regla a nuestro sueño, obtendríamos esta traducción: Gradiva caza lagartijas como aquel anciano, conoce como él el arte de hacerlo. Este resultado no es precisamente comprensible, pero aún estamos frente a otro enigma: ¿A cuál impresión del día debemos referir la «colega» que sustituye en el sueño al famoso zoólogo Eimer? Por suerte no tenemos muchas opciones: sólo otra muchacha puede ser designada como colega, vale decir, aquella simpática joven en quien Hanold había discernido a una hermana que viajaba en compañía de su hermano. «Ella llevaba en el vestido una roja rosa de Sorrento cuya visión trajo alguna cosa a la memoria de quien la contemplaba desde su rincón, sin que pudiera acordarse de qué se trataba» [pág. 21]. Esta observación del poeta nos da derecho a pretender que ella sea la «colega» del sueño. Aquello de lo cual Hanold no podía acordarse era sin duda alguna lo que le dijo la supuesta Gradiva, que a las muchachas más afortunadas les obsequiaban rosas en primavera, cuando le pidió las blancas flores funerarias [pág. 19]. Ahora bien, en ese dicho se escondía un requerimiento. ¿Qué clase de caza de lagartijas sería la que tan bien lograba esa afortunada colega?

[3] [Ibid., 5, págs. 419 y sigs.]
[4] [Ibid., 4, págs. 325 y sigs.]

Al día siguiente, Hanold sorprende a la presunta pareja de hermanos en tierno abrazo y así puede rectificar su error de la víspera. Se trata en realidad de una pareja de enamorados, y por cierto en viaje de bodas, según luego averiguamos cuando ambos turban de modo tan inesperado el tercer encuentro de Hanold con Zoe. Si ahora adoptamos el supuesto de que Hanold, que concientemente los tenía por hermanos, en el momento mismo discernió el vínculo real que al otro día habría de revelarse de una manera tan inequívoca, en verdad obtenemos un buen sentido para los dichos de Gradiva en el sueño. La rosa roja se convierte entonces en el símbolo del vínculo de amor; Hanold comprende que ambos son aquello que él y Gradiva deben devenir todavía; la caza de lagartijas recibe el significado de la caza de marido, y el dicho de Gradiva quiere decir más o menos esto: «Déjenme hacer; sabré conseguir marido tan bien como esta otra muchacha».

Ahora bien, ¿por qué este trasunto de los propósitos de Zoe debía aparecer a toda costa en el sueño en la forma del dicho del viejo zoólogo? ¿Por qué la habilidad de Zoe para cazar marido sería figurada por la del anciano señor para cazar lagartijas? Nos resulta fácil responder a esta pregunta; hace tiempo hemos colegido que el cazador de lagartijas no es otro que el profesor de zoología Bertgang, padre de Zoe, que por fuerza ha de conocer a Hanold, y así se comprende que le dirija la palabra como a un conocido. Supongamos también que en lo inconciente Hanold haya reconocido de inmediato al profesor («Le pareció como si recordase oscuramente haber visto desfilar ante sus ojos alguna vez el rostro del cazador de lagartijas, quizás en alguno de los dos hospedajes»); así se explica el raro disfraz del designio atribuido a Zoe. Es la hija del cazador de lagartijas, de él ha recibido esa habilidad.

La sustitución del cazador de lagartijas por Gradiva en el contenido del sueño es entonces la figuración del vínculo entre ambas personas, discernido en lo inconciente; la introducción de la «colega» en lugar del colega Eimer permite al sueño expresar la inteligencia del requerimiento de marido por parte de ella. Hasta ahora, el sueño ha soldado dos de las vivencias del día en una situación, las ha «condensado» —como decimos en nuestra terminología— a fin de procurar expresión, harto irreconocible en verdad, a dos intelecciones que no tenían permitido devenir concientes. Pero podemos avanzar otro paso, reducir todavía más la rareza del sueño y pesquisar también el influjo de las otras vivencias del día sobre la configuración del sueño manifiesto.

Podríamos declararnos insatisfechos con las referencias dadas hasta ahora sobre la razón por la cual justamente la escena de la caza de lagartijas fue convertida en el núcleo del sueño, y conjeturar que aun otros elementos de los pensamientos oníricos han aportado su influjo para consagrar a las «lagartijas» en el sueño manifiesto. Y en realidad muy bien podría ser así. Recordemos que Hanold había descubierto una grieta en el muro, justo en el lugar donde le pareció que Gradiva desaparecía, una grieta «empero lo bastante ancha para dejar pasar a una persona de inusual delgadez» [pág. 20]. Esta percepción lo mueve a introducir de día una variante en su delirio: Gradiva no se hunde en el suelo cuando se quita de su vista, sino que por este camino dirige sus pasos de regreso a la tumba. En su pensar inconciente acaso él se dijo que ahora descubriría la explicación natural de esa sorprendente desaparición de la muchacha. Pero, ¿acaso el filtrarse por grietas estrechas y el desaparecer por ellas no nos recuerda por fuerza al comportamiento de las lagartijas? ¿No se conduce Gradiva en esto como una ágil lagartijilla? Opinamos, pues, que este descubrimiento de la grieta en el muro ha ejercido un efecto de comando, junto con otros, en la selección del elemento «lagartija» para el contenido manifiesto del sueño; la «situación-lagartija» del sueño subroga tanto esta impresión del día como el encuentro con el zoólogo, el padre de Zoe.

¿Y si ahora, más osados, intentáramos hallar una subrogación en el contenido del sueño también para una vivencia del día aún no utilizada: el descubrimiento del tercer albergue, el «del Sole»? El poeta ha tratado este episodio con tanto detalle y le ha anudado tantas cosas que sin duda nos maravillaría que no contribuyera en nada a la formación del sueño. Hanold entra en esa posada, cuya existencia desconocía por su retiro y su lejanía de la estación ferroviaria, para hacerse servir una gaseosa que mitigase su acaloramiento. El posadero aprovecha la oportunidad para elogiar sus antigüedades, y le muestra un prendedor que, sostuvo, perteneció a una muchacha pompeyana hallada en las cercanías del *Forum* en estrecho abrazo con su amado. Hanold, que hasta entonces nunca había dado crédito a ese relato a menudo repetido, es constreñido ahora, por un poder que no le es consabido, a creer en esa tocante historia y en la autenticidad del hallazgo; adquiere la fíbula y con su adquisición abandona el hospedaje. Cuando se aleja, ve asomar por una de las ventanas, puesto en un florero, un ramillete de asfódelos poblado de blancas flores. Siente esa visión como corroboradora de la autenticidad de su nuevo bien. Entonces lo penetra el convencimiento delirante de que el verde prendedor ha pertenecido a Gradiva, y ella fue la muchacha que murió en brazos de su amado. A raíz de esto se apoderan de él unos martirizadores celos que sólo apacigua el designio de mostrar el prendedor a Gradiva al día siguiente, y así recabar seguridad para su recelo. Y esta rara pieza de una nueva formación delirante, ¿no habría dejado ninguna huella en el sueño de la noche que siguió?

Nos resultará sin duda de provecho tratar de entender la génesis de esta extensión del delirio, pesquisar la nueva pieza de intelección inconciente que se sustituye por la nueva pieza de delirio. Este nace bajo el influjo del posadero del albergue del Sol, ante quien el comportamiento de Hanold es el de una asombrosa credulidad, como si hubiera recibido de él una sugestión. Le muestra una fíbula metálica usada como prendedor; sería auténtica y pertenecería a una muchacha que hallaron enterrada en brazos de su amado. Y Hanold, que podría ser lo bastante crítico para poner en duda tanto la veracidad de la historia como la autenticidad del prendedor, al instante queda preso de la creencia y adquiere esa antigüedad más que sospechosa. Es de todo punto incomprensible por qué habría de comportarse así, y nada indica que la personalidad del posadero mismo pudiera solucionarnos ese enigma. Empero, el episodio contiene otro enigma, y es harto común que dos enigmas se solucionen uno al otro. Al abandonar el «Albergo», ve en una ventana un ramillete de asfódelos puestos en un florero, y en él halla una confirmación de la autenticidad del prendedor metálico. Pero, ¿cómo pudo ser? Por fortuna, este último rasgo admite fácil solución. Las flores blancas son sin duda las mismas que él obsequió a Gradiva al mediodía, y es correctísimo que algo es corroborado por su visión en una de las ventanas de ese hospedaje. No, por cierto, la autenticidad del prendedor, sino otra cosa que ya se le puso en claro al descubrir ese «Albergo» hasta entonces ignorado. Ya la víspera se había comportado como si buscara en los dos hospedajes de Pompeya dónde moraba la persona que se le aparecía en figura de Gradiva. Ahora, al tropezar tan inesperadamente con un tercer albergue, no puede menos que decirse en lo inconciente: «Entonces es aquí donde ella mora»; y luego, al partir: «Justamente; he ahí las flores de asfódelos que yo le he dado; esa es, en consecuencia, su ventana». Esta sería, pues, la nueva intelección que se sustituye por el delirio y que no puede devenir conciente porque tampoco puede devenirlo su premisa, a saber, que Gradiva es una persona viva que él otrora conocía.

Pero, ¿cómo se habrá producido la sustitución de la nueva intelección por el delirio? Opino que así: el sentimiento de convencimiento adherido a esa intelección pudo afianzarse y se conservó, mientras que para la intelección misma, no susceptible de conciencia, se introdujo en remplazo otro contenido de representación, pero enlazado con ella por conexión de pensamiento. Así, el sentimiento de convencimiento se conecta con un contenido que en verdad le es ajeno, y este último, en calidad de delirio, obtiene una admisión que en sí mismo no merecía. Su convicción de que Gradiva mora en esa casa, Hanold la trasfiere sobre otras impresiones que en esa casa recibe, y de tal manera acepta crédulamente los dichos del posadero, la autenticidad del prendedor metálico y la veracidad de la anécdota sobre la pareja de amantes a quienes hallaron abrazados; pero ello sólo se produce por el camino de vincular él con Gradiva todo lo escuchado en esa casa. Los celos ya aprontados en él se apoderan de ese material y así nace, aun en contradicción con su primer sueño, el delirio de que Gradiva era aquella muchacha muerta en los brazos de su amante y a quien perteneció el prendedor que él había adquirido.

Damos en notar que la plática de Gradiva y el sutil requerimiento de ella «por la flor» {«*durch die Blume*»; también, «metafórico»} ya han provocado en Hanold importantes alteraciones. En él han despertado rasgos de concupiscencia masculina, componentes de la libido que, es verdad, todavía no pueden prescindir de disfrazarse mediante pretextos concientes. Pero el problema de la «contextura corpórea» de Gradiva, que lo persigue durante todo ese día [págs. 18 y 20], no puede desmentir su descendencia del apetito erótico de saber que el niño dirige al cuerpo de la mujer, y ello por más que pretenda adoptar ropaje científico por la insistencia conciente en la curiosa oscilación de Gradiva entre la vida y la muerte. Los celos son otro signo de la actividad amorosa que despierta en Hanold; los exterioriza al iniciarse la conversación del día siguiente, y ellos consiguen luego, validos de un nuevo pretexto, tocar el cuerpo de la muchacha y golpearlo como en lejanos tiempos.

Pero ya es el momento en que debemos preguntarnos si este camino de la formación de delirio que hemos inferido de la figuración del poeta es un camino consabido o al menos posible. Desde nuestro conocimiento médico no cabe sino responder: esa es ciertamente la verdadera vía, acaso la única, por la cual el delirio obtiene, en general, la inconmovible aceptación que es uno de sus caracteres clínicos. Si el enfermo cree con tanta firmeza en su delirio, ello no se produce por un trastorno {*Verkehrung*} de su capacidad de juzgar ni se debe a lo que hay de erróneo en su delirio. Antes al contrario, en todo delirio se esconde un granito de verdad;[5] hay en él algo que realmente merece creencia, y esa es la fuente de la convicción del enfermo, que por tanto está justificada en esa medida. Pero eso verdadero estuvo largo tiempo reprimido; cuando por fin consigue abrirse paso hasta la conciencia, esta vez en forma desfigurada, el sentimiento de convencimiento que a ello adhiere es hiperintenso, como a modo de un resarcimiento, sólo que recae sobre un sustituto desfigurado de lo verdadero reprimido, protegiéndolo de cualquier impugnación crítica. El convencimiento se desplaza, por así decir, de lo verdadero inconciente a lo erróneo conciente enlazado con ello, y justamente a causa de ese desplazamiento permanece fijado allí. El caso de la formación de delirio que resultó del primer sueño de Hanold no es más que un ejemplo parecido, si bien no idéntico, de semejante desplazamiento. Es que la génesis de ese convencimiento en el delirio, según la hemos descrito, ni siquiera es radicalmente diversa de la manera en que se forma un convencimiento en casos normales en que no está en juego la represión. Todos prestamos nuestro convencimiento a contenidos del pensar en que va unido lo verdadero con lo falso, y dejamos que él se extienda desde lo primero a lo segundo. Se difunde, digamos, desde lo verdadero a lo falso asociado con ello, y protege a esto último, si bien no de un modo tan inmutable como en el delirio, de la merecida crítica. Unos envolvimientos, por así decir una protección, son capaces de sustituir al valor genuino también en la psicología normal.

Ahora he de regresar al sueño para destacar un rasgo pequeño, pero en modo alguno carente de interés, que se establece como una conexión entre dos ocasiones de aquel. Gradiva había puesto las blancas flores de asfódelos en una cierta oposición con las rosas rojas; el redescubrir los asfódelos en la ventana del Albergo del Sole se convierte en una importante pieza probatoria para la intelección incon-

---

[5] [Freud expresó esta opinión muchas veces a lo largo de sus escritos. Aparece, por ejemplo, ya en la primera edición de *Psicopatología de la vida cotidiana* (1901*b*), *AE*, **6**, pág. 248, así como en *Moisés y la religión monoteísta* (1939*a*), *AE*, **23**, pág. 125, donde se encontrarán referencias más detalladas.]

ciente de Hanold, expresada en el nuevo delirio, y con esto se enhebra que la rosa roja que lleva en su vestido aquella joven y simpática dama permita a Hanold, en lo inconciente, apreciar correctamente la índole de la relación que ella tiene con su acompañante, de suerte que en el sueño puede hacerla aparecer como la «colega».

Ahora bien, ¿dónde se encuentra en el contenido manifiesto del sueño la huella y la subrogación de aquel descubrimiento de Hanold que hallamos sustituido por el nuevo delirio, a saber, que Gradiva mora con su padre en el tercer hospedaje, oculto, de Pompeya, el Albergo del Sole? Pues bien, se encuentra en el sueño, y ni siquiera muy desfigurado; sólo que temo señalarlo, pues sé que aun en los lectores que me han aguantado hasta aquí con paciencia nacerá una fuerte revuelta a mi intento de explicación. El descubrimiento de Hanold está en el sueño, lo repito, comunicado cabalmente, pero escondido de manera tan diestra que por fuerza uno lo pasa por alto. Se esconde ahí tras un juego de palabras, tras un equívoco. «En algún lugar del Sol estaba Gradiva», lo hemos referido con razón al sitio donde Hanold topó con el zoólogo, padre de ella. Pero, ¿no puede querer decir también «en el Sol», o sea, en el Albergo del Sole, en el hospedaje del Sol, mora Gradiva? ¿Y «en algún lugar», que no mantiene nexo alguno con el padre, ¿no ostenta una imprecisión tan hipócrita porque introduce justamente la noticia precisa sobre el paradero de Gradiva? De acuerdo con mi experiencia en la interpretación de sueños reales, tengo una total certeza en cuanto a ese modo de entender la ambigüedad, pero en realidad no me atrevería a presentar a mis lectores esta pequeña pieza del trabajo interpretativo si el poeta mismo no me prestara aquí su poderoso auxilio. Al día siguiente pone en boca de la muchacha, a la vista del prendedor de metal, ese mismo juego de palabras que nosotros damos por supuesto para la interpretación de aquel pasaje del contenido del sueño: «¿Lo has encontrado en el *Sol*? Este produce parecidas cosas» [pág. 23]. Y como Hanold no la comprende, le explicita que se refiere al hospedaje *del Sol*, llamado aquí «Sole», de donde le es familiar ese supuesto hallazgo.

Y ahora nos gustaría ensayar la sustitución de ese sueño «singularmente disparatado» de Hanold por los pensamientos inconcientes que tras él se esconden, quizá disímiles a él. Estos rezarían: «Ella habita sin duda en el Sol con su padre; ¿por qué juega este juego conmigo? ¿Quiere burlarse de mí? ¿O acaso me ama y quiere tomarme por marido?». — A esta última posibilidad se refiere evidentemente, cuando él todavía duerme, la respuesta rechazadora: «Es una rematada locura», en apariencia dirigida al sueño manifiesto en su conjunto.

Lectores críticos tienen ahora el derecho de preguntarme de dónde extraigo la intercalación referida al ser burlado por Gradiva. *La interpretación de los sueños* da la respuesta: cuando en los pensamientos oníricos se incluye una burla, una mofa, una contradicción sañuda, ello se expresa mediante la plasmación disparatada del sueño manifiesto, mediante lo absurdo en el sueño.[6] Esto último no implica entonces parálisis alguna de la actividad psíquica, sino que es uno de los medios figurativos de que se vale el trabajo del sueño. Como siempre sucede en pasajes de particular dificultad, también aquí el poeta acude en nuestro auxilio. Ese sueño disparatado tiene todavía un breve epílogo en que un pájaro profiere un grito riente y se lleva la lagartija en el pico. Ahora bien, un grito riente así había escuchado Hanold tras la desaparición de Gradiva [pág. 19]. En realidad provenía de Zoe, quien con esa risa se sacudía la seriedad tétrica de su papel de moradora del mundo subterráneo. Gradiva realmente se había reído de él. Pero la imagen onírica del pájaro que se lleva a la lagartija acaso recuerde a aquella otra, de un sueño anterior, en que Apolo de Belvedere se llevaba a la Venus capitolina [pág. 57].

Quizás a muchos lectores les quede todavía la impresión de que no está lo bastante certificado el traducir la situación de la caza de lagartijas mediante la idea del requerimiento amoroso. En su apoyo puede aducirse que la propia Zoe, en su plática con la colega, confiesa de sí eso mismo que de ella conjeturan los pensamientos de Hanold: cuando le comunica que estaba segura de «exhumar» para sí en Pompeya algo interesante. Con ello recurre al círculo de representaciones de la arqueología, de igual modo en que él había echado mano al de la zoología con su símil de la caza de lagartijas; es como si aspirasen recíprocamente y en contrapuestos sentidos el uno al otro y cada uno quisiera adoptar la peculiaridad del otro.

Así habríamos resuelto la interpretación de este segundo sueño también. Ambos se han vuelto asequibles a nuestro entendimiento bajo la premisa de que el soñante, en su pensar inconciente, sabe todo aquello que ha olvidado en su pensar conciente: allá juzga con acierto sobre lo que aquí

---

[6] [*La interpretación de los sueños* (1900a), *AE*, 5, pág. 443.]

yerra de manera delirante. Desde luego que en todo esto hemos tenido que formular muchas tesis que, por inusuales, extrañarán sin duda al lector, y es probable que a menudo hayamos despertado la sospecha de que atribuimos al poeta unas intenciones que en realidad sólo son nuestras. Estamos dispuestos a empeñarnos en disipar tal sospecha, y por eso consideraremos en detalle uno de los puntos más espinosos —me refiero al empleo de palabras y dichos ambiguos, como en el ejemplo: «En algún lugar del Sol está Gradiva»—.

A todo lector de *Gradiva* tiene que llamarle la atención cuán a menudo el poeta pone en labios de sus dos principales personajes unos dichos que trasmiten doble sentido. En Hanold esos dichos se entienden de manera unívoca, y sólo su compañera, Gradiva, es captada por su otro sentido. Así, cuando tras la primera respuesta de ella él exclama: «¡Yo sabía que así era el sonido de tu voz!» [pág. 17], y Zoe, no esclarecida aún, se ve llevada a preguntarle cómo es eso posible, puesto que todavía no la ha escuchado hablar. En la segunda plática, por un instante ella pierde el rumbo en el delirio de él, cuando Hanold le asegura que la reconoció enseguida [pág. 18]. Ella no puede menos que comprender estas palabras en el sentido que es correcto para el inconciente de él, como admisión de una familiaridad entre ambos que se remonta a la niñez, mientras que él desde luego nada sabe de este alcance de su dicho y, además, lo elucida con exclusiva referencia al delirio que lo gobierna. En cambio, los dichos de la muchacha, en cuya persona la más luminosa claridad espiritual se contrapone al delirio, llevan adrede un doble sentido. Uno de sus sentidos se pliega al delirio de Hanold para poder entrar en su inteligencia conciente; el otro se eleva por encima del delirio y las más de las veces nos proporciona la traducción de este a la verdad inconciente a la cual subroga. Es un triunfo del chiste {*Witz*; también, la «gracia»} el de poder figurar el delirio y la verdad en la misma forma expresiva.

Perlado de tales bi-vocidades está el discurso en que Zoe esclarece a su amiga sobre la situación y al mismo tiempo se libra de su estorbosa compañía [pág. 24]; en verdad, está enunciado como saliéndose del libro, calculado más para nosotros, lectores, que para la colega dichosa. En las pláticas con Hanold, el doble sentido se establece las más de las veces por el hecho de que Zoe se vale del simbolismo al que, según hallamos, obedecía el primer sueño de Hanold: la equiparación entre entierro y represión, entre Pompeya e infancia. Así, ella con sus dichos puede, por un lado, permanecer en el papel que le señala el delirio de Hanold y, por el otro, tocar con la varita mágica las constelaciones reales y despertar en lo inconciente de Hanold la inteligencia para estas últimas.

«Hace ya mucho tiempo que me he acostumbrado a estar muerta» (*G*, pág. 90 [pág. 19]). «Para mí la que corresponde de tu mano es la flor del olvido» [*ibid*.]. En estos dichos se insinúa sutilmente el reproche que luego estalla con sobrada nitidez en su último sermón, donde lo compara con el arqueoptérix [págs. 27-8]. «Que alguien deba primero morir para devenir vivo. Pero para los arqueólogos ello es sin duda necesario» (*G*, pág. 141 [pág. 31]), dice todavía, con posterioridad, tras la solución del delirio, como para proporcionar la clave de sus dichos de doble sentido. Pero el más bello empleo de su simbolismo lo logra en la pregunta: «Me parece como si ya una vez, hace dos mil años, hubiéramos comido así juntos nuestro pan. ¿No puedes acordarte?» (*G*, pág. 118 [pág. 23]), dicho en el cual son harto inequívocos la sustitución de la infancia por la prehistoria de la humanidad, y el empeño en despertar el recuerdo de la primera.

Ahora bien, ¿a qué se debe esta llamativa predilección de Gradiva por los dichos de doble sentido? No la creemos fruto del azar, sino una consecuencia necesaria de las premisas del relato. No es más que el correspondiente del determinismo doble de los síntomas, pues los dichos mismos son síntomas y, como estos, provienen de compromisos entre conciente e inconciente. Sólo que uno se percata de este doble origen en los dichos con mayor facilidad que, por ejemplo, en las acciones; y si se consigue —lo cual hartas veces es facilitado por la flexibilidad del material del dicho— procurar en una misma articulación de palabras una buena expresión a sendos propósitos del dicho, estaremos frente a lo que llamamos una «equivocidad».

En el curso del tratamiento psicoterapéutico de un delirio o de una perturbación análoga suelen desarrollarse tales dichos de doble sentido en el enfermo como unos nuevos síntomas de extrema transitoriedad, y hasta puede ocurrir que uno mismo esté en condiciones de valerse de ellos, en cuyo caso no es raro que con el sentido comandado para la conciencia del enfermo se incite la inteligencia para el sentido válido en lo inconciente. Sé por experiencia que este papel de la equivocidad suele suscitar el mayor escándalo y los mayores malentendidos entre los profanos, pero, comoquiera que fuese, el poeta acertó al figurar en su creación también este rasgo característico de los procesos sobrevenidos a raíz de la formación del sueño y del delirio.

# IV

Ya dijimos que con la entrada en escena de Zoe como médica despierta en nosotros un nuevo interés. Quedamos ansiosos por saber si una curación como la que ella consuma en Hanold es concebible o en general posible, si el poeta ha discernido las condiciones para la desaparición de un delirio con la misma justeza con que lo hizo respecto de su génesis.
 Sin duda aquí se nos opondrá un punto de vista que niegue semejante interés, en principio, para el caso descrito por el poeta, y aun la existencia misma de un problema que debiera esclarecerse. Se dirá que a Hanold no le resta otro camino que el de resolver su delirio después que el propio objeto de este, la supuesta «Gradiva», le prueba el desacierto de todas sus suposiciones y le brinda las explicaciones más naturales para todo lo enigmático; por ejemplo, de dónde conoce el nombre de él. Con ello el asunto quedaría concluido en buena lógica, pero como dentro de esa trama la muchacha le ha confesado su amor, el poeta, sin duda para satisfacer a sus lectoras, hace que este relato suyo, por lo demás no carente de interés, concluya con el usual final feliz, el casamiento. Se argüirá que más consecuente y no menos posible sería otro final, a saber: que el joven erudito, esclarecido en su error, se despidiera de la joven dama dándole cortésmente las gracias y desautorizara el amor de ella aduciendo como motivo que sería capaz de dedicar el más intenso interés a mujeres antiguas de bronce o piedra, y a sus originales, si pudiera tener trato con ellas, pero no sabría qué hacer con una muchacha contemporánea de carne y hueso. Se concluirá, entonces, que el poeta ha agregado de manera por completo arbitraria una historia de amor a su fantasía arqueológica.
 En el acto mismo de rechazar esta concepción por imposible, y en virtud de él, caemos en la cuenta de que no hemos situado sólo en la renuncia al delirio la alteración sobrevenida en Hanold. Simultáneo, pero aun anterior a la resolución de aquel, es inequívoco el despertar, en Hanold, de la necesidad de amor, que luego desemboca como de manera natural en su cortejo a la muchacha que lo ha librado

de su delirio. Ya hemos destacado los pretextos y disfraces bajo los cuales se exteriorizan, aun en medio de su delirio, la curiosidad por su contextura corpórea, los celos y la brutal pulsión masculina de apoderamiento, después que el primer sueño le hubo instilado la añoranza reprimida de amor. Indiquemos, como ulterior testimonio, que en la velada que siguió a su segunda plática con Gradiva le pareció por primera vez simpática una mujer viva, aunque, como concesión a su anterior aborrecimiento por las parejas en viaje de bodas, no discernió en la simpática una recién casada. Pero a la mañana siguiente el azar lo convierte en testigo del intercambio de ternuras entre esa muchacha y su supuesto hermano, y entonces él se retira temeroso de turbar una acción sagrada [pág. 22]. Ha olvidado su mofa de «August» y «Grete», y se ha restablecido en él el respeto por la vida amorosa.

Así pues, el poeta ha enlazado de la manera más íntima la solución del delirio y el afloramiento de la necesidad de amor, y ha preparado el desenlace en un cortejo amoroso como algo necesario. Es que conoce la naturaleza del delirio mejor que sus críticos; sabe que en su génesis se han conjugado un componente de añoranza enamorada con un componente de revuelta, y hace que la muchacha, que emprende la curación, sienta en su corazón el componente para ella grato en el delirio de Hanold. Sólo esta intelección puede moverla a consagrarse a un tratamiento, y sólo la certeza de saberse amada por él puede llevarla a confesarle su amor. El tratamiento consiste en devolverle desde afuera los recuerdos reprimidos que él no puede libertar desde adentro; pero no produciría efecto alguno si la terapeuta no mirara por los sentimientos y si su traducción del delirio no rezara en definitiva: «Mira, todo eso sólo significa que me amas».

El procedimiento que el poeta hace emprender a Zoe para curar el delirio de su amigo de niñez muestra una amplia semejanza (no: una total coincidencia esencial) con un método terapéutico que el doctor Josef Breuer y quien esto escribe introdujeron en la medicina en 1895, y a cuyo perfeccionamiento me he consagrado desde entonces. Este modo de tratamiento que Breuer llamó primero «catártico» y quien esto escribe prefiere designar «psicoanalítico» consiste en que a los enfermos que padecen de perturbaciones análogas al delirio de Hanold uno les lleva a la conciencia, en cierta medida violentamente, lo inconciente bajo cuya represión han enfermado, en un todo como lo hace Gradiva con los recuerdos reprimidos de sus vínculos de infancia. Es claro que el cumplimiento de esta tarea le resulta más fácil a Gradiva que al médico; ella se encuentra en una posición que merece llamarse ideal en muchos aspectos. El médico, que no cala de antemano a sus enfermos y no lleva en su interior como recuerdo conciente aquello que en estos trabaja inconcientemente, se ve precisado a valerse de una técnica compleja a fin de compensar esa desventaja. Tiene que aprender a inferir con gran certeza, desde las ocurrencias y comunicaciones concientes del enfermo, lo reprimido en él, colegir lo inconciente donde se trasluce tras las exteriorizaciones y acciones concientes del enfermo. Y entonces lleva a cabo algo semejante a lo que el propio Norbert Hanold comprende al final del relato, cuando retraduce el nombre «Gradiva» en «Bertgang» [pág. 31]. La perturbación desaparece cuando es reconducida a su origen; es que el análisis opera simultáneamente la curación.

Sin embargo, la semejanza entre el proceder de Gradiva y el método analítico de psicoterapia no se limita a esos dos puntos, el hacer conciente lo reprimido y la coincidencia de esclarecimiento y curación. También se extiende a lo que resalta como lo esencial de toda la alteración: el despertar de los sentimientos. Cualquier perturbación análoga al delirio de Hanold, que en la ciencia solemos designar «psiconeurosis», tiene por premisa la represión de un fragmento de la vida pulsional, digamos confiadamente de la pulsión sexual; y todo ensayo de introducir en la conciencia la causa inconciente y reprimida de la enfermedad llama de manera necesaria a los componentes pulsionales en cuestión a trabar renovado combate con los poderes que los reprimen, para llegar a un final ajuste de cuentas con estos, a menudo en medio de los más violentos fenómenos reactivos. El proceso de restablecimiento se consuma en una recidiva de amor, si reunimos bajo el nombre de «amor» a todos los múltiples componentes de la pulsión sexual, y esa recidiva es indispensable, pues los síntomas, a raíz de los cuales se emprendió el tratamiento, no son más que unos precipitados de anteriores luchas por la represión o por el retorno, y sólo pueden ser solucionados y despejados mediante una nueva marejada de esas mismas pasiones. Todo tratamiento psicoanalítico es un intento de poner en libertad un amor reprimido que había hallado en un síntoma una lamentable escapatoria de compromiso. Y la coincidencia con el proceso de curación descrito por el poeta en *Gradiva* llega al máximo si agregamos que también en la psicoterapia analítica la pasión vuelta a despertar, trátese de amor o de odio, escoge siempre como objeto a la persona del médico.

Luego aparecen, sin duda, las diferencias que convierten al de Gradiva en un caso ideal, que la técnica médica no puede alcanzar. Gradiva puede responder al amor que se abre paso hacia la conciencia desde lo inconciente; el médico no. Gradiva es ella misma el objeto del anterior amor reprimido, y su persona ofrece inmediatamente una meta anhelable a la aspiración de amor liberada. El médico ha sido un extraño y tras la curación tiene que empeñarse en volver a serlo; no suele aconsejar a los restablecidos sobre el modo de emplear en la vida su recuperada capacidad de amar. Nos apartaría mucho de nuestra presente tarea indicar los expedientes y subrogados de que el médico se vale para acercarse, con mayor o menor éxito, al modelo de una cura por el amor tal como nos la pinta el poeta.

Y ahora la última cuestión, cuya elucidación ya hemos esquivado varias veces. [Cf. págs. 37 y 46.] No puede decirse que nuestras opiniones sobre la represión, la génesis de un delirio y perturbaciones afines, la formación y resolución de sueños, el papel de la vida amorosa y la índole de la curación de tales perturbaciones sean patrimonio común de la ciencia, y menos todavía fácil propiedad de las personas cultas. Si la intelección que habilita al poeta para crear su «fantasía» de tal suerte que podamos descomponerla como a un historial clínico real es de la índole de un conocimiento, nos gustaría saber cuáles han sido las fuentes de ese conocimiento. Una persona del círculo que, como he consignado al comienzo, se interesó por los sueños de *Gradiva* y su interpretación posible [cf. pág. 9n.] se dirigió al poeta para preguntarle directamente si se había familiarizado con las tan similares teorías científicas. Como era de prever, el poeta respondió por la negativa y hasta con algún desabrimiento.[1] Dijo que su fantasía le había inspirado a *Gradiva*, que le había proporcionado deleite; y quien no gustase de ella, bien podía dejarla de lado. El no sospechaba todo lo que había complacido a los lectores.

Es muy posible que la desautorización del poeta no se detenga aquí. Acaso ponga en entredicho su conocimiento de las reglas cuya obediencia hemos demostrado en él, y desmienta todos los propósitos que hemos discernido en su creación. No lo considero improbable; pero entonces sólo dos casos son posibles. Quizás hemos brindado una genuina caricatura de la interpretación atribuyendo a una inocente obra de arte tendencias que su autor ni vislumbraba, con lo cual no habríamos hecho sino volver a demostrar cuán fácil

[1] [Véase, empero, mi «Nota introductoria», *supra*, pág. 4.]

es hallar lo que uno busca y de lo cual uno mismo rebosa, posibilidad esta de la que se registran los más curiosos ejemplos en la historia de la literatura. Que cada lector resuelva por sí mismo si puede adherir a este esclarecimiento; por nuestra parte, desde luego, nos atenemos a la concepción alternativa. Opinamos que el poeta no necesita saber nada de tales reglas y propósitos, de suerte que puede desmentirlos de buena fe, y que por otra parte no hemos hallado en su creación nada que no estuviera contenido en ella. Lo probable es que nos nutramos de la misma fuente, elaboremos idéntico objeto, cada uno de nosotros con diverso método; y la coincidencia en el resultado parece demostrar que ambos hemos trabajado bien. Nuestro procedimiento consiste en la observación conciente de los procesos anímicos anormales en otras personas a fin de poder colegir y formular sus leyes. El poeta procede de otro modo; dirige su atención a lo inconciente dentro de su propia alma, espía sus posibilidades de desarrollo y les permite la expresión artística en vez de sofocarlas mediante una crítica conciente. De esa manera averigua desde sí lo que aprendemos en otros, las leyes a que debe obedecer el quehacer de eso inconciente; pero no le hace falta formular esas leyes, ni siquiera discernirlas con claridad: debido a la actitud tolerante de su inteligencia, ellas están encarnadas en sus creaciones. Nosotros desarrollamos estas leyes por medio del análisis de las creaciones de él, tal como las hemos inferido de los casos de enfermedad real; pero esta conclusión parece inevitable: o bien los dos, el poeta y el médico, hemos incurrido en igual malentendido sobre lo inconciente, o ambos lo hemos comprendido correctamente. Esta conclusión es muy valiosa para nosotros; nos recompensa y justifica el haber indagado con los métodos del psicoanálisis médico tanto la formación y curación del delirio como los sueños figurados en *Gradiva*, de Jensen.

Con esto habríamos llegado al final. Empero, un lector atento podría recordarnos que al comienzo [pág. 7] formulamos la tesis de que los sueños son unos deseos figurados como cumplidos, y por tanto aún debemos suministrar la prueba. Y bien; replicamos que nuestras puntualizaciones deberían bastar para que se advierta cuán injustificado sería pretender resumir con una sola fórmula, que el sueño es un cumplimiento de deseo, los esclarecimientos que tenemos para brindar sobre él. Pero aquella afirmación subsiste, y además resulta fácil demostrarla también respecto de los sueños de *Gradiva*. Los pensamientos oníricos latentes —ahora ya sabemos qué se entiende por ellos— pueden ser de la más diversa índole; en *Gradiva* se trata de «restos diurnos», pensamientos que han quedado pendientes, sin que se los haya tramitado ni se les prestara audiencia, del ajetreo anímico de la vigilia. Pero para que de ellos nazca un sueño se requiere de la cooperación de un deseo —las más de las veces inconciente—; este último establece la fuerza pulsional para la formación del sueño, mientras que los restos diurnos le proporcionan el material. En el primer sueño de Norbert Hanold concurren dos deseos para crearlo: de ellos, uno es en sí mismo susceptible de conciencia, el otro es nativo de lo inconciente y eficaz desde la represión. El primero sería el deseo, comprensible en todo arqueólogo, de haber sido testigo ocular de aquella catástrofe del año 79. Y, en verdad, ningún sacrificio sería excesivo para un investigador de la Antigüedad si pudiera realizar ese deseo por una vía que no fuera el sueño. El otro deseo formador del sueño es de índole erótica; estar presente cuando la amada se recuesta para dormir, tal podría ser su formulación grosera y hasta incompleta. Es por su desautorización que el sueño se convierte en sueño de angustia. Acaso menos notables sean los deseos pulsionantes del segundo sueño, pero, si recordamos su traducción, no vacilaremos en calificarlos también de eróticos. El deseo de ser capturado por la amada, de plegarse a ella y sometérsele, tal como se lo puede construir tras la situación de la caza de lagartijas, posee en verdad un carácter pasivo, masoquista. Al día siguiente el soñante golpea a la amada, como bajo el imperio de la corriente erótica contrapuesta. Pero debemos detenernos aquí, pues de lo contrario acaso olvidaríamos realmente que Hanold y Gradiva no son más que criaturas de un autor.

# Posfacio a la segunda edición
(1912)

En los cinco años trascurridos desde la redacción de este estudio, la investigación psicoanalítica se atrevió a abordar las creaciones del poeta también con otro propósito. Ya no busca en ellas meras confirmaciones de sus descubrimientos obtenidos en hombres no poéticos, neuróticos, sino que pide saber, además, con qué material de impresiones y recuerdos ha plasmado el poeta su obra, y por qué caminos y procesos ese material fue llevado hasta la creación poética.

Resultó que estas cuestiones pueden resolverse mejor en aquellos poetas que en la ingenua alegría de crear suelen entregarse al esforzar de su fantasía, como es el caso de nuestro Wilhelm Jensen (fallecido en 1911). Poco después de aparecer mi apreciación analítica de *Gradiva*, yo había intentado interesar al anciano poeta por estas nuevas tareas de la indagación psicoanalítica; pero denegó su cooperación.

Un amigo llamó luego mi atención sobre otras dos novelas breves de él, que es lícito situar en un nexo genético con *Gradiva* como unos estudios previos o empeños anteriores por solucionar ese mismo problema de la vida amorosa de una manera poéticamente satisfactoria. La primera, titulada *Der rote Schirm* {El parasol rojo}, recuerda a *Gradiva* por el retorno de numerosos pequeños motivos, como las flores funerarias blancas, el objeto olvidado (el libro de esbozos de Gradiva), la significatividad de animales pequeños (mariposa y lagartijas en *Gradiva*), pero sobre todo por la repetición de la situación principal: la aparición de la doncella difunta, o a quien se creía tal, en el resol de un mediodía de verano. El escenario de esa aparición es, en el relato *Der rote Schirm*, un castillo en ruinas, como en *Gradiva* eran los restos de la Pompeya exhumada.

La otra novela breve, *Im gotischen Hause* {En la casa gótica}, no acusa en su contenido manifiesto coincidencias de esta clase ni con *Gradiva* ni con *Der rote Schirm*; pero el hecho de que un título común la englobe con la segunda de las mencionadas en una unidad externa[1] apunta de manera

---

[1] *Übermächte* {Poderes superiores}, dos cuentos de Wilhelm Jensen, Berlín: Emil Felber, 1892.

inequívoca a un cercano parentesco de su contenido latente. Fácilmente se echa de ver que los tres relatos tratan del mismo tema: el desarrollo de un amor (en *Der rote Schirm*, una inhibición de amar) desde el efecto duradero de una comunidad íntima en la infancia, una comunidad parecida a la que existe entre hermano y hermana.

Por una reseña de Eva, condesa de Baudissin (en el diario vienés *Die Zeit*, del 11 de febrero de 1912), tomo la referencia de que la última novela de Jensen (*Fremdlinge unter den Menschen* {Extraños entre los hombres}),[2] que contiene muchas cosas de la propia juventud del poeta, pinta el destino de un hombre que «ve en la amada una hermana». En las dos novelas breves anteriores no se encuentran huellas del motivo principal de *Gradiva*, el hermoso andar con la posición perpendicular del pie.[3]

El bajorrelieve que Jensen presenta como romano y figura a la doncella que así camina, y a quien hizo llamar «Gradiva», pertenece en realidad al florecimiento del arte griego. Se encuentra en el Museo Chiaramonti, del Vaticano, catalogado bajo el número 644, y ha sido restaurado e interpretado por Hauser [1903]. Componiendo a «Gradiva» con otros fragmentos, conservados en Florencia y Munich, se obtuvieron dos bajorrelieves, cada uno de los cuales presenta tres figuras en que se pudo discernir a las Horas, las diosas de la vegetación, y las divinidades, emparentadas con ellas, del rocío fecundante.[4]

---

[2] [Dresde: C. Reissner, 1911.]

[3] [En un debate sobre un trabajo de Max Graf realizado en Viena, el 11 de diciembre de 1907 (véase Sociedad Psicoanalítica de Viena, *Minutes*, 1, 1962), Freud hizo comentarios adicionales sobre estas obras de ficción y sobre Jensen.]

[4] [Hauser (*loc. cit.*) los considera copias romanas de originales griegos que datan de la segunda mitad del siglo IV a. C. El relieve de Gradiva está ahora (1959) en la sección VII/2 del Museo Chiaramonti, con el número 1284.]

# La indagatoria forense y el psicoanálisis
(1906)

# Nota introductoria

«Tatbestandsdiagnostik und Psychoanalyse»

*Ediciones en alemán*

1906 *Arch. Krim. Anthrop.*, **26**, n° 1, págs. 1-10.
1909 *SKSN*, **2**, págs. 111-21. (1912, 2ª ed.; 1921, 3ª ed.)
1924 *GS*, **10**, págs. 197-209.
1941 *GW*, **7**, págs. 3-15.

*Traducciones en castellano**

1943 «El psicoanálisis y la instrucción forense». *EA*, **18**, págs. 21-36. Traducción de Ludovico Rosenthal.
1948 «El diagnóstico de los hechos y el psicoanálisis». *BN* (2 vols.), **2**, págs. 951-6. Traducción de Luis López-Ballesteros.
1954 «El psicoanálisis y la instrucción forense». *SR*, **18**, págs. 23-34. Traducción de Ludovico Rosenthal.
1968 «El diagnóstico de los hechos y el psicoanálisis». *BN* (3 vols.), **2**, págs. 1043-8. Traducción de Luis López-Ballesteros.
1972 «El psicoanálisis y el diagnóstico de los hechos en los procedimientos judiciales». *BN* (9 vols.), **4**, págs. 1277-83. El mismo traductor.

Este trabajo fue originalmente una conferencia, pronunciada por Freud en junio de 1906 a pedido de Alex Löffler, profesor de jurisprudencia en Viena, ante su seminario en la universidad. Existe cierta confusión respecto de cuándo fue publicado. La revista en que apareció llevaba en su portada la fecha «21 de diciembre de 1907»; pero aquí debe de haberse deslizado una errata por «1906» pues los números siguientes de la revista están fechados el «6 de marzo de 1907» y el «29 de abril de 1907».

* {Cf. la «Advertencia sobre la edición en castellano», *supra*, pág. xiii y n. 6.}

Esta conferencia posee cierto valor histórico, ya que en ella, por primera vez en una publicación, Freud menciona a Jung (pág. 87) y a Adler (pág. 89). Había iniciado un intercambio epistolar con Jung apenas un par de meses antes, aunque el primer encuentro personal entre ambos tuvo lugar el siguiente mes de febrero.

El trabajo testimonia el influjo inmediato de Jung. Parece tener como finalidad exclusiva presentar a los estudiantes vieneses los experimentos de asociación y la teoría de los complejos del grupo de Zurich. Los estudios de este grupo habían empezado a aparecer en forma periódica dos años atrás (Jung y Riklin, 1904), y el propio Jung publicó dos o tres trabajos sobre la aplicación de su procedimiento a las pruebas judiciales unos meses antes de que Freud diera su conferencia (v. gr., Jung, 1906, al que se alude *infra*, pág. 88). Más tarde, luego de la secesión de Jung, al escribir su «Contribución a la historia del movimiento psicoanalítico» (1914*d*) Freud desestimó la importancia tanto de los experimentos de asociación como de la teoría de los complejos (*AE*, **14**, págs. 27-8).Y aun aquí su opinión favorable sobre estos tiene como trasfondo una crítica tácita. Freud se esfuerza por demostrar que los descubrimientos del grupo de Zurich no son, en verdad, sino aplicaciones particulares de principios psicoanalíticos subyacentes. Y en el penúltimo párrafo señala el peligro de extraer conclusiones demasiado apresuradas de los resultados de las pruebas de asociación.

Considerando que, entre los escritos publicados de Freud, es aquí donde aparece por vez primera el término «complejo», tal vez convenga hacer algunas acotaciones al respecto. El primero en realizar experimentos de asociación de manera sistemática fue Wundt; luego, Kraepelin y, en especial, Aschaffenburg los introdujeron en la psiquiatría. Una serie de experimentos similares efectuaron Bleuler, a la sazón director del hospital Burghölzli en Zurich, y Jung, su asistente principal. Los hallazgos se publicaron a partir de 1904 y fueron después recopilados en dos volúmenes al cuidado del propio Jung (1906-1909). Además de su nueva clasificación de las formas que adoptan las reacciones verbales frente a palabras estímulo, el principal interés de los descubrimientos hechos en Zurich radicaba en la importancia que asignaban a determinado factor que influía en las reacciones, y que en la primera de estas publicaciones (Jung y Riklin, 1904) fue descrito como un «complejo de representaciones emocionalmente coloreado». Según explican los autores en una nota al pie (*ibid.*, pág. 57), con ello aludían a «la totalidad de representaciones vinculadas con determinado suceso emocionalmente coloreado», añadiendo que en adelante emplearían con ese sentido la palabra «complejo». Se advertirá que no se hace referencia directa a que las representaciones en cuestión fueran inconcientes o reprimidas, y de lo que sigue (v. gr., *ibid.*, pág. 74) se colige que un «complejo» puede consistir o no en material reprimido. Salvo su conveniencia como abreviatura, la palabra «complejo» así definida no parece tener especiales virtudes; y aun es improbable que fuese este el primer uso de ella con ese sentido. Ernest Jones nos informa (1955, págs. 34 y 127) que Theodor Ziehen, el conocido psiquiatra berlinés, sostenía haberla acuñado;[1] pero en un sentido que no presenta ninguna diferencia, figura tres veces en una obra anterior de Freud —su historial clínico de Frau Emmy von N., en *Estudios sobre la histeria* (1895*d*), *AE*, **2**, pág. 89*n*.—,[2] en tanto que Breuer, en esa misma obra (*ibid.*, pág. 231), parece en verdad insistir más que aquellas definiciones de los de Zurich en el carácter inconciente, cuando escribe que «representaciones que fueron evocadas pero no entraron en la conciencia [...] en muchas ocasiones forman agregados y complejos: el estrato psíquico sustraído de la conciencia». Cuando más adelante el término pasó a ser de uso corriente no sólo en psicología sino en el lenguaje popular, el hecho de que las representaciones estuviesen «sustraídas de la conciencia» —vale decir, «reprimidas»— quedó como una parte esencial de su connotación.

En el futuro, Freud sólo tendría con la jurisprudencia contactos escasos y distanciados entre sí. El tercero de sus

---

[1] Ziehen era un enconado opositor del psicoanálisis, aunque curiosamente la *Psicopatología de la vida cotidiana* (1901*b*) y el historial de «Dora» (1905*e*) vieron la luz en una publicación de la que él era codirector.

[2] En los primeros tiempos, Freud empleó con suma frecuencia las expresiones «grupos de representaciones» o «grupos psíquicos» en un sentido aparentemente muy similar. Véase, por ejemplo, *Estudios sobre la histeria* (1895*d*), *AE*, **2**, págs. 38, 108 y 179-80, y el Manuscrito G (que data probablemente de enero de 1895) en la correspondencia con Fliess (Freud, 1950*a*), *AE*, **1**, pág. 241. En las dos primeras ediciones de *Psicopatología de la vida cotidiana* (1901*b*) se leía en un lugar (*AE*, **6**, pág. 110*n*.) «círculos de pensamientos» («*Gedankenkreisen*»), expresión que en la edición de 1907 y en todas las siguientes se remplazó por «complejos». La palabra «complejos» (aunque tal vez no derivada en este caso de Jung) aparece en *El chiste y su relación con lo inconciente* (1905*c*), *AE*, **8**, pág. 95; no obstante, este texto es posterior al trabajo de Jung y Riklin de 1904.

estudios sobre «Algunos tipos de carácter dilucidados por el trabajo psicoanalítico» (1916*d*) guarda relación directa con la psicología del delito, y en dos oportunidades presentó informes vinculados a causas criminales. En uno de estos, «El dictamen de la Facultad en el proceso Halsmann» (1931*d*), comenta la opinión de un experto en un caso de homicidio; el otro es un memorándum presentado en 1922 (y que se ha perdido) para la defensa de un joven que mató a su padre al sorprenderlo en un acto de violación (Jones, 1957, pág. 93). En ambos casos, Freud desvalorizó cualquier aplicación inexperta de las teorías psicoanalíticas a los procesos judiciales.

James Strachey

Señores: La creciente intelección sobre la inseguridad de las declaraciones de testigos, que, empero, constituyen hoy la base de tantas condenas en querellas judiciales, ha acrecentado en todos ustedes, futuros jueces y abogados defensores, el interés por un nuevo procedimiento de indagación, que al parecer constreñiría al propio imputado a probar su culpa o su inocencia mediante unos signos objetivos. Este procedimiento consiste en un experimento psicológico y se funda en trabajos psicológicos; se entrama de modo íntimo con ciertas intuiciones de muy reciente vigencia en la psicología médica. Sé que ustedes comenzaron por someter a prueba el manejo y alcance de este nuevo método en ensayos que podrían denominarse «ejercicios de simulación» {«*Phantomübung*»}, y he aceptado la invitación del director {del seminario}, el profesor Löffler, para exponerles en detalle los nexos que este procedimiento mantiene con la psicología.

Todos ustedes están familiarizados con ese juego de salón, y común entre los niños, en que una persona propone a otra una palabra cualquiera, a la que ella debe agregar una palabra que forme con la primera una expresión compuesta. Por ejemplo, «vapor-barco» {«*Dampf-Schiff*»}; en consecuencia, «barco de vapor» {«*Dampfschiff*»}. No otra cosa que una modificación de este juego infantil es el «experimento de la asociación», introducido en la psicología por la escuela de Wundt, y que sólo ha renunciado a una de las condiciones que rigen en aquel juego. Consiste en proponer a una persona una palabra —la *palabra estímulo*—, a la que ella debe responder lo más rápido posible con una segunda —la llamada *reacción*— sin que nada la limite para elegirla. Los factores observados son el tiempo que la reacción demanda y su nexo con la palabra estímulo, que puede ser muy variado. Ahora bien, no puede afirmarse que al comienzo se obtuviera gran cosa con tales experimentos. Y es comprensible, pues no se los realizaba dentro de un planteo cierto y les faltaba una idea que pudiera aplicarse a los resultados. Sólo adquirieron pleno sentido y se volvieron fecundos cuando Bleuler y sus discípulos, en particular Jung, empezaron a ocuparse en Zurich de estos «experimentos de asociación».

Ahora bien, sus ensayos sólo cobraron valor mediante la premisa de que la reacción frente a la palabra estímulo no puede ser algo contingente, sino que por fuerza estará determinada por un contenido de representación presente en quien reacciona.

Se ha hecho costumbre llamar «complejo»[1] a un contenido de representación de esta índole, capaz de influir sobre la reacción a la palabra estímulo. Ese influjo se produce porque la palabra estímulo afecta directamente al complejo, o bien porque este último se pone en conexión con aquella mediante unos eslabones intermedios. Este determinismo de la reacción es un hecho muy asombroso; en la bibliografía sobre la materia hallarán expresado sin tapujos el asombro que provoca. Pero no cabe dudar de su exactitud, pues si a la persona misma que produce la reacción ustedes la interrogan sobre las razones de esta, por regla general podrán pesquisar el complejo influyente y comprender desde él esas reacciones de otro modo incomprensibles. Ejemplos como los de las páginas 6 y 8-9 del ensayo de Jung [1906] son muy aptos para llevarnos a cuestionar la contingencia y el presunto libre albedrío en el acontecer anímico.

Ahora echen conmigo una ojeada a la prehistoria de esta tesis de Bleuler-Jung, según la cual el complejo determina la reacción de la persona examinada. En 1901 publiqué una obra[2] donde sostenía que toda una serie de acciones que se consideraban inmotivadas están, sin embargo, sujetas a un rígido determinismo; así contribuía a restringir el campo del libre albedrío psíquico. Estudié las pequeñas operaciones fallidas del olvido, el desliz en el habla y en la escritura, el extravío de objetos, y demostré que, si una persona se trastraba al hablar, no cabe responsabilizar por ello al azar, ni a las solas dificultades de articulación o semejanzas fónicas, sino que en todos los casos se puede pesquisar un contenido de representación perturbador —un complejo— que modificó en su favor el dicho intentado, creando la apariencia de un error. Consideré también las pequeñas acciones casuales de la gente en que esta no parece guiada por propósito alguno —su juguetear, tamborilear con los dedos, etc.— y las desenmascaré como unas «acciones sintomáticas» que se vinculan con un sentido escondido y están destinadas a procurarle una expresión inadvertida. Y llegué al resultado de

---

[1] [Esta es, probablemente, la primera vez que Freud utilizó el término en este sentido particular en una obra impresa. Véase mi «Nota introductoria», *supra*, págs. 84-5.]
[2] *Psicopatología de la vida cotidiana* (1901*b*).

que ni siquiera es posible que a uno se le ocurra al azar un nombre propio,[3] pues se verificará siempre que su ocurrencia estuvo comandada por un poderoso complejo de representación; más aún, cifras que uno escoja supuestamente al azar se reconducen a uno de estos complejos escondidos. Un colega, el doctor Alfred Adler, pudo documentar años más tarde, con algunos buenos ejemplos, estas, las más sorprendentes de mis tesis.[4] Y toda vez que uno se habitúe a esta concepción del condicionamiento en la vida psíquica, le parecerá legítimo deducir, de los resultados de la psicopatología de la vida cotidiana, que tampoco la ocurrencia del sujeto en el experimento de la asociación estará librada al azar, sino acaso condicionada por un contenido de representación eficaz en él.

Volvamos pues, señores, al experimento de la asociación. En los casos considerados hasta ahora, era la propia persona examinada quien nos esclarecía sobre el origen de las reacciones, condición que en verdad le quita interés para la práctica judicial. Pero, ¿qué ocurrirá si modificamos su disposición, tal como podemos resolver una ecuación de varias magnitudes pesquisando una u otra de estas, haciendo de la $a$ o la $b$ que en ella figuran la $x$ buscada? Hasta ahora los examinadores desconocíamos el complejo; ensayábamos con palabras estímulo escogidas al azar, y el sujeto nos denunciaba el complejo que había sido llevado a exteriorizarse a raíz de la palabra estímulo. Pero si variamos la situación, partimos de un complejo conocido por nosotros, provocamos reacciones a él mediante palabras estímulo deliberadamente escogidas, pasamos la $x$ del lado de la persona que reacciona, ¿será posible decidir, por el resultado de las reacciones, si la persona examinada lleva también en su interior el complejo escogido? Ya ven ustedes que este modo de disponer el experimento responde exactamente al caso del juez de instrucción que procura averiguar si una circunstancia de autos para él consabida lo es también para el acusado en calidad de autor. Parece que Wertheimer y Klein, dos discípulos de Hans Gross, profesor de derecho penal en Praga, fueron los

---

[3] [Es probable que Freud estuviera pensando en su elección del nombre «Dora» para la paciente cuyo caso relatara en «Fragmento de análisis de un caso de histeria» (1905*e*); la elección de ese nombre fue analizada por él en la primera edición de *Psicopatología de la vida cotidiana* (1901*b*), *AE*, **6**, págs. 234-5, en un pasaje al que agregó un párrafo en la edición de 1907.]

[4] Cf. Adler, 1905. [Uno de tales ejemplos fue expuesto en *Psicopatología de la vida cotidiana*, *ibid.*, págs. 236-9, a partir de la edición de 1907.]

primeros en introducir esta variante en el dispositivo del experimento.[5]

Por sus propios ensayos ustedes ya saben que, dado este planteo, las reacciones ofrecen diversos puntos de apoyo para decidir si la persona examinada posee el complejo que ustedes exploran por medio de las palabras estímulo. Se los enumeraré por orden: 1) Un insólito *contenido* de la reacción, que pida esclarecimiento. 2) El alargamiento del *tiempo de reacción*, pues, según se comprueba, palabras estímulo que han acertado con el complejo son respondidas sólo tras una nítida demora (que es, a menudo, varias veces el tiempo de reacción ordinario). 3) El error en la *reproducción*. Ustedes conocen el curioso hecho a que esto se refiere. Cuando, breve lapso después de concluido el experimento con una larga serie de palabras estímulo, se las vuelve a proponer al examinado, él repite las mismas reacciones de la primera vez. Sólo para aquellas que dieron directamente en el complejo es fácil que sustituya por otra la reacción anterior. 4) El hecho de la *perseveración* (quizá diríamos mejor el «efecto duradero»): con frecuencia sucede que el efecto producido al ser reavivado el complejo por una palabra estímulo que lo alcanzó (una palabra estímulo «crítica»), por ejemplo el alargamiento del tiempo de reacción, perdura y altera también las reacciones a las palabras siguientes, no críticas. Pues bien: si todos estos indicios o varios de ellos coinciden, el complejo para nosotros consabido demuestra estar presente como algo perturbador en la persona encausada. Ustedes comprenden esa perturbación en el sentido de que el complejo presente en el encausado está investido con afecto y habilitado para restar atención a la tarea de reaccionar; hallan así en esta perturbación una «autodelación psíquica».

Sé que en la actualidad ustedes consideran las posibilidades y dificultades de este procedimiento destinado a provocar en el imputado una autodelación objetiva, y por eso les llamo la atención sobre el hecho de que un procedimiento enteramente análogo se aplica desde hace más de un decenio en un campo diferente, para revelar algo anímico que está escondido o se mantiene en secreto. Mi tarea deberá consistir, pues, en mostrarles las semejanzas y diferencias entre las constelaciones de uno y otro.[6]

---

[5] Cf. Jung, 1906. [Se hallará una ulterior referencia a esto en una nota al pie agregada en 1907 a *Psicopatología de la vida cotidiana*, *ibid.*, pág. 247.]

[6] [Freud formuló algunas apreciaciones de carácter crítico sobre los experimentos de asociación en una reunión de la Sociedad Psicoanalítica de Viena celebrada el 26 de febrero de 1908 (*Minutes*, 1).]

Este campo es harto diverso del de ustedes. Me refiero a la terapia de ciertas «enfermedades nerviosas», las llamadas *psiconeurosis*, como ejemplos de las cuales pueden ustedes tomar la histeria y el representar obsesivo. El procedimiento mencionado se llama *psicoanálisis*, y ha sido desarrollado por mí a partir de la terapia «catártica», que Josef Breuer aplicó por primera vez en Viena.[7] Para salir al paso del asombro de ustedes, debo trazar una analogía entre el criminal y el histérico. En ambos se trata de un secreto, de algo escondido. Pero, si no quiero volverme paradójico, tendré que destacar enseguida la diferencia. En el criminal se trata de un secreto que él sabe y oculta ante los demás; en el histérico, de un secreto que tampoco él sabe, que se oculta a sí mismo. ¿Cómo es esto posible? Pues bien, tras laboriosas exploraciones sabemos que todas estas enfermedades tienen por base el haber producido esas personas una represión {desalojo} de ciertas representaciones y recuerdos de intensa investidura afectiva, así como de los deseos edificados sobre estos; y los han reprimido de tal modo que no desempeñan papel alguno en su pensar, no entran en su conciencia y, así, permanecen en secreto para ellos mismos. Y de este material psíquico reprimido, de estos «complejos», provienen los síntomas somáticos y psíquicos, que martirizan a los enfermos exactamente igual que una mala conciencia. Por consiguiente, la diferencia entre el criminal y el histérico es fundamental en este punto.

Ahora bien, la tarea del terapeuta es la misma que la del juez de instrucción; debemos descubrir lo psíquico oculto, y a tal fin hemos inventado una serie de artes detectivescas, de las que ahora los señores juristas parece que nos imitarán algunas.

Para el trabajo de ustedes les interesará saber cómo procedemos con el psicoanálisis nosotros, los médicos. Después que el enfermo ha referido una primera vez su historia, lo exhortamos a abandonarse por entero a sus ocurrencias y a exponer sin ninguna reserva crítica cuanto se le pase por la mente. Así partimos de la premisa, no compartida por el enfermo, de que esas ocurrencias no serán fruto de su libre albedrío, sino que estarán comandadas por el nexo con su secreto, su «complejo»; se las puede aprehender como unos retoños de ese complejo, por así decir. Según ven, es la misma premisa con cuyo auxilio han hallado ustedes interpretables los experimentos de asociación. Pero el enfermo, a quien se solicita obedecer la regla de comunicar todas sus

---

[7] Cf. *Estudios sobre la histeria* (Breuer y Freud, 1895).

ocurrencias, no parece capaz de hacerlo. Retiene ora esta ora estotra ocurrencia, y para ello se vale de diversas motivaciones: que no tiene importancia, que no viene al caso o que carece por completo de sentido. Entonces le exigimos que comunique y persiga la ocurrencia a pesar de tales objeciones; es que justamente esa crítica que obtiene valimiento es para nosotros una prueba de que la ocurrencia obedece al «complejo» que buscamos descubrir. En semejante conducta de los enfermos discernimos una exteriorización de la «*resistencia*», que no nos deja mientras dura el tratamiento. Sólo de pasada señalaré que el concepto de «resistencia» ha cobrado el máximo valor tanto para nuestro entendimiento de la génesis de la enfermedad como del mecanismo de curación.

Ahora bien, en los ensayos de ustedes no se observa de manera directa una crítica como la mencionada; en cambio, en el psicoanálisis podemos observar todos los signos de complejo que llaman la atención de ustedes. En efecto, cuando el enfermo ya no se atreve a infringir la regla que se le ha dado, notamos que de tiempo en tiempo se atasca, vacila, hace pausas en la reproducción de las ocurrencias. Cada vacilación de esta índole es para nosotros exteriorización de la resistencia y nos sirve como un signo de obediencia al «complejo». Y aun lo consideramos el indicio más importante de tal intencionalidad, como lo es para ustedes el análogo alargamiento del *tiempo de reacción*. Nos hemos habituado a interpretar la vacilación en ese sentido aunque el contenido de la ocurrencia retenida no parezca ofrecer motivo alguno de escándalo y aunque el enfermo asegure que no atina a entender por qué debía vacilar para comunicarla. Las pausas que se producen en el psicoanálisis son, por regla general, varias veces más largas que las demoras que ustedes registran en los ensayos de reacción.

También otro de los signos de complejo que ustedes emplean, la alteración en el *contenido* de la reacción, cumple su papel en la técnica del psicoanálisis. Aun desviaciones leves respecto de los giros usuales en nuestros enfermos suelen ser consideradas por nosotros, en general, como signos de sentido oculto, y es verdad que con tales interpretaciones nos atraemos durante un tiempo sus burlas. Estamos al acecho de dichos matizados de doble sentido y en los que el sentido oculto se trasluzca a través de la expresión inocente. No sólo los enfermos: también colegas ignorantes de la técnica psicoanalítica y de sus particulares constelaciones se niegan a darnos crédito y nos reprochan rebuscamiento y sofistería, pero casi siempre somos nosotros quienes tenemos razón.

Y en definitiva no es difícil comprender que un secreto celosamente guardado sólo se denuncie por indicios finos, especialmente de doble sentido. Por último, el enfermo se acostumbra a brindarnos en la llamada «figuración indirecta» todo lo que nos hace falta para el descubrimiento del complejo.

En un ámbito más limitado empleamos en la técnica del psicoanálisis el tercero de los signos de complejo, el error (es decir, la variante) en la *reproducción*. Una tarea que a menudo se nos plantea es interpretar sueños, traducir el contenido que del sueño se recuerda a su sentido oculto. A veces no sabemos por dónde principiar esa tarea, y en tal caso podemos servirnos de una regla empíricamente fundada, que nos aconseja pedir que se repita el relato del sueño. Es común que al hacerlo el soñante altere sus expresiones en muchos pasajes, en tanto repite otros con fidelidad. Entonces nosotros nos aferramos a los pasajes en que la reproducción es defectuosa por variación, a menudo también por omisión, porque esta infidelidad nos garantiza la obediencia al complejo y nos promete el mejor acceso al sentido secreto del sueño.[8]

No reciban ustedes la impresión de que habría llegado a su fin la coincidencia que vengo persiguiendo si les confieso que en el psicoanálisis no se presenta ningún fenómeno parecido a la *perseveración*. Esta aparente diferencia sólo se debe a las particulares condiciones del experimento de ustedes. En verdad, no le dejan tiempo al efecto del complejo para desarrollarse; apenas ha empezado a hacerlo, ustedes reclaman la atención del examinado mediante una nueva palabra estímulo, probablemente inocente, y entonces pueden observar que el sujeto persiste en ocuparse del complejo a pesar de las perturbaciones que le han introducido. En el psicoanálisis, en cambio, evitamos tales perturbaciones, hacemos que el enfermo siga ocupándose del complejo, y como en nuestro caso todo es perseveración, por así decir, no podemos observar ese fenómeno como episodio aislado.

Estamos autorizados a sostener que por medio de técnicas como las comunicadas logramos hacer conciente al enfermo lo reprimido, su secreto, y así cancelamos el condicionamiento psicológico de los síntomas de su padecer. Antes de extraer de estos éxitos conclusiones sobre las perspectivas del trabajo de ustedes, iluminemos las diferencias en la situación psicológica en uno y otro caso.

Ya hemos mencionado la principal de esas diferencias: en

---

[8] Véase mi obra *La interpretación de los sueños* (1900a) [*AE*, **5**, pág. 510].

el neurótico, un secreto se oculta a su propia conciencia; el criminal sólo se lo oculta a ustedes; en el primero hay un legítimo no saber, si bien no en cualquier sentido; en el segundo hay sólo fingimiento del no saber. Con esto se enlaza otra diferencia, de valor práctico. En el psicoanálisis el enfermo pone su empeño conciente en cooperar en la lucha contra su resistencia, pues espera que la indagación le brinde una ventaja: la curación; en cambio, el criminal no presta su colaboración, pues lo haría en contra de todo su yo. Como para compensar esto, en la indagación de ustedes sólo interesa que obtengan una convicción objetiva, mientras que a la terapia se le requiere que el propio enfermo alcance ese convencimiento. Hay que ver qué dificultades o variantes deparará al procedimiento que siguen esa falta de cooperación del indagado. Además, es este un caso que nunca han podido crear en sus ensayos de seminario, pues el colega que adopta el papel del inculpado sigue siendo un colaborador y los ayuda a pesar de su designio conciente de no delatarse.

Si proceden a comparar ambas situaciones con mayor detenimiento, llegarán a la conclusión de que en el psicoanálisis se aborda una tarea más simple, un caso especial de la tarea de descubrir lo escondido en la vida anímica, tarea que se presenta más abarcadora en el caso de ustedes. Para ustedes no cuenta como diferencia el hecho de que en los psiconeuróticos se trata con total regularidad de un complejo sexual reprimido (en el sentido más lato de la expresión). Pero sí cuenta otra cosa. La tarea del psicoanálisis se plantea de manera uniforme para todos los casos; es preciso descubrir complejos que fueron reprimidos a consecuencia de sentimientos displacenteros y, a raíz del intento de introducirlos en la conciencia, dan de sí unos indicios de resistencia. Esta resistencia se encuentra por así decir localizada, nace en el paso fronterizo entre inconciente y conciente. En el caso de ustedes se trata de una resistencia que proviene enteramente de la conciencia. No podrán desdeñar sin más esta desemejanza, y sólo la experimentación les permitirá establecer si la resistencia conciente se denuncia por idénticos indicios que la inconciente. Opino, además, que no pueden estar seguros todavía de que sea lícito interpretar como «resistencia» los indicios objetivos de complejo que ustedes utilizan. Aunque no muy a menudo en criminales, en los sujetos de experimentación de ustedes puede darse el caso de que el complejo alcanzado esté teñido de placer, y cabe preguntarse si este producirá las mismas reacciones que un complejo de tinte displacentero.

Me gustaría destacar también que el ensayo de ustedes puede estar expuesto a una contaminación de suyo ausente en el psicoanálisis: pueden ser despistados en su indagación por el neurótico que reacciona como si fuera culpable aun siendo inocente, porque lleva en su interior una conciencia de culpa aprontada y al acecho para apoderarse de cualquier inculpación determinada. No tengan a este caso por un ocioso invento; consideren la crianza de los niños, donde harto a menudo se lo puede observar. Sucede que un niño a quien se le reprocha un desaguisado niegue con decisión la culpa, pero luego eche a llorar como convicto pecador. Acaso ustedes opinen que el niño miente cuando proclama su inocencia, pero el caso puede ser diverso. El niño en realidad no perpetró el desaguisado que se le imputa, pero sí en cambio otro, de parecida índole, sobre el que ustedes nada saben y por tanto no se lo imputan. Entonces, niega con derecho su culpa —por uno de ellos—, y sin embargo en el acto mismo se denuncia su conciencia de culpa —por el otro—.[9] En este punto, como en muchos otros, el neurótico adulto se comporta igual que el niño; hay muchas personas así, y entonces cabe preguntarse si la técnica de ustedes conseguirá distinguir entre estos que se acusan a sí mismos y los realmente culpables. Una cosa más para terminar: Ustedes saben que de acuerdo con las reglas del procedimiento penal no están autorizados a tomar por sorpresa al imputado mediante procedimiento alguno. El sabrá, pues, que en ese experimento es preciso no delatarse, y así nace este otro problema: si se puede contar con idénticas reacciones en quien tiene su atención dirigida al complejo y en quien se encuentra extrañado de él, y hasta dónde el designio de ocultar puede afectar el modo de reacción de diversas personas.

Precisamente por ser tan diversas las situaciones sometidas a las indagaciones de ustedes está tan interesada la psicología en su resultado, y uno les pediría que no desesperasen demasiado rápido de su aplicabilidad práctica. Permitan que yo, tan ajeno al ejercicio práctico del derecho, les haga todavía una propuesta. Por indispensables que sean los experimentos de seminario como preliminares y con miras a establecer la problemática, ustedes no podrán crear aquí la misma situación psicológica que en la indagación de inculpados en causas penales. Siguen siendo ejercicios de simulación, en los que nunca podrá fundarse la aplicación

---

[9] [Freud volvió a tocar este tema mucho después, en sus comentarios sobre «El dictamen de la Facultad en el proceso Halsmann» (1931*d*).]

práctica al proceso penal. Si no queremos renunciar a esta última, se nos ofrece el siguiente expediente: Debería permitírseles, y aun convertirse en un deber para ustedes, emprender tales indagaciones durante una serie de años en todos los casos *reales* de inculpación penal, *sin que los resultados de ellas puedan ejercer influjo alguno sobre la instancia juzgadora*. Y lo mejor sería que esta última ni siquiera tuviese conocimiento de la conclusión a que ustedes arribaran, tras su indagación, sobre la culpabilidad del acusado. Compiladas a lo largo de los años y sometidas a elaboración comparativa las experiencias así obtenidas, por fuerza se solucionarían todas las dudas sobre la viabilidad de este procedimiento de indagación psicológica. Sé muy bien que la realización de esta propuesta no depende sólo de ustedes ni de su estimado maestro.

# Acciones obsesivas
y prácticas religiosas
(1907)

# Nota introductoria

«Zwangshandlungen und Religionsübungen»

*Ediciones en alemán*

1907   Z. *Religionspsychol.*, **1**, n° 1, abril, págs. 4-12.
1909   *SKSN*, **2**, págs. 122-31. (1912, 2ª ed.; 1921, 3ª ed.)
1924   *GS*, **10**, págs. 210-20.
1941   *GW*, **7**, págs. 129-39.
1973   *SA*, **7**, págs. 11-21.

*Traducciones en castellano\**

1943   «Los actos obsesivos y los ritos religiosos». *EA*, **18**, págs. 37-50. Traducción de Ludovico Rosenthal.
1948   «Los actos obsesivos y las prácticas religiosas». *BN* (2 vols.), **2**, págs. 956-61. Traducción de Luis López-Ballesteros.
1954   «Los actos obsesivos y los ritos religiosos». *SR*, **18**, págs. 35-45. Traducción de Ludovico Rosenthal.
1968   «Los actos obsesivos y las prácticas religiosas». *BN* (3 vols.), **2**, págs. 1048-53. Traducción de Luis López-Ballesteros.
1972   Igual título. *BN* (9 vols.), **4**, págs. 1337-42. El mismo traductor.

El presente artículo fue escrito en febrero de 1907 para el primer número de una revista dirigida por J. Bresler y G. Vorbrodt. En la reunión que celebró la Sociedad Psicoanalítica de Viena el 27 de febrero, Freud informó que había enviado una contribución para ese número inaugural, así como también que Bresler lo había invitado a co-dirigir la revista y él aceptó. De hecho, su nombre aparece en la nómina (bastante larga) de asesores del consejo de redacción. En su biografía, Jones (1955, pág. 380) señala que el

\* {Cf. la «Advertencia sobre la edición en castellano», *supra*, pág. xiii y *n.* 6.}

trabajo fue leído por Freud ante la Sociedad el día 2 de marzo, pero se trata de un error. (Cf. Sociedad Psicoanalítica de Viena, *Minutes*, **1**.)

Es esta la primera incursión de Freud en la psicología de la religión, y, como apunta en su «Breve informe sobre el psicoanálisis» (1924*f*), *AE*, **19**, págs. 217-8, ella significó dar un paso definido, que lo llevaría, cinco años más tarde, a la profundización del tema en *Tótem y tabú* (1912-13). Aparte de esto, el trabajo reviste gran interés por ser el primer examen de la neurosis obsesiva desde el período de Breuer, unos diez años atrás. Se esboza aquí el mecanismo de los síntomas obsesivos, que habría de esclarecerse mejor en el historial clínico del «Hombre de las Ratas» (1909*d*), cuyo tratamiento, no obstante, Freud no había iniciado aún cuando escribió este artículo.

James Strachey

Por cierto que no soy el primero que reparó en la semejanza entre las llamadas *acciones obsesivas* de los neuróticos y las prácticas mediante las cuales el creyente da testimonio de su fe. Me lo certifica el nombre de «ceremonial» que se ha dado a algunas de esas acciones obsesivas. Ahora bien, paréceme que esa semejanza es algo más que meramente superficial, a tal punto que de una intelección sobre la génesis del ceremonial neurótico sería lícito extraer conclusiones por analogía con respecto a los procesos anímicos de la vida religiosa.

La gente que pone en práctica acciones obsesivas o un ceremonial pertenece, junto a quienes padecen de un pensar, un representar, impulsos, etc., obsesivos, a una particular unidad clínica, para cuya afección es usual la designación de «neurosis obsesiva» {«*Zwangsneurose*»}.[1] Pero no se intente derivar de su nombre la especificidad de este padecer, pues en rigor fenómenos anímicos patológicos de otra clase poseen igual título al llamado «carácter obsesivo». Por el momento, la noticia detallada sobre tales estados debe hacer las veces de una definición; en efecto, hasta hoy no se ha conseguido presentar el criterio distintivo de la neurosis obsesiva, probablemente situado en un nivel profundo, a pesar de que sentimos su presencia en todas sus exteriorizaciones.

El ceremonial neurótico consiste en pequeñas prácticas, agregados, restricciones, ordenamientos, que, para ciertas acciones de la vida cotidiana, se cumplen de una manera idéntica o con variaciones que responden a leyes. Tales actividades nos hacen la impresión de unas meras «formalida-

---

[1] Cf. Löwenfeld, 1904. [Según el citado autor (*ibid.*, pág. 8), el término «*Zwangsvorstellung*» («representación obsesiva» o simplemente «obsesión») fue introducido por Krafft-Ebing en 1867. El mismo Löwenfeld opina (*ibid.*, págs. 296 y 487) que el concepto y la expresión «neurosis obsesiva» fueron creados por Freud; este empleó por primera vez dicha expresión en una obra impresa en su primer trabajo sobre la neurosis de angustia (1895*b*), *AE*, 3, págs. 97-8, si bien ya la había utilizado en una carta a Fliess del 7 de febrero de 1894 (Freud, 1950*a*, Carta 16).]

des», nos parecen carentes de significado. De igual manera se le presentan al propio enfermo, pese a lo cual es incapaz de abandonarlas, pues cualquier desvío respecto del ceremonial se castiga con una insoportable angustia que enseguida fuerza a reparar lo omitido. Tan ínfimas como las acciones ceremoniales mismas son las ocasiones y actividades adornadas, dificultadas y en todo caso sin duda retardadas por el ceremonial; por ejemplo, vestirse y desvestirse, meterse en cama, la satisfacción de las necesidades corporales. Puede describirse el ejercicio de un ceremonial sustituyéndolo de algún modo por una serie de leyes no escritas. Por ejemplo, para un ceremonial de meterse en cama: la banqueta tiene que encontrarse en determinada posición ante la cama, y sobre ella la ropa doblada, en cierto orden; el cubrecama tiene que estar arrollado a los pies, tiesas las sábanas, las almohadas dispuestas de tal o cual modo, y el cuerpo mismo en una postura estipulada con exactitud; sólo entonces uno tiene permitido dormirse. En casos leves, el ceremonial se asemeja bastante a la exageración de un orden habitual y justificado. Pero la particular escrupulosidad de la ejecución y la angustia si es omitida singularizan al ceremonial como una «acción sagrada». Los hechos que lo perturban se soportan mal, las más de las veces, y casi siempre están excluidas la publicidad y la presencia de otras personas mientras se lo consuma.

Cualquier actividad puede convertirse en una acción obsesiva en el sentido lato si es adornada con pequeños agregados, ritmada con pausas y repeticiones. No se espere hallar un nítido deslinde entre el «ceremonial» y las «acciones obsesivas». Estas últimas casi siempre provienen de un ceremonial. Además de estos dos rasgos, forman el contenido de esta enfermedad prohibiciones e impedimentos (abulias) que, en verdad, no hacen más que continuar la obra de las acciones obsesivas no permitiendo al enfermo en modo alguno ciertas cosas, y permitiéndole otras sólo bajo obediencia a un ceremonial prescrito.

Es curioso que tanto compulsión como prohibición (el tener que hacer algo y el no tener permitido hacerlo) sólo afecten, al comienzo, a las actividades solitarias de los seres humanos, y durante largo tiempo dejen intacta su conducta social; a ello se debe que los enfermos puedan habérselas con su padecer y ocultarlo años y años como si fuera un asunto privado. Y por esta misma razón el número de personas que padecen de tales formas de la neurosis obsesiva es mucho mayor que el de los casos notorios para los médicos. Además, numerosos enfermos ven facilitada esta ocultación por la circunstancia de ser capaces de cumplir sus deberes sociales durante una parte del día, después que, a hurtadillas como Melusina,[2] consagraron algunas horas a su secreto obrar.

Fácilmente se advierte dónde se sitúa la semejanza entre el ceremonial neurótico y las acciones sagradas del rito religioso: en la angustia de la conciencia moral a raíz de omisiones, en el pleno aislamiento respecto de todo otro obrar (prohibición de ser perturbado), así como en la escrupulosidad con que se ejecutan los detalles. Igualmente notables, empero, son las diferencias, tan flagrantes algunas que vuelven sacrílega la comparación misma: la mayor diversidad individual de las acciones ceremoniales [neuróticas] por oposición a la estereotipia del rito (rezo, prosternación, etc.), el carácter privado de aquellas por oposición al público y comunitario de las prácticas religiosas, pero, sobre todo, esta diferencia: los pequeños agregados del ceremonial religioso se entienden plenos de sentido y simbólicamente, mientras que los del neurótico aparecen necios y carentes de sentido. Aquí la neurosis obsesiva ofrece una caricatura a medias cómica, a medias triste, de religión privada. Empero, justo esta diferencia, la más tajante, entre ceremonial neurótico y religioso se elimina si con ayuda de la técnica psicoanalítica de indagación uno penetra las acciones obsesivas hasta entenderlas.[3] Esta técnica destruye de manera radical la apariencia de que fueran necias y carentes de sentido, y descubre el fundamento de tal apariencia. Se averigua que las acciones obsesivas, por entero y en todos sus detalles, poseen sentido, están al servicio de sustantivos intereses de la personalidad y expresan sus vivencias duraderas y sus pensamientos investidos de afecto. Y lo hacen de dos maneras: como figuraciones directas o simbólicas; según eso, se las ha de interpretar histórica o simbólicamente.

No puedo omitir aquí algunos ejemplos destinados a ilustrar la tesis enunciada. Quien esté familiarizado con los resultados de la investigación psicoanalítica de las psiconeurosis no se sorprenderá al enterarse de que lo figurado por las acciones obsesivas o el ceremonial deriva del vivenciar más íntimo, a menudo del vivenciar sexual de la persona afectada.

---

[2] [Según una leyenda medieval, hada de las aguas que llevaba una vida secreta como sirena.]

[3] Véase la recopilación de mis trabajos breves sobre la teoría de las neurosis publicada en 1906 {*Sammlung kleiner Schriften zur Neurosenlehre aus den Jahren 1893-1906*, trabajos reunidos en su mayoría en el volumen 3 de la presente edición}.

*a.* Una muchacha observada por mí estaba bajo la compulsión de vaciar y llenar varias veces la jofaina después de lavarse. El significado de esta acción ceremonial residía en la frase proverbial: «No arrojes el agua sucia antes de tener agua limpia». La acción estaba destinada a amonestar a su amada hermana y disuadirla de divorciarse de su desagradable marido hasta no haber anudado vínculos con un hombre que le fuera más grato.

*b.* Una señora que vivía separada de su marido obedecía al comer a la compulsión de dejar lo mejor; de un trozo de carne asada, por ejemplo, gozar sólo los bordes. Esta renuncia se explicó por la fecha de su génesis. Fue al día siguiente de aquel en que puso término al comercio conyugal con su esposo, vale decir, en que renunció a lo mejor.

*c.* Esta misma paciente podía sentarse, en verdad, en un único sillón, y sólo dificultosamente levantarse de él. Por referencia a determinado detalle de su vida conyugal, el sillón simbolizaba para ella al marido a quien guardaba fidelidad. Para explicar su compulsión halló la frase: «Es tan difícil separarse de algo (marido, sillón) sobre lo cual uno se ha sentado...».

*d.* En un tiempo solía repetir una acción obsesiva particularmente llamativa, y carente de sentido. Se precipitaba desde su dormitorio a otra habitación en mitad de la cual había una mesa, disponía de una cierta manera el mantel; luego llamaba a la mucama, quien no podía menos que situarse ante la mesa, y volvía a despacharla con algún encargo indiferente. En los empeños por esclarecer esta compulsión, se le ocurrió que el mantel en cuestión tenía una mancha, y ella disponía las cosas todas las veces de manera que la mucama tuviera que verla. El todo era entonces una reproducción de una vivencia de su matrimonio, que luego dio a su pensamiento un problema por resolver. La noche de bodas su marido se vio aquejado por una desgracia no inhabitual. Se halló impotente y «varias veces durante la noche corrió desde su dormitorio al de ella» para repetir el intento y ver si aún podía conseguirlo. Por la mañana manifestó que pasaría vergüenza ante la mucama del hotel que hiciera las camas, y por eso tomó un frasco de tinta roja y vertió su contenido sobre la sábana, pero tan torpemente que la mancha roja se produjo en un lugar harto inapropiado para su propósito. Ella, pues, escenificaba la noche de bodas con aquella acción obsesiva. «Mesa y cama», juntas, constituyen el matrimonio.[4]

[4] [En alemán, «*Tisch und Bett*» se emplea con ese sentido. En inglés existe análogamente la frase «*bed and board*» {«cama y comida»},

*e.* También fue susceptible de esclarecimiento histórico su compulsión de anotar el número de cada billete de banco antes de entregarlo. En la época en que todavía abrigaba el propósito de abandonar a su marido si hallaba otro, más digno de confianza, admitió ser cortejada, en un lugar veraniego, por un caballero sobre cuyas serias intenciones empero dudaba. Necesitó un día dinero sencillo, y le rogó que le cambiara una pieza de cinco coronas. Lo hizo él, se guardó la pieza mayor y manifestó, galante, que nunca se separaría de esta pues le había venido de su mano. Y bien; en posteriores encuentros ella estuvo tentada de exhortarlo a que le enseñara la pieza de cinco coronas, como si fuera para convencerse de que su cortejo merecía crédito. Pero omitió hacerlo por la buena razón de que no es posible diferenciar entre sí cuños de igual valor. Así, la duda quedó irresuelta, y le dejó como secuela la compulsión de anotar los números de los billetes de banco, que los diferencian individualmente de todos los otros del mismo valor.[5]

Estos pocos ejemplos, escogidos de mi cuantiosa experiencia, sólo están destinados a ilustrar la tesis de que en las acciones obsesivas todo posee sentido y es interpretable. Lo mismo vale para el ceremonial en sentido estricto, sólo que la prueba requeriría en este caso una comunicación más circunstanciada. En modo alguno se me escapa cuán distantes nos hallamos, con estos esclarecimientos de acciones obsesivas, del círculo de ideas de la religión.

Es uno de los requisitos de la condición de enfermo que la persona que obedece a la compulsión la practique sin conocer su significado —al menos su principal significado—. Sólo por el empeño de la terapia psicoanalítica se le hacen concientes el sentido de la acción obsesiva y, con este, los motivos que la pulsionan a ella. Enunciamos esta sustantiva relación de las cosas diciendo que la acción obsesiva sirve a la expresión de motivos y representaciones *inconcientes*. Ahora bien, en esto parece residir una nueva diferencia respecto de la práctica religiosa. Sin embargo, téngase en cuenta que por lo común también el individuo piadoso practica el ceremonial de la religión sin inquirir por su significado, aunque el sacerdote y el investigador puedan estar familiarizados con el sentido del rito, las más de las veces

proveniente de un término del bajo latín que designaba el matrimonio. Cf. Freud (1913*d*), *AE*, **12**, pág. 298, *n.* 4.]

[5] [Freud volvió a ocuparse con gran extensión de este caso (la acción obsesiva descrita en el punto *d*) en la 17ª de sus *Conferencias de introducción al psicoanálisis* (1916-17).]

simbólico. Pero todos los creyentes ignoran los motivos que esfuerzan a la práctica de la religión, o estos están subrogados en su conciencia por unos motivos que se aducen en su lugar como pretexto.

El análisis de las acciones obsesivas ya nos ha ofrecido una suerte de intelección sobre su causación y sobre el encadenamiento de los motivos decisivos para ellas. Puede decirse que quien padece de compulsión y prohibiciones se comporta como si estuviera bajo el imperio de una *conciencia de culpa* de la que él, no obstante, nada sabe; vale decir, de una conciencia inconciente de culpa, como se puede expresarlo superando la renuencia que provoca la conjunción de esas palabras.[6] Esta conciencia de culpa tiene su fuente en ciertos procesos anímicos tempranos, pero halla permanente refrescamiento en la *tentación,* renovada por cada ocasión reciente; y por otra parte genera una *angustia de expectativa* siempre al acecho, una expectativa de desgracia que, por medio del concepto del *castigo,* se anuda a la percepción interna de la tentación. En los comienzos de la formación del ceremonial, todavía le deviene conciente al enfermo que está forzado a hacer esto o aquello para que no acontezca una desgracia, y por regla general aún es nombrada a su conciencia la índole de la desgracia que cabe esperar. El nexo, en todos los casos demostrable, entre la ocasión a raíz de la cual emerge la angustia de expectativa y el contenido con el que ella amenaza ya está oculto para el enfermo. El ceremonial comienza, entonces, como una *acción de defensa* o *de aseguramiento,* como una *medida protectora.*

A la conciencia de culpa del neurótico obsesivo corresponde la solemne declaración de los fieles: ellos sabrían que en su corazón son unos malignos pecadores; y las prácticas piadosas (rezo, invocaciones, etc.) con que introducen cualquier actividad del día y, sobre todo, cualquier empresa extraordinaria parecen tener el valor de unas medidas de defensa y protección.

Uno obtiene una visión más profunda sobre el mecanismo de la neurosis obsesiva si aprecia el hecho primero que está en su base: este es, en todos los casos, la *represión de una*

---

[6] [Parece ser esta la más temprana referencia al «sentimiento inconciente de culpa», que habría de desempeñar un papel tan importante en escritos posteriores de Freud —p. ej., en el último capítulo de *El yo y el ello* (1923*b*), *AE,* **19,** págs. 51-3—. No obstante, el concepto ya había sido propuesto mucho antes, en la sección II de «Las neuropsicosis de defensa» (1894*a*), *AE,* **3,** págs. 169-74, allanando el camino a la frase luego acuñada.]

*moción pulsional* {*Triebregung*}⁷ (de un componente de la pulsión sexual) que estaba contenida en la constitución de la persona, tuvo permitido exteriorizarse durante algún tiempo en su vida infantil y luego cayó bajo la sofocación. Una especial *escrupulosidad* dirigida a la meta de la pulsión nace a raíz de su represión, pero esta formación psíquica reactiva no se siente segura, sino amenazada de continuo por la pulsión que acecha en lo inconciente. El influjo de la pulsión reprimida es sentido como tentación, y en virtud del propio proceso represivo se genera la angustia, que se apodera del futuro como una angustia de expectativa. El proceso de la represión que lleva a la neurosis obsesiva debe calificarse de imperfectamente logrado, y amenazado cada vez más por el fracaso. Por eso cabe compararlo con un conflicto que no se zanja; se requieren siempre nuevos empeños psíquicos para contrabalancear el constante esfuerzo de asalto de la pulsión.⁸ Así, las acciones ceremoniales y obsesivas nacen en parte como defensa frente a la tentación, y en parte como protección frente a la desgracia esperada. Para la tentación, las acciones protectoras parecen resultar pronto insuficientes; emergen entonces las prohibiciones destinadas a mantener alejada la situación de tentación. Unas prohibiciones sustituyen a unas acciones obsesivas, según se ve, del mismo modo como una fobia tiene el cometido de ahorrar un ataque histérico. Por otro lado, el ceremonial figura la suma de las condiciones bajo las cuales se permite otra cosa, todavía no absolutamente prohibida, en un todo semejante esto al modo en que el ceremonial eclesiástico del matrimonio significa para el creyente la permisión del goce sexual, de lo contrario pecaminoso. Es parte de la índole de la neurosis obsesiva, así como de todas las afecciones parecidas, que sus exteriorizaciones (síntomas, entre ellos también las acciones obsesivas) cumplan la condición de un compromiso entre los poderes anímicos en pugna. Por eso siempre devuelven también algo del placer que están destinadas a prevenir, sirven a las pulsiones reprimidas no menos que a las instancias que las reprimen. Y aun, con el progreso de la enfermedad, estas acciones, en su origen dirigidas más bien a preparar la defensa, se aproximan más y más a las acciones prohibidas mediante las cuales la pulsión tuvo permitido exteriorizarse en la niñez.

⁷ [Aparentemente, es la primera oportunidad en que apareció en una obra de Freud este término, uno de los más utilizados por él.]
⁸ [Se anticipa en este pasaje el concepto de «contrainvestidura», desarrollado en la sección IV de «Lo inconciente» (1915*e*), *AE*, **14**, págs. 178 y sigs.]

De estas constelaciones, acaso reencontraríamos lo siguiente en el ámbito de la vida religiosa: también la formación de la religión parece tener por base la sofocación de ciertas mociones pulsionales, la *renuncia* a ellas; no obstante, no se trata, como en la neurosis, de componentes exclusivamente sexuales, sino de pulsiones egoístas, perjudiciales para la sociedad, a las que por otra parte no les falta, las más de las veces, un aporte sexual. Y en cuanto a la conciencia de culpa como derivación de una tentación inextinguible, y a la angustia de expectativa como angustia ante castigos divinos, se nos han vuelto notorias en el campo religioso antes que en el de la neurosis. Quizás a causa de los componentes sexuales entreverados, quizás a consecuencia de unas propiedades universales de las pulsiones, la sofocación de estas resulta insuficiente y no concluible. Y hasta en las personas pías son más frecuentes que en el neurótico unas recaídas plenas en el pecado, y fundamentan una nueva modalidad de quehacer religioso, las acciones expiatorias, cuyo correspondiente hallamos en la neurosis obsesiva.

Como vimos, un carácter peculiar y desvalorizador de la neurosis obsesiva es que el ceremonial se ligaba a pequeñas acciones de la vida cotidiana y se exteriorizaba en necios preceptos y limitaciones de aquellas. Sólo se comprende este llamativo rasgo en la configuración del cuadro patológico cuando se averigua que el mecanismo del *desplazamiento* psíquico, descubierto por mí por primera vez en la formación del sueño,[9] gobierna los procesos anímicos de la neurosis obsesiva. Ya en los pocos ejemplos que he dado de acciones obsesivas es trasparente cómo, por medio de un desplazamiento desde lo genuino, sustantivo, hacia algo pequeño que lo sustituye,[10] por ejemplo desde el marido al sillón, se establecen el simbolismo y el detalle de la ejecución. Esta inclinación al desplazamiento es lo que hace variar de continuo el cuadro de los fenómenos patológicos y por último lleva a convertir lo que en apariencia es ínfimo en lo más importante y urgente. No se puede desconocer que en el ámbito religioso hay una parecida tendencia al desplazamiento del valor psíquico, y por cierto en el mismo sentido, de suerte que poco a poco las minucias del ceremonial se convierten en lo esencial de la práctica religiosa, en

---

[9] Cf. *La interpretación de los sueños* (1900a), capítulo VI, sección B [*AE*, **4**, págs. 311 y sigs.].

[10] [Mecanismo ya descrito por Freud en su libro sobre el chiste (1905c), *AE*, **8**, pág. 77. Volvió con frecuencia a este tema; p. ej., en el análisis del «Hombre de las Ratas» (1909d), *AE*, **10**, pág. 188, y en «La represión» (1915d), *AE*, **14**, pág. 152.]

detrimento de su contenido de ideas. Por eso las religiones están expuestas a reformas restauradoras, que se empeñan en restablecer la originaria proporción entre los valores.

El carácter de compromisos que presentan las acciones obsesivas en su calidad de síntomas neuróticos será el que menos nítidamente se discierna en el obrar religioso correspondiente. Y, sin embargo, también nos veremos remitidos a este rasgo de la neurosis si recordamos cuán a menudo todas las acciones que la religión prohíbe —exteriorizaciones de las pulsiones sofocadas por la religión— se llevan a cabo en nombre de ella y en su pretendido beneficio.

De acuerdo con estas concordancias y analogías, uno podría atreverse a concebir la neurosis obsesiva como un correspondiente patológico de la formación de la religión, calificando a la neurosis como una religiosidad individual, y a la religión, como una neurosis obsesiva universal. La concordancia más esencial residiría en la renuncia, en ambas subyacente, al quehacer de unas pulsiones dadas constitucionalmente; la diferencia más decisiva, en la naturaleza de estas pulsiones, que en la neurosis son exclusivamente sexuales y en la religión son de origen egoísta.

Una progresiva renuncia a pulsiones constitucionales, cuyo quehacer podría deparar un placer primario al yo, parece ser una de las bases del desarrollo de la cultura humana.[11] Una parte de esta represión de lo pulsional es operada por las religiones, que inducen al individuo a sacrificar a la divinidad su placer pulsional. «La venganza es potestad mía», dice el Señor. En el desarrollo de las religiones antiguas uno cree discernir que mucho de aquello a que el hombre había renunciado como «impiedad» fue cedido a Dios y aun se lo permitía en nombre de El, de suerte que la cesión a la divinidad fue el camino por el cual el ser humano se liberó del imperio de pulsiones malignas, perjudiciales para la sociedad. Por eso en modo alguno se debe al azar que a los antiguos dioses se les atribuyeran todas las cualidades humanas —con los desaguisados que de ellas se siguen— en una medida ilimitada, ni es una contradicción que a pesar de ello no estuviera permitido justificar la propia impiedad por el ejemplo divino.

---

[11] [Esta idea fue ampliada en «La moral sexual "cultural" y la nerviosidad moderna» (1908*d*), *infra*, págs. 167 y sigs.]

# El esclarecimiento sexual del niño
(Carta abierta al doctor M. Fürst)
(1907)

# Nota introductoria

«Zur sexuellen Aufklärung der Kinder
(Offener Brief an Dr. M. Fürst)»

*Ediciones en alemán*

1907   Soz. Med. Hyg., **2**, n° 6, junio, págs. 360-7.
1909   SKSN, **2**, págs. 151-8. (1912, 2ª ed.; 1921, 3ª ed.)
1924   GS, **5**, págs. 134-42.
1931   Sexualtheorie und Traumlehre, págs. 7-16.
1941   GW, **7**, págs. 19-27.
1972   SA, **5**, págs. 159-68.

*Traducciones en castellano**

1929   «La ilustración sexual del niño». BN (17 vols.), **13**, págs. 18-26. Traducción de Luis López-Ballesteros.
1943   Igual título. EA, **13**, págs. 21-9. El mismo traductor.
1948   Igual título. BN (2 vols.), **1**, págs. 1181-4. El mismo traductor.
1953   Igual título. SR, **13**, págs. 19-25. El mismo traductor.
1967   Igual título. BN (3 vols.), **1**, págs. 1167-70. El mismo traductor.
1972   Igual título. BN (9 vols.), **4**, págs. 1244-8. El mismo traductor.

A solicitud del doctor M. Fürst, médico de Hamburgo, Freud escribió este artículo para ser publicado en una revista que aquel dirigía, dedicada a la medicina social y la higiene. Ernest Jones (1955, págs. 327-8) nos informa que Freud expuso mucho más ampliamente sus opiniones sobre este tema en un debate de la Sociedad Psicoanalítica de Viena celebrado el 12 de mayo de 1909; ya lo había considerado allí en la reunión del 18 de diciembre de 1907. (Cf.

* {Cf. la «Advertencia sobre la edición en castellano», *supra*, pág. xiii y n. 6.}

*Minutes*, **1**.) Unos treinta años más tarde volvió a ocuparse de él en «Análisis terminable e interminable» (1937c), *AE*, **23**, pág. 236, mostrando en esa oportunidad que la cuestión es considerablemente menos sencilla que lo que aparenta en el presente examen.

James Strachey

Estimado colega:

Cuando usted me pide manifestarme sobre el «esclarecimiento sexual del niño», supongo que no espera de mí un tratado formal y en regla que tome en cuenta el conjunto de la bibliografía, hipertrófica ya, sino que quiere conocer el juicio independiente de un médico a quien su actividad profesional ha ofrecido particulares incitaciones para ocuparse de los problemas sexuales. Sé que ha seguido con interés mis empeños científicos y no ha obrado como tantos otros colegas, quienes los rechazan por el mero hecho de que yo veo en la constitución psicosexual y en ciertos deterioros de la vida sexual las más importantes causas de las frecuentísimas neurosis; además, no hace mucho hallaron mención benévola en la revista de usted mis *Tres ensayos de teoría sexual* [1905*d*], donde expongo la composición de la pulsión genésica y las perturbaciones que en su desarrollo le sobrevienen hasta convertirse en la función sexual.

Debo, pues, responderle a estas cuestiones: si en general es lícito proporcionar a los niños esclarecimiento sobre los hechos de la vida genésica, a qué edad convendría hacerlo y de qué manera. Pero desde el comienzo mismo reciba usted mi confesión de que hallo enteramente comprensible que se discuta sobre los puntos segundo y tercero, pero no entiendo, en absoluto, cómo el primer punto podría ser motivo de una diferencia de opiniones. ¿Qué se pretende lograr escatimando a los niños —digamos a los jóvenes— tales esclarecimientos sobre la vida sexual humana? ¿Se teme despertar su interés por estas cosas prematuramente, antes que nazca en ellos mismos? ¿Acaso mediante ese encubrimiento se espera detener a la pulsión sexual hasta el momento en que pueda encaminarse por las únicas vías que le abre el régimen de la sociedad civil? ¿Se cree que los niños no mostrarían interés alguno por los hechos y enigmas de la vida sexual, ni inteligencia alguna para ellos, si terceros no se los señalasen? ¿Se cree posible que la noticia que se les deniega no les sea aportada por otros caminos? ¿O se busca real y seriamente que más tarde juzguen inferior y abominable todo lo sexual, de lo cual tanto padres cuanto educadores se propusieron mantenerlos alejados el mayor tiempo posible?

En verdad, yo no sé en cuál de estos propósitos debo ver el motivo de que así, de hecho, se esconda lo sexual a los niños; sólo sé que todos esos propósitos son igualmente necios, y mucho me pesaría tener que concederles el privilegio de una refutación. Pero ahora recuerdo que en las cartas familiares del gran pensador y filántropo Multatuli he hallado algunas líneas que darán sobrada respuesta:

«En general, y para mi sentir, ciertas cosas son veladas en exceso. Es sano mantener limpia la fantasía de los niños, pero esa pureza no se preserva mediante la ignorancia. Antes bien, creo que mientras más se oculte algo al varón o a la niña, tanto más maliciarán la verdad. Uno por curiosidad cae sobre el rastro de cosas a las que poco o ningún interés habría concedido si le hubieran sido comunicadas sin mucha ceremonia. Más aún: si fuera posible preservar esa ignorancia, acaso yo me reconciliara con ella; pero es imposible: el niño entra en contacto con otros niños, caen en sus manos libros que lo inducen a meditar, y los mismos tapujos con que sus padres tratan lo que empero él ha comprendido no hacen sino atizarle el ansia de saber más. Y esta ansia satisfecha sólo en parte, sólo en secreto, exacerba el corazón y corrompe la fantasía; el niño ya peca, y los padres todavía creen que él no sabe qué es pecado».[1]

No sé si podría decirse nada mejor acerca de esto, pero acaso quepa agregar algo. Por cierto no es sino la vulgar mojigatería y la propia mala conciencia en asuntos sexuales lo que mueve a los adultos a usar de esos «tapujos» con los niños; no obstante, es posible que influya también algo de ignorancia teórica conjurable mediante el esclarecimiento de los adultos mismos. En efecto, se cree que la pulsión sexual falta en los niños, y sólo se instala en ellos en la pubertad, con la maduración de los órganos genésicos. He ahí un grosero error, de serias consecuencias tanto para el conocimiento como para la práctica. Y es tan fácil corregirlo mediante la observación que nos maravilla que pudiera engendrarse. En realidad, el recién nacido trae consigo al mundo una sexualidad, ciertas sensaciones sexuales acompañan su des-

[1] Multatuli, 1906, **1**, pág. 26. [«Multatuli» es el seudónimo de un conocido escritor holandés, E. D. Dekker (1820-1887). Cf. la respuesta a una encuesta «Sobre la lectura y los buenos libros» (1906*f*), *infra*, pág. 224.]

arrollo desde la lactancia hasta la niñez, y son los menos los niños que se sustraen, en la época anterior a la pubertad, de quehaceres y sensaciones sexuales. Quien desee conocer la exposición particularizada de estas tesis la hallará en mis ya citados *Tres ensayos de teoría sexual*. Allí averiguará que los órganos de la reproducción propiamente dichos no son las únicas partes del cuerpo que procuran sensaciones sexuales placenteras, y que la naturaleza ha estatuido con todo rigor las cosas para que durante la infancia sean inevitables aun las estimulaciones de los genitales. Con una expresión introducida por Havelock Ellis [1898a], se designa como *período del autoerotismo* a esta época de la vida en que, por la excitación de diversas partes de la piel (*zonas erógenas*), por el quehacer de ciertas pulsiones biológicas y como coexcitación sobrevenida a raíz de muchos estados afectivos, es producido un cierto monto de placer indudablemente sexual. La pubertad no hace sino procurar el primado a los genitales entre todas las otras zonas y fuentes dispensadoras de placer, constriñendo así al erotismo a entrar al servicio de la función reproductora, proceso este que desde luego puede sufrir ciertas inhibiciones y que en muchas personas, las que son luego perversas o neuróticas, sólo se consuma de una manera incompleta. Por otra parte, mucho antes de alcanzar la pubertad el niño es capaz de la mayoría de las operaciones psíquicas de la vida amorosa (la ternura, la entrega, los celos), y harto a menudo sucede también que esos estados anímicos se abran paso hasta las sensaciones corporales de la excitación sexual, de suerte que él no pueda abrigar dudas sobre la copertenencia entre ambas. En suma: largo tiempo antes de la pubertad el niño es un ser completo en el orden del amor, exceptuada la aptitud para la reproducción; y es lícito entonces sostener que con aquellos «tapujos» sólo se consigue escatimarle la facultad para el dominio intelectual de unas operaciones para las que está psíquicamente preparado y respecto de las cuales tiene el acomodamiento somático.

Así, el interés intelectual del niño por los enigmas de la vida genésica, su apetito de saber sexual, se exterioriza en una época de la vida insospechablemente temprana. Si observaciones como la que pasaré a comunicarle no han podido hacerse con más frecuencia, se lo debe atribuir sin duda a que los padres están aquejados de una particular ceguera hacia ese interés del niño o, si no les fue posible ignorarlo, se empeñaron por ahogarlo enseguida.

Conozco a un hermoso niño que ahora tiene cuatro años, cuyos inteligentes padres renunciaron a sofocar violentamente un fragmento de su desarrollo. El pequeño Hans, que por cierto no sufrió influencias seductoras de parte de alguna persona encargada de su crianza, muestra empero desde hace un tiempo vivo interés por aquella parte de su cuerpo que suele designar como «hace-pipí» {«*Wiwimacher*»}. Ya a los tres años ha preguntado a su madre: «Mamá, ¿tú también tienes un hace-pipí?». A lo cual la mamá respondió: «Naturalmente, ¿qué te habías creído?». Igual pregunta había dirigido repetidas veces al padre. A la misma edad lo llevaron por primera vez a visitar un establo; ahí asistió al ordeño de una vaca, y entonces exclamó asombrado: «¡Mira, del hace-pipí sale leche!». A los tres años y tres cuartos, está en camino de descubrir categorías correctas por sí mismo y por sus propias observaciones. Ve que de una locomotora largan agua, y dice: «Mira, la locomotora hace pipí; ¿y dónde tiene el hace-pipí?». Luego él mismo agrega, reflexionando: «Un perro y un caballo tienen un hace-pipí; una mesa y un sillón, no». Hace poco contempló cómo bañaban a su hermanita de una semana de edad, y señaló: «Pero su hace-pipí es todavía chiquito. Cuando ella crezca se le agrandará». (Esta misma postura frente al problema de la diferencia entre los sexos se me ha informado también de otros varoncitos de la misma edad.) Yo pondría en entredicho que el pequeño Hans sea un niño de disposición sensual ni, menos aún, patológica; sólo creo que no ha sido amedrentado, no lo aqueja la conciencia de culpa y por eso da a conocer sin recelo sus procesos de pensamiento.[2]

El segundo gran problema que atarea el pensar de los niños —si bien a una edad un poco más tardía—[3] es el del origen de los hijos, anudado las más de las veces a la indeseada aparición de un nuevo hermanito o hermanita. Esta

---

[2] [*Nota agregada* en 1924:] Con respecto a la posterior contracción de neurosis y el restablecimiento del pequeño Hans, véase mi «Análisis de la fobia de un niño de cinco años» (1909*b*). [Allí se reproduce este material. Al redactar el presente artículo se adjudicó al niño el nombre de «pequeño Herbert», cambiado a «pequeño Hans» en las ediciones alemanas a partir de 1924. En el momento de publicarse este trabajo, el análisis del niño aún no había concluido.]

[3] [En sus escritos de esta época, Freud sostenía, como regla, que el problema del origen de los niños es el primero en despertar el interés de estos. Véase, por ejemplo, «Sobre las teorías sexuales infantiles» (1908*c*), redactado no mucho después que el presente trabajo (*infra*, pág. 190), así como el historial clínico del pequeño Hans (1909*b*), *AE*, **10**, pág. 107, y un pasaje agregado en 1915 a *Tres ensayos de teoría sexual* (1905*d*), *AE*, **7**, pág. 177. Aquí, sin embargo, parece ubicarlo en segundo lugar, detrás de la distinción anatómica entre los sexos, y en su trabajo muy posterior sobre este último tema (1925*j*) reafirma esta opinión, al menos en lo que atañe a las niñas (*AE*, **19**, págs. 271, *n*. 8, y 272).]

es la pregunta más antigua y más quemante de la humanidad infantil; quien sepa interpretar mitos y tradiciones, puede escucharla resonar en el enigma que la Esfinge de Tebas planteó a Edipo. Las respuestas usuales en la crianza de los niños menoscaban su honesta pulsión de investigar, y casi siempre tienen como efecto conmover por primera vez su confianza en sus progenitores; a partir de ese momento, en la mayoría de los casos empiezan a desconfiar de los adultos y a mantenerles secretos sus intereses más íntimos. Un pequeño documento acaso muestre cuán torturante puede volverse este apetito de saber, sobre todo en niños más grandecitos; es la carta de una niña de once años y medio, huérfana de madre, que ha especulado sobre este problema con su hermanita menor:

«Querida tía Mali:
»Te ruego tengas la bondad de decirme por escrito cómo tuviste a Christel o a Paul. Tú tienes que saberlo, pues estás casada. Es que ayer a la tarde hemos discutido sobre eso y deseamos saber la verdad. No tenemos ninguna otra persona a quien pudiéramos preguntarle. ¿Cuándo vienen ustedes a Salzburgo? Sabes, querida tía Mali, la cosa es que no entendemos cómo la cigüeña trae a los niños. Trudel opinó que los trae dentro de la camisa. Pero además querríamos saber si los toma del estanque, y por qué uno nunca ve a los niños en el estanque. Te ruego me digas también cómo se sabe de antemano cuando uno los va a tener. Escríbeme sobre esto una respuesta detallada.
»Con mil saludos y besos de todos nosotros,
Tu curiosa Lilli».

No creo que esta conmovedora carta de las dos hermanitas les aportara el esclarecimiento pedido. La escribidora contrajo más tarde aquella neurosis que se deriva de unas preguntas inconcientes no respondidas: la manía de la cavilación obsesiva.[4]

Pienso que no existe fundamento alguno para rehusar a los niños el esclarecimiento que pide su apetito de saber. Por cierto que si el propósito del educador es ahogar lo más temprano posible la aptitud de los niños para el pensar autónomo, en favor del tan preciado «buen juicio», no puede

---

[4] [*Nota agregada* en 1924:] Pero la manía de cavilar dejó sitio, años después, a una *dementia praecox*. — [Freud leyó esta carta en la Sociedad Psicoanalítica de Viena el 13 de febrero de 1907. (Cf. *Minutes*, 1.) El tema de las preguntas no respondidas es retomado en «Sobre las teorías sexuales infantiles» (1908c), *infra*, pág. 195.]

intentar mejor camino que despistarlos en el campo sexual y amedrentarlos en el religioso. Claro está que las naturalezas más fuertes resistirán esos influjos y se convertirán en rebeldes a la autoridad de los progenitores, y luego a toda otra autoridad. Cuando los niños no reciben los esclarecimientos en demanda de los cuales han acudido a los mayores, se siguen martirizando en secreto con el problema y arriban a soluciones en que lo correcto vislumbrado se mezcla de la manera más asombrosa con inexactitudes grotescas, o se cuchichean cosas en que, a raíz de la conciencia de culpa del joven investigador, se imprime a la vida sexual el sello de lo cruel y lo asqueroso. Estas teorías sexuales infantiles merecerían ser recopiladas y estudiadas.[5] En la mayoría de los casos, los niños yerran a partir de este momento la única postura correcta ante las cuestiones del sexo, y muchos de ellos jamás la reencontrarán.

Parece que casi todos los autores, hombres o mujeres, que han escrito sobre el esclarecimiento sexual de los niños se pronuncian en sentido afirmativo. Pero por la torpeza de la mayoría de las propuestas sobre cuándo y cómo hacerlo, uno está tentado de inferir que esa admisión no les ha resultado fácil. Según mi conocimiento de la bibliografía, caso único es aquella encantadora carta de esclarecimiento que una señora Emma Eckstein presenta como escrita para su hijo de unos diez años.[6] Pero lo corriente —escatimar a los niños todo conocimiento de lo sexual durante el mayor tiempo posible, para luego ofrecerles con palabras ampulosas y solemnes una revelación sólo a medias sincera, que por otra parte casi siempre llega muy tarde— evidentemente no es en modo alguno lo correcto. La mayoría de las respuestas a la pregunta «¿Cómo se lo digo a mi hijo?» me causan, al menos a mí, una impresión tan lamentable que preferiría que no fueran los padres los que se ocupasen del esclarecimiento. Lo importante es que los niños nunca den en pensar que se pretende ocultarles los hechos de la vida sexual más que cualesquiera otros todavía no accesibles a su entendimiento. Y para conseguir esto se requiere que lo sexual sea tratado desde el comienzo en un pie de igualdad con todas las otras cosas dignas de ser conocidas. Principalmente, es misión de la escuela el traerlo a cuento, introducir en las enseñanzas sobre el mundo animal los grandes hechos de la reproducción en su significatividad y, al mismo tiempo, insistir en que el

---

[5] [El propio Freud llevó a la práctica esta sugerencia poco después; véase su trabajo citado al final de la nota anterior, en el cual se desarrolla en gran parte la presente argumentación.]

[6] Emma Eckstein, 1904.

ser humano comparte con los animales superiores todo lo esencial de su organización. Y si además en el hogar no se trabaja para atemorizar su pensamiento, sin duda sucederá a menudo lo que yo he espiado con las orejas entre unos niños; un varoncito objeta a su hermanita, menor que él: «Pero, ¿cómo puedes creer que la cigüeña trae a los hijos? Bien sabes que el hombre es un mamífero, ¿y acaso crees que la cigüeña trae las crías a los *otros* mamíferos?».

La curiosidad del niño nunca alcanzará un alto grado si en cada estadio del aprendizaje halla la satisfacción correspondiente. El esclarecimiento sobre las relaciones específicamente humanas de la vida sexual y la indicación de su significado social deberían darse al finalizar la escuela elemental (y antes del ingreso en la escuela media); vale decir, no después de los diez años.* Por último, el momento temporal de la confirmación sería el apropiado, más que ningún otro, para exponerle al niño, esclarecido ya sobre todo lo corporal, los deberes éticos anudados al ejercicio de la pulsión. Un esclarecimiento así sobre la vida sexual, que progrese por etapas y en verdad no se interrumpa nunca, y del cual la escuela tome la iniciativa, paréceme el único que da razón del desarrollo del niño y por eso sortea con felicidad los peligros existentes.

Considero un significativo progreso en la educación de los niños que el Estado francés haya remplazado el catecismo por un libro elemental que les procura los primeros rudimentos de sus derechos y obligaciones civiles, y de los deberes éticos que tendrá en el futuro. Pero ese manual es enojosamente incompleto, pues no incluye el ámbito de la vida sexual. ¡He ahí una laguna que educadores y reformadores deben empeñarse en llenar! En Estados donde la educación de los niños se confía al clero en todo o en parte, ciertamente no está permitido plantear semejante reclamo. El sacerdote jamás admitirá la igualdad esencial entre hombre y animal, pues no puede renunciar al alma inmortal, que le resulta indispensable para fundamentar el reclamo moral. Vuelve así a demostrarse cuán poco inteligente es poner remiendo de seda a una chaqueta andrajosa, cuán imposible es llevar adelante una reforma aislada sin alterar las bases del sistema.[7]

---

* {De la «*Volksschule*» («escuela elemental»), el niño puede pasar, después de cuatro años de estudio, a la «*Mittelschule*», escuela media de formación comercial, industrial o profesional.}

[7] [En su trabajo sobre «La moral sexual "cultural" y la nerviosidad moderna» (1908*d*), *infra*, pág. 175, Freud afirma lo mismo en relación con el matrimonio.]

# El creador literario y el fantaseo
(1908 [1907])

# Nota introductoria

«Der Dichter und das Phantasieren»

*Ediciones en alemán*

(1907 Conferencia pronunciada el 6 de diciembre.)
1908   *Neue Revue*, **1**, n° 10, marzo, págs. 716-24.
1909   *SKSN*, **2**, págs. 197-206. (1912, 2ª ed.; 1921, 3ª ed.)
1924   *GS*, **10**, págs. 229-39.
1924   *Dichtung und Kunst*, págs. 3-14.
1941   *GW*, **7**, págs. 213-23.
1975   *SA*, **10**, págs. 169-79.

*Traducciones en castellano\**

1943   «La creación poética y la fantasía». *EA*, **18**, págs. 51-64. Traducción de Ludovico Rosenthal.
1948   «El poeta y la fantasía». *BN* (2 vols.), **2**, págs. 965-9. Traducción de Luis López-Ballesteros.
1954   «La creación poética y la fantasía». *SR*, **18**, págs. 47-57. Traducción de Ludovico Rosenthal.
1968   «El poeta y la fantasía». *BN* (3 vols.), **2**, págs. 1057-1061. Traducción de Luis López-Ballesteros.
1972   «El poeta y los sueños diurnos». *BN* (9 vols.), **4**, págs. 1343-8. El mismo traductor.

Originalmente, este trabajo fue expuesto en forma de conferencia, el 6 de diciembre de 1907, ante un auditorio de noventa personas en los salones del editor y librero vienés Hugo Heller, quien era miembro de la Sociedad Psicoanalítica de Viena. Al día siguiente, el periódico *Die Zeit*, de dicha ciudad, publicó un resumen muy preciso de la conferencia; pero la versión completa sólo se dio a publicidad a comienzos de 1908, en una revista literaria que acababa de fundarse en Berlín.

\* {Cf. la «Advertencia sobre la edición en castellano», *supra*, pág. xiii y *n*. 6.}

Ya poco tiempo atrás, en el estudio sobre *Gradiva* de Jensen (1907*a*), Freud se había ocupado de los problemas de la creación literaria (cf., p. ej., *supra*, pág. 76); y uno o dos años antes se había aproximado a la cuestión en el ensayo, inédito en vida de él, «Personajes psicopáticos en el escenario» (1942*a*). No obstante, en el presente trabajo —así como en el que le sigue, escrito más o menos por la misma época— el centro del interés recae en el examen de las fantasías.

James Strachey

A nosotros, los legos, siempre nos intrigó poderosamente averiguar de dónde esa maravillosa personalidad, el poeta,* toma sus materiales —acaso en el sentido de la pregunta que aquel cardenal dirigió a Ariosto—,[1] y cómo logra conmovernos con ellos, provocar en nosotros unas excitaciones de las que quizá ni siquiera nos creíamos capaces. Y no hará sino acrecentar nuestro interés la circunstancia de que el poeta mismo, si le preguntamos, no nos dará noticia alguna, o ella no será satisfactoria; aquel persistirá aun cuando sepamos que ni la mejor intelección sobre las condiciones bajo las cuales él elige sus materiales, y sobre el arte con que plasma a estos, nos ayudará en nada a convertirnos nosotros mismos en poetas.

¡Si al menos pudiéramos descubrir en nosotros o en nuestros pares una actividad de algún modo afín al poetizar! Emprenderíamos su indagación con la esperanza de obtener un primer esclarecimiento sobre el crear poético. Y en verdad, esa perspectiva existe; los propios poetas gustan de reducir el abismo entre su rara condición y la naturaleza humana universal: harto a menudo nos aseguran que en todo hombre se esconde un poeta, y que el último poeta sólo desaparecerá con el último de los hombres.

¿No deberíamos buscar ya en el niño las primeras huellas del quehacer poético? La ocupación preferida y más intensa del niño es el juego. Acaso tendríamos derecho a decir: todo niño que juega se comporta como un poeta, pues se crea un mundo propio o, mejor dicho, inserta las cosas de su mundo en un nuevo orden que le agrada. Además, sería injusto suponer que no toma en serio ese mundo; al contrario, toma muy en serio su juego, emplea en él grandes montos de afecto. Lo opuesto al juego no es la seriedad, sino... la realidad efectiva. El niño diferencia muy bien de la realidad

---

* {Véase la nota de la traducción castellana, *supra*, pág. 7.}
[1] [El cardenal Ippolito d'Este fue el primer benefactor de Ariosto; cuando este le dedicó el *Orlando Furioso*, obtuvo como sola retribución esta pregunta: «¿Dónde encontraste, Ludovico, tantas historias?».]

su mundo del juego, a pesar de toda su investidura afectiva; y tiende a apuntalar sus objetos y situaciones imaginados en cosas palpables y visibles del mundo real. Sólo ese apuntalamiento es el que diferencia aún su «jugar» del «fantasear».

Ahora bien, el poeta hace lo mismo que el niño que juega: crea un mundo de fantasía al que toma muy en serio, vale decir, lo dota de grandes montos de afecto, al tiempo que lo separa tajantemente de la realidad efectiva. Y el lenguaje ha recogido este parentesco entre juego infantil y creación poética llamando «*juegos*» {«*Spiel*»} a las escenificaciones del poeta que necesitan apuntalarse en objetos palpables y son susceptibles de figuración, a saber: «*Lustspiel*» {«comedia»; literalmente, «juego de placer»}, «*Trauerspiel*» {«tragedia»; «juego de duelo»}, y designando «*Schauspieler*» {«actor dramático»; «el que juega al espectáculo»} a quien las figura. Ahora bien, de la irrealidad del mundo poético derivan muy importantes consecuencias para la técnica artística, pues muchas cosas que de ser reales no depararían goce pueden, empero, depararlo en el juego de la fantasía, y muchas excitaciones que en sí mismas son en verdad penosas pueden convertirse en fuentes de placer para el auditorio y los espectadores del poeta.

En virtud de otro nexo, nos demoraremos todavía un momento en esta oposición entre realidad efectiva y juego. Cuando el niño ha crecido y dejado de jugar, tras décadas de empeño anímico por tomar las realidades de la vida con la debida seriedad, puede caer un día en una predisposición anímica que vuelva a cancelar la oposición entre juego y realidad. El adulto puede acordarse de la gran seriedad con que otrora cultivó sus juegos infantiles y, poniéndolos en un pie de igualdad con sus ocupaciones que se suponen serias, arrojar la carga demasiado pesada que le impone la vida y conquistarse la elevada ganancia de placer que le procura el *humor*.[2]

El adulto deja, pues, de jugar; aparentemente renuncia a la ganancia de placer que extraía del juego. Pero quien conozca la vida anímica del hombre sabe que no hay cosa más difícil para él que la renuncia a un placer que conoció. En verdad, no podemos renunciar a nada; sólo permutamos una cosa por otra; lo que parece ser una renuncia es en realidad una formación de sustituto o subrogado. Así, el adulto, cuando cesa de jugar, sólo resigna el apuntalamiento en objetos reales; en vez de *jugar*, ahora *fantasea*. Construye castillos en el aire, crea lo que se llama *sueños diurnos*. Opino que la

[2] [Véase el libro de Freud sobre el chiste (1905c), *AE*, **8**, págs. 215-223.]

mayoría de los seres humanos crean fantasías en ciertas épocas de su vida. He ahí un hecho por largo tiempo descuidado y cuyo valor, por eso mismo, no se apreció lo suficiente.

El fantasear de los hombres es menos fácil de observar que el jugar de los niños. El niño juega solo o forma con otros niños un sistema psíquico cerrado a los fines del juego, pero así como no juega para los adultos como si fueran su público, tampoco oculta de ellos su jugar. En cambio, el adulto se avergüenza de sus fantasías y se esconde de los otros, las cría como a sus intimidades más personales, por lo común preferiría confesar sus faltas a comunicar sus fantasías. Por eso mismo puede creerse el único que forma tales fantasías, y ni sospechar la universal difusión de parecidísimas creaciones en los demás. Esta diversa conducta del que juega y el que fantasea halla su buen fundamento en los motivos de esas dos actividades, una de las cuales es empero continuación de la otra.

El jugar del niño estaba dirigido por deseos, en verdad por un solo deseo que ayuda a su educación; helo aquí: ser grande y adulto. Juega siempre a «ser grande», imita en el juego lo que le ha devenido familiar de la vida de los mayores. Ahora bien, no hay razón alguna para esconder ese deseo. Diverso es el caso del adulto; por una parte, este sabe lo que de él esperan: que ya no juegue ni fantasee, sino que actúe en el mundo real; por la otra, entre los deseos productores de sus fantasías hay muchos que se ve precisado a esconder; entonces su fantasear lo avergüenza por infantil y por no permitido.

Preguntarán ustedes de dónde se tiene una información tan exacta sobre el fantasear de los hombres, si ellos lo rodean de tanto misterio. Pues bien; hay un género de hombres a quienes no por cierto un dios, sino una severa diosa —la Necesidad—, ha impartido la orden de decir sus penas y alegrías.[3] Son los neuróticos, que se ven forzados a confesar al médico, de quien esperan su curación por tratamiento psíquico, también sus fantasías; de esta fuente proviene nuestro mejor conocimiento, y luego hemos llegado a la bien fundada conjetura de que nuestros enfermos no nos comunican sino lo que también podríamos averiguar en las personas sanas.

Procedamos a tomar conocimiento de algunos de los caracteres del fantasear. Es lícito decir que el dichoso nunca fantasea; sólo lo hace el insatisfecho. Deseos insatisfechos son

---

[3] [Alude a unos célebres versos de la escena final de *Torquato Tasso*, en los que Goethe le hace decir a su poeta-héroe:

«Y donde el humano suele enmudecer en su tormento,
un dios me concedió el don de decir cuánto sufro».]

las fuerzas pulsionales de las fantasías, y cada fantasía singular es un cumplimiento de deseo, una rectificación de la insatisfactoria realidad. Los deseos pulsionantes difieren según sexo, carácter y circunstancias de vida de la personalidad que fantasea; pero con facilidad se dejan agrupar siguiendo dos orientaciones rectoras. Son deseos ambiciosos, que sirven a la exaltación de la personalidad, o son deseos eróticos. En la mujer joven predominan casi exclusivamente los eróticos, pues su ambición acaba, en general, en el querer-alcanzar amoroso; en el hombre joven, junto a los deseos eróticos cobran urgencia los egoístas y de ambición. Sin embargo, no queremos destacar la oposición entre ambas orientaciones, sino más bien su frecuente reunión; así como en muchos retablos puede verse en un rincón la imagen del donador, en la mayoría de las fantasías egoístas se descubre en un rinconcito a la dama para la cual el fantaseador lleva a cabo todas esas hazañas, y a cuyos pies él pone todos sus logros. Ya ven ustedes: hay aquí hartos y poderosos motivos de ocultación; es que a la mujer bien educada sólo se le admite un mínimo de apetencia erótica, y el hombre joven debe aprender a sofocar la desmesura en su sentimiento de sí, en que lo malcriaron en su niñez, a fin de insertarse en una sociedad donde sobreabundan los individuos con parecidas pretensiones.

Guardémonos de imaginar rígidos e inmutables los productos de esta actividad fantaseadora: las fantasías singulares, castillos en el aire o sueños diurnos. Más bien se adecuan a las cambiantes impresiones vitales, se alteran a cada variación de las condiciones de vida, reciben de cada nueva impresión eficaz una «marca temporal», según se la llama. El nexo de la fantasía con el tiempo es harto sustantivo. Es lícito decir: una fantasía oscila en cierto modo entre tres tiempos, tres momentos temporales de nuestro representar. El trabajo anímico se anuda a una impresión actual, a una ocasión del presente que fue capaz de despertar los grandes deseos de la persona; desde ahí se remonta al recuerdo de una vivencia anterior, infantil las más de las veces, en que aquel deseo se cumplía, y entonces crea una situación referida al futuro, que se figura como el cumplimiento de ese deseo, justamente el sueño diurno o la fantasía, en que van impresas las huellas de su origen en la ocasión y en el recuerdo. Vale decir, pasado, presente y futuro son como las cuentas de un collar engarzado por el deseo.

El ejemplo más trivial puede servir para ilustrarles mi tesis. Supongan el caso de un joven pobre y huérfano, a quien le han dado la dirección de un empleador que acaso lo contrate. Por el camino quizá se abandone a un sueño diurno, nacido acorde con su situación. El contenido de esa fantasía puede ser que allí es recibido, le cae en gracia a su nuevo jefe, se vuelve indispensable para el negocio, lo aceptan en la familia del dueño, se casa con su encantadora hijita y luego dirige el negocio, primero como copropietario y más tarde como heredero. Con ello el soñante se ha sustituido lo que poseía en la dichosa niñez: la casa protectora, los amantes padres y los primeros objetos de su inclinación tierna. En este ejemplo ustedes ven cómo el deseo aprovecha una ocasión del presente para proyectarse un cuadro del futuro siguiendo el modelo del pasado.

Aún habría mucho que decir sobre las fantasías; me limitaré a las más escuetas indicaciones. El hecho de que las fantasías proliferen y se vuelvan hiperpotentes crea las condiciones para la caída en una neurosis o una psicosis; además, las fantasías son los estadios previos más inmediatos de los síntomas patológicos de que nuestros enfermos se quejan. En este punto se abre una ancha rama lateral hacia la patología.

No puedo omitir el nexo de las fantasías con el sueño. Tampoco nuestros sueños nocturnos son otra cosa que unas tales fantasías, como podemos ponerlo en evidencia mediante su interpretación.[4] El lenguaje, con su insuperable sabiduría, hace tiempo que ha decidido el problema de la esencia de los sueños {*Traum*} llamando también «*sueños diurnos*» {«*Tagtraum*»} a los castillos en el aire de los fantaseadores. Si a pesar de esa indicación el sentido de nuestros sueños nos parece la mayoría de las veces oscuro, ello es debido a una sola circunstancia: que por la noche se ponen en movimiento en nuestro interior también unos deseos de los que tenemos que avergonzarnos y debemos ocultar, y que por eso mismo fueron reprimidos, empujados a lo inconciente. Ahora bien, a tales deseos reprimidos y sus retoños no se les puede consentir otra expresión que una gravemente desfigurada. Después que el trabajo científico logró esclarecer la *desfiguración onírica*, ya no fue difícil discernir que los sueños nocturnos son unos cumplimientos de deseo como los diurnos, esas fantasías familiares a todos nosotros.

Hasta aquí las fantasías. Pasemos ahora al poeta. ¿Estamos realmente autorizados a comparar al poeta con el «soñante a pleno día», y a sus creaciones con unos sueños diurnos? Es que se nos impone una primera diferencia; prescin-

---

[4] Cf. *La interpretación de los sueños* (Freud, 1900*a*).

damos de los poetas que recogen materiales ya listos, como los épicos y trágicos antiguos, y consideremos a los que parecen crearlos libremente. Detengámonos, pues, en estos últimos, pero sin buscar, con miras a aquella comparación, a los poetas más estimados por la crítica, sino a los menos pretenciosos narradores de novelas, novelas breves y cuentos, que en cambio son quienes encuentran lectores y lectoras más numerosos y ávidos. Sobre todo, un rasgo no puede menos que resultarnos llamativo en las creaciones de estos narradores; todos ellos tienen un héroe situado en el centro del interés y para quien el poeta procura por todos los medios ganar nuestra simpatía; parece protegerlo, se diría, con una particular providencia. Si al terminar el capítulo de una novela he dejado al héroe desmayado, sangrante de graves heridas, estoy seguro de encontrarlo, al comienzo del siguiente, objeto de los mayores cuidados y en vías de restablecimiento; y si el primer tomo terminó con el naufragio, en medio de la tormenta, del barco en que se hallaba nuestro héroe, estoy seguro de leer, al comienzo del segundo tomo, sobre su maravilloso rescate, sin el cual la novela no habría podido continuar. El sentimiento de seguridad con el que yo acompaño al héroe a través de sus azarosas peripecias es el mismo con el que un héroe real se arroja al agua para rescatar a alguien que se ahoga, o se expone al fuego enemigo para tomar por asalto una batería; es ese genuino sentimiento heroico al que uno de nuestros mejores poetas ofrendó esta preciosa expresión: «Eso nunca puede sucederte a ti» (Anzengruber).[5] Pero yo opino que en esa marca reveladora que es la invulnerabilidad se discierne sin trabajo... a Su Majestad el Yo, el héroe de todos los sueños diurnos así como de todas las novelas.[6]

Otros rasgos típicos de estas narraciones egocéntricas apuntan también a idéntico parentesco. Si todas las mujeres de la novela se enamoran siempre del héroe, difícilmente se lo pueda concebir como una pintura de la realidad; sí se lo comprende, en cambio, como un patrimonio necesario del sueño diurno. Lo mismo cuando las otras personas de la novela se dividen tajantemente en buenas y malas, renunciando a la riqueza de matices que se observa en los caracteres humanos reales; los «buenos» son justamente los auxiliadores del yo devenido en el héroe, y los «malos», sus enemigos y rivales.

[5] [Esta frase del dramaturgo vienés Anzengruber era una de las favoritas de Freud. Cf. «De guerra y muerte» (1915*b*), *AE*, **14**, pág. 298.]

[6] [Cf. «Introducción del narcisismo» (1914*c*), *AE*, **14**, pág. 88, donde se emplea la expresión en inglés «*His Majesty the Baby*».]

En modo alguno desconocemos que muchísimas creaciones poéticas se mantienen distanciadas del arquetipo del sueño diurno ingenuo, pero tampoco sofocaré yo la conjetura de que aun las desviaciones más extremas pueden ligarse con ese modelo por medio de una serie de transiciones continuas. También en muchas de las denominadas «novelas psicológicas» atrajo mi atención que sólo describan desde adentro a una persona, otra vez el héroe; en su alma se afinca el poeta, por así decir, y mira desde afuera a las otras personas. La novela psicológica en su conjunto debe sin duda su especificidad a la inclinación del poeta moderno a escindir su yo, por observación de sí, en yoes-parciales, y a personificar luego en varios héroes las corrientes que entran en conflicto en su propia vida anímica. En particularísima oposición al tipo del sueño diurno parecen encontrarse las novelas que podrían designarse «ex-céntricas», en que la persona introducida como héroe desempeña el mínimo papel activo, y más bien ve pasar, como un espectador, las hazañas y penas de los otros. De esa índole son varias de las últimas novelas de Zola. Empero, debo señalar que el análisis psicológico de individuos no poetas, desviados en muchos aspectos de lo que se llama normal, nos ha anoticiado de unas variaciones análogas en sueños diurnos en que el yo se limita al papel de espectador.

Para que posea algún valor nuestra equiparación del poeta con el que tiene sueños diurnos, y de la creación poética con el sueño diurno mismo, es preciso ante todo que muestre su fecundidad de cualquier manera. Intentemos, por ejemplo, aplicar a las obras del poeta nuestra tesis ya enunciada sobre la referencia de la fantasía a los tres tiempos y al deseo que los engarza, y procuremos estudiar también con su ayuda los nexos entre la vida del poeta y sus creaciones. En general, no se ha sabido con qué representaciones-expectativa era menester abordar este problema; a menudo ese nexo se imaginó demasiado simple. Desde la intelección obtenida para las fantasías, nosotros deberíamos esperar el siguiente estado de cosas: una intensa vivencia actual despierta en el poeta el recuerdo de una anterior, las más de las veces una perteneciente a su niñez, desde la cual arranca entonces el deseo que se procura su cumplimiento en la creación poética; y en esta última se pueden discernir elementos tanto de la ocasión fresca como del recuerdo antiguo.[7]

---

[7] [Un punto de vista análogo había sido ya expuesto por Freud en una carta a Fliess del 7 de julio de 1898, con referencia a uno de los cuentos de C. F. Meyer.]

Que no les arredre la complicación de esta fórmula; conjeturo que en la realidad probará ser un esquema harto mezquino, que, sin embargo, puede contener una primera aproximación al estado real de cosas. Y según ciertos ensayos que he emprendido, estoy por pensar que ese abordaje de las producciones poéticas no ha de resultar infecundo. No olviden ustedes que la insistencia, acaso sorprendente, sobre el recuerdo infantil en la vida del poeta deriva en última instancia de la premisa según la cual la creación poética, como el sueño diurno, es continuación y sustituto de los antiguos juegos del niño.

No olvidemos reconsiderar la clase de poemas en que nos vimos precisados a no ver unas creaciones libres, sino elaboraciones de un material consabido y ya listo [pág. 132]. También aquí el poeta tiene permitido exteriorizar cierta autonomía, que se expresa en la elección del material y en las variantes, a menudo muy considerables, que le imprime. Pero en la medida en que los materiales mismos están dados, provienen del tesoro popular de mitos, sagas y cuentos tradicionales. Ahora bien, la indagación de estas formaciones de la psicología de los pueblos en modo alguno ha concluido, pero, por ejemplo respecto de los mitos, es muy probable que respondan a los desfigurados relictos de unas fantasías de deseo de naciones enteras, a los *sueños seculares* de la humanidad joven.

Dirán ustedes que les he referido mucho más sobre las fantasías que sobre el poeta, al que empero puse en primer término en el título de mi conferencia. Lo sé, e intentaré justificarlo por referencia al estado actual de nuestro conocimiento. Sólo pude aportarles unas incitaciones y exhortaciones que desde el estudio de las fantasías desbordan sobre el problema de la elección poética de los materiales. El otro problema, a saber, con qué recursos el poeta nos provoca los afectos que recibimos de sus creaciones, ni siquiera lo hemos rozado aún. Todavía me gustaría mostrarles, al menos, el camino que lleva desde nuestras elucidaciones sobre las fantasías a los problemas de los efectos poéticos.

Como ustedes recuerdan, dijimos que el soñante diurno pone el mayor cuidado en ocultar sus fantasías de los demás porque registra motivos para avergonzarse de ellas [pág. 129]. Ahora agrego que, aunque nos las comunicara, no podría depararnos placer alguno mediante esa revelación. Tales fantasías, si nos enteráramos de ellas, nos escandalizarían, o al menos nos dejarían fríos. En cambio, si el poeta juega sus juegos ante nosotros como su público, o nos refiere lo que nos inclinamos a declarar sus personales sueños diurnos, sentimos un elevado placer, que probablemente tenga tributarios de varias fuentes. Cómo lo consigue, he ahí su más genuino secreto; en la técnica para superar aquel escándalo, que sin duda tiene que ver con las barreras que se levantan entre cada yo singular y los otros, reside la auténtica *ars poetica*. Podemos colegir en esa técnica dos clases de recursos: El poeta atempera el carácter del sueño diurno egoísta mediante variaciones y encubrimientos, y nos soborna por medio de una ganancia de placer puramente formal, es decir, estética, que él nos brinda en la figuración de sus fantasías. A esa ganancia de placer que se nos ofrece para posibilitar con ella el desprendimiento de un placer mayor, proveniente de fuentes psíquicas situadas a mayor profundidad, la llamamos *prima de incentivación* o *placer previo*.[8] Opino que todo placer estético que el poeta nos procura conlleva el carácter de ese placer previo, y que el goce genuino de la obra poética proviene de la liberación de tensiones en el interior de nuestra alma. Acaso contribuya en no menor medida a este resultado que el poeta nos habilite para gozar en lo sucesivo, sin remordimiento ni vergüenza algunos, de nuestras propias fantasías. Aquí estaríamos a las puertas de nuevas, interesantes y complejas indagaciones, pero, al menos por esta vez, hemos llegado al término de nuestra elucidación.

---

[8] [Esta teoría de la «prima de incentivación» y del «placer previo» fue aplicada por Freud al chiste en el libro que dedicó a este (1905c), *AE*, **8**, pág. 131. La naturaleza del «placer previo» fue examinada, asimismo, en *Tres ensayos de teoría sexual* (1905d), *AE*, **7**, esp. págs. 190 y sigs.]

# Las fantasías histéricas y su relación con la bisexualidad
(1908)

# Nota introductoria

«Hysterische Phantasien und ihre Beziehung zur Bisexualität»

*Ediciones en alemán*

| | | |
|---|---|---|
| 1908 | *Z. Sexualwiss.*, **1**, n° 1, enero, págs. 27-34. | |
| 1909 | *SKSN*, **2**, págs. 138-45. (1912, 2ª ed.; 1921, 3ª ed.) | |
| 1924 | *GS*, **5**, págs. 246-54. | |
| 1941 | *GW*, **7**, págs. 191-9. | |
| 1972 | *SA*, **6**, págs. 187-95. | |

*Traducciones en castellano**

1929   «Las fantasías histéricas y su relación con la bisexualidad». *BN* (17 vols.), **13**, págs. 133-41. Traducción de Luis López-Ballesteros.
1943   Igual título. *EA*, **13**, págs. 137-45. El mismo traductor.
1948   Igual título. *BN* (2 vols.), **1**, págs. 965-8. El mismo traductor.
1953   Igual título. *SR*, **13**, págs. 108-14. El mismo traductor.
1967   Igual título. *BN* (3 vols.), **1**, págs. 954-8. El mismo traductor.
1972   Igual título. *BN* (9 vols.), **4**, págs. 1349-53. El mismo traductor.

Destinado en un principio al *Jahrbuch für sexuelle Zwischenstufen*, que dirigía Hirschfeld, este artículo fue luego trasladado a otra revista cuya publicación acababa de iniciarse con el mismo director.

La importancia de las fantasías como base de los síntomas histéricos ya había sido admitida por Freud alrededor de

---

* {Cf. la «Advertencia sobre la edición en castellano», *supra*, pág. xiii y *n*. 6.}

1897, en relación con su autoanálisis. En ese momento comunicó sus hallazgos a Fliess (véanse, por ejemplo, sus cartas del 7 de julio y el 21 de setiembre de ese año (Freud, 1950*a*, Cartas 66 y 69), *AE*, **1**, págs. 300-2), pero sólo los dio cabalmente a publicidad un par de años antes de escribir el presente trabajo (cf. «Mis tesis sobre el papel de la sexualidad en la etiología de las neurosis» (1906*a*), *AE*, **7**, págs. 266-7).

Este artículo se ocupa en su parte principal de elucidar mejor la relación entre fantasías y síntomas, y a pesar del título el tema de la bisexualidad sólo emerge como idea colateral. Puede destacarse, al pasar, que por esta época el problema de las fantasías parece haberlo ocupado mucho a Freud; también lo examina en «Sobre las teorías sexuales infantiles» (1908*c*), «El creador literario y el fantaseo» (1908*e*), «Apreciaciones generales sobre el ataque histérico» (1909*a*) y «La novela familiar de los neuróticos» (1909*c*) —trabajos todos ellos que integran el presente volumen—, así como en muchos tramos del estudio sobre *Gradiva* (1907*a*), *supra*, esp. págs. 42-4. Desde luego, gran parte del material del presente artículo ya había sido anticipado en otras obras; véase, verbigracia, el historial clínico de «Dora» (1905*e*), *AE*, **7**, págs. 42-4, y *Tres ensayos de teoría sexual* (1905*d*), *AE*, **7**, págs. 150-1.

James Strachey

Las fantasías delirantes* de los paranoicos, que tienen por contenido la grandeza y los padecimientos del yo propio, y afloran en formas totalmente típicas, casi monótonas, son universalmente conocidas. Además, innumerables comunicaciones nos han familiarizado con las raras escenificaciones bajo las cuales ciertos perversos obtienen su satisfacción sexual —en la idea o en la realidad—. En cambio, a muchos puede sonarles a novedad enterarse de que formaciones psíquicas en un todo análogas se presentan de manera regular en todas las psiconeurosis, en especial la histeria, y de que en ellas —las llamadas *fantasías {Phantasie} histéricas*— se pueden discernir importantes nexos para la causación de los síntomas neuróticos.

Fuentes comunes y arquetipo normal de todas estas creaciones de la fantasía son los llamados *sueños diurnos* de los jóvenes, que ya han sido objeto de cierta atención, si bien insuficiente, en la bibliografía.[1] Siendo su frecuencia quizás igual en ambos sexos, parecen ser enteramente eróticos en muchachas y señoras, y en los varones, de naturaleza erótica o ambiciosa. Sin embargo, no sería lícito relegar a un segundo plano el valor del factor erótico aun en los varones; es que profundizando en sus sueños diurnos por lo común se averigua que han realizado todas esas hazañas y conseguido esos logros sólo para agradar a una mujer y para que ella los prefiera a otros hombres.[2] Estas fantasías son unos cumplimientos de deseo engendrados por la privación y la añoranza; llevan el nombre de «sueños diurnos» con derecho, pues proporcionan la clave para entender los sueños nocturnos, el núcleo de cuya formación no es otro que estas fantasías diurnas complicadas, desfiguradas y mal entendidas por la instancia psíquica conciente.[3]

* {«*Wahndichtung*», también «invenciones» o «creaciones poéticas» delirantes.}
[1] Cf. Breuer y Freud (1895), Pierre Janet (1898, 1), Havelock Ellis (1899*b*), Freud (1900*a*), Pick (1896).
[2] Havelock Ellis (1899*b*) [3ª ed., 1910, págs. 185 y sigs.] es de la misma opinión.
[3] Cf. *La interpretación de los sueños* (1900*a*) [*AE*, **5**, págs. 488 y

Esos sueños diurnos son investidos con un interés grande, se los cultiva con esmero y las más de las veces se los reserva con vergüenza, como si pertenecieran al más íntimo patrimonio de la personalidad. Ahora bien, es fácil reconocer por la calle al que va inmerso en su sueño diurno: se sonríe de manera repentina, como ausente; conversa consigo mismo o apresura su andar hasta correr casi, con lo cual marca el punto culminante de la situación ensoñada.

Todos los ataques histéricos que he podido indagar hasta ahora probaron ser unos tales sueños diurnos de involuntaria emergencia. En efecto, la observación no deja subsistir duda alguna: de estas fantasías, las hay tanto inconcientes como concientes, y tan pronto como han devenido inconcientes pueden volverse también patógenas, vale decir, expresarse en síntomas y ataques. En circunstancias propicias, empero, es posible capturar con la conciencia alguna de estas últimas. Una de mis pacientes, a quien yo había puesto sobre aviso en cuanto a sus fantasías, me refirió que cierta vez se encontró llorando por la calle y, meditando enseguida sobre el motivo, apresó la fantasía de que había entablado una relación tierna con un virtuoso pianista notorio en la ciudad (aunque no lo conocía personalmente), quien le había dado un hijo (ella no los tenía) y luego la abandonó a su suerte, dejándolos en la miseria a ella y al niño. En este pasaje de la novela le acudieron las lágrimas.

Las fantasías inconcientes pueden haberlo sido desde siempre, haberse formado en lo inconciente, o bien —caso más frecuente— fueron una vez fantasías concientes, sueños diurnos, y luego se las olvidó adrede, cayeron en lo inconciente en virtud de la «represión». En esta segunda alternativa su contenido pudo seguir siendo el mismo o experimentar variaciones, de suerte que la fantasía ahora inconciente sea un retoño de la antaño conciente. Por otra parte, la fantasía inconciente mantiene un vínculo muy importante con la vida sexual de la persona; en efecto, es idéntica a la fantasía que le sirvió para su satisfacción sexual durante un período de masturbación. El acto masturbatorio (en el sentido más lato: onanista) se componía en esa época de dos fragmentos: la convocación de la fantasía y la operación activa de autosatisfacción en la cima de ella. Como es sabido, esta composición consiste en una soldadura.[4] Originaria-

---

sigs. — El contenido de este párrafo fue expuesto en forma más completa en el trabajo, casi contemporáneo de este, «El creador literario y el fantaseo» (1908e), *supra*, págs. 129-30].

[4] Véanse mis *Tres ensayos de teoría sexual* (Freud, 1905d) [AE, 7, pág. 134].

mente la acción era una empresa autoerótica pura destinada a ganar placer de un determinado lugar del cuerpo, que llamamos *erógeno*. Más tarde esa acción se fusionó con una representación-deseo tomada del círculo del amor de objeto y sirvió para realizar de una manera parcial la situación en que aquella fantasía culminaba. Cuando luego la persona renuncia a esta clase de satisfacción masturbatoria y fantaseada, la fantasía misma, de conciente que era, deviene inconciente. Y si no se introduce otra modalidad de la satisfacción sexual, si la persona permanece en la abstinencia y no consigue sublimar su libido, vale decir, desviar la excitación sexual hacia una meta superior, está dada la condición para que la fantasía inconciente se refresque, prolifere y se abra paso como síntoma patológico, al menos en una parte de su contenido, con todo el poder del ansia amorosa.

Para toda una serie de síntomas histéricos, entonces, las fantasías inconcientes son los estadios psíquicos previos más próximos. Los síntomas histéricos no son otra cosa que las fantasías inconcientes figuradas mediante «conversión», y en la medida en que son síntomas somáticos, con harta frecuencia están tomados del círculo de las mismas sensaciones sexuales e inervaciones motrices que originariamente acompañaron a la fantasía, todavía conciente en esa época. De esta manera en verdad es des-hecha la deshabituación del onanismo; y la meta última de todo el proceso patológico, restablecer la satisfacción sexual en su momento primaria, si bien nunca se consuma así, es alcanzada siempre en una suerte de aproximación.

El interés de quien estudia la histeria abandona pronto los síntomas para dirigirse a las fantasías de las cuales proceden. La técnica psicoanalítica permite, primero, colegir desde los síntomas estas fantasías inconcientes y, luego, hacer que devengan concientes al enfermo. Y por este camino se ha descubierto que el contenido de las fantasías inconcientes de los histéricos se corresponde en todos sus puntos con las situaciones de satisfacción que los perversos llevan a cabo con conciencia; y si uno es afecto a esa clase de ejemplos, no tiene más que recordar las escenificaciones a que en el teatro de la historia universal se entregaron los césares romanos, cuya locura desde luego sólo fue posible por el ilimitado poderío de quienes creaban tales fantasías. También las formaciones delirantes de los paranoicos son unas fantasías de esa índole, si bien han devenido concientes de manera inmediata; sus portadores son los componentes sado-masoquistas de la pulsión sexual. Y de igual modo pueden hallar sus cabales correspondientes en ciertas fantasías inconcientes de los histéricos. Por otra parte, es notorio el caso, que reviste importancia práctica, de histéricos que no expresan sus fantasías en síntomas, sino en una realización conciente, y así fingen y ponen en escena atentados, maltratos, agresiones sexuales.

Todo cuanto puede averiguarse acerca de la sexualidad de los psiconeuróticos se obtiene por este camino de la indagación psicoanalítica, que lleva desde los llamativos síntomas hasta las fantasías inconcientes escondidas; y entre eso averiguable, también el hecho cuya comunicación pretendo situar en el primer plano de esta pequeña publicación provisional.

El nexo de las fantasías con los síntomas no es simple, sino múltiple y complejo, probablemente a consecuencia de las dificultades con que tropieza el afán de las fantasías inconcientes por procurarse una expresión.[5] Por regla general, o sea, dado un desarrollo completo y un prolongado lapso de permanencia en la neurosis, un síntoma no corresponde a una única fantasía inconciente, sino a una multitud de estas; por cierto que ello no de una manera arbitraria, sino dentro de una composición sujeta a leyes. Es muy posible que al comienzo del caso clínico no se encuentren desarrolladas todas esas complicaciones.

En vista de su interés general, me extralimito del tema de esta comunicación para insertar una serie de fórmulas que se empeñan en agotar progresivamente la naturaleza de los síntomas histéricos. Ellas no se contradicen entre sí, sino que corresponden en parte a versiones más completas y deslindadas, en parte a la aplicación de puntos de vista diferentes.

1. El síntoma histérico es el símbolo mnémico[6] de ciertas impresiones y vivencias (traumáticas) eficaces.

2. El síntoma histérico es el sustituto, producido mediante «conversión», del retorno asociativo de esas vivencias traumáticas.

3. El síntoma histérico es —como lo son también otras formaciones psíquicas— expresión de un cumplimiento de deseo.

---

[5] Lo mismo es válido para el nexo entre los pensamientos oníricos «latentes» y los elementos del contenido «manifiesto» del sueño. Véase en mi obra *La interpretación de los sueños* (1900a) el capítulo sobre el «trabajo del sueño».

[6] [Expresión extensamente empleada por Freud en *Estudios sobre la histeria* (1895d); la explica con cierto detalle en la primera de sus *Cinco conferencias sobre psicoanálisis* (1910a), *AE*, 11, pág. 13.]

4. El síntoma histérico es la realización de una fantasía inconciente al servicio del cumplimiento de deseo.
5. El síntoma histérico sirve a la satisfacción sexual y figura una parte de la vida sexual de la persona (en correspondencia con uno de los componentes de la pulsión sexual).
6. El síntoma histérico corresponde al retorno de una modalidad de la satisfacción sexual que fue real en la vida infantil y desde entonces fue reprimida.
7. El síntoma histérico nace como un compromiso entre dos mociones pulsionales o afectivas opuestas, una de las cuales se empeña en expresar una pulsión parcial o uno de los componentes de la constitución sexual, mientras que la otra se empeña en sofocarlos.[7]
8. El síntoma histérico puede asumir la subrogación de diversas mociones inconcientes no sexuales, pero no puede carecer de un significado sexual.

Entre estas diferentes definiciones, es la séptima la que expresa de manera más exhaustiva la naturaleza del síntoma histérico como realización de una fantasía inconciente; y, junto con la octava, es la que aprecia de manera correcta el significado del factor sexual. Muchas de las fórmulas precedentes están contenidas en esta como estadios previos.

A consecuencia de este nexo entre síntomas y fantasías, no resulta difícil alcanzar, desde el psicoanálisis de los síntomas, la noticia sobre los componentes de la pulsión sexual que gobiernan al individuo, tal como lo expuse en mis *Tres ensayos de teoría sexual* [1905d]. Ahora bien, esta indagación arroja, para muchos casos, un resultado inesperado. Muestra que la resolución mediante una fantasía sexual inconciente, o mediante una serie de fantasías de las cuales una, la más sustantiva y originaria, es de naturaleza sexual, no basta respecto de numerosos casos de síntomas; para la solución de estos hacen falta dos fantasías sexuales, de las que una posee carácter masculino y femenino la otra, de suerte que una de esas fantasías corresponde a una moción homosexual. La tesis expresada en la fórmula 7 no es afectada por esta novedad; por tanto, un síntoma histérico corresponde necesariamente a un compromiso entre una moción libidinosa y una moción represora, pero además de ello puede responder a una reunión de dos fantasías libidinosas de carácter sexual contrapuesto.

[7] [Freud ya había expresado esto en la primera edición de *La interpretación de los sueños* (1900a), *AE*, **5**, pág. 561, y, antes aún, en una carta a Fliess del 30 de mayo de 1896 (Freud, 1950a, Carta 46), *AE*, **1**, págs. 272-3.]

Me abstengo de ejemplificar esta tesis. La experiencia me ha enseñado que análisis breves, comprimidos en un extracto, nunca pueden causar la impresión demostrativa con miras a la cual se los aduce. Y en cuanto a la comunicación de casos clínicos analizados en plenitud, debo reservarla para otro lugar.

Me conformo, pues, con enunciar la tesis y elucidar su significado:

9. Un síntoma histérico es la expresión de una fantasía sexual inconciente masculina, por una parte, y femenina, por la otra.

Señalo de manera expresa que no pretendo para esta tesis la validez universal que he reclamado para las otras fórmulas. Por lo que yo puedo ver, no se aplica ni a todos los síntomas de un caso ni a todos los casos. Por el contrario, no es difícil pesquisar casos en que las mociones contrapuestas han hallado una expresión sintomática separada, de suerte que los síntomas de la heterosexualidad y de la homosexualidad pueden dividirse de manera tan neta como las fantasías ocultas tras ellos. No obstante, el nexo que la novena fórmula asevera es bastante frecuente y, donde se presenta, lo bastante significativo para merecer que se lo destaque en particular. A mi entender, implica el estadio más alto de complicación a que puede llegar el determinismo de un síntoma histérico, y por tanto sólo es dable encontrarlo si la neurosis ha persistido largo tiempo y se ha producido dentro de ella un gran trabajo de organización.[8]

El significado bisexual de síntomas histéricos, demostrable por lo menos en numerosos casos, es por cierto una prueba interesante de la aseveración, por mí sustentada, de que la disposición bisexual que suponemos en los seres humanos se puede discernir con particular nitidez en los psiconeuróticos por medio del psicoanálisis.[9] Un proceso por entero análogo en este mismo campo es el que sobreviene cuando el masturbador, en sus fantasías concientes, intenta compenetrarse empáticamente tanto con el varón como con la mujer de la situación representada; también en este caso hallamos correspondientes en ciertos ataques histéricos en que la enferma juega al mismo tiempo los dos papeles de la fantasía sexual que está en la base. Por ejemplo, como en un

---

[8] Sadger (1907), quien hace poco arribó a la tesis en cuestión a través de psicoanálisis que él mismo emprendiera, aboga sin embargo por su validez universal.
[9] Cf. mis *Tres ensayos* (1905d) [*AE*, **7**, p. ej., págs. 151 y 201].

caso observado por mí, con una mano aprieta el vestido contra el vientre (en papel de mujer), y con la otra intenta arrancarla (en papel de varón).[10] Esta simultaneidad contradictoria da razón, en buena parte, del carácter incomprensible de la situación, empero tan plásticamente figurada en el ataque, y es por eso adecuadísima para ocultar la fantasía inconciente eficaz.

En el tratamiento psicoanalítico es muy importante estar preparados para el significado bisexual de un síntoma. Luego no hay que asombrarse ni despistarse si un síntoma permanece en apariencia incólume por más que ya se haya resuelto uno de sus significados sexuales. Es que todavía se apoya en el significado contrapuesto, quizá no conjeturado. También puede observarse en el tratamiento de estos casos cómo el enfermo se sirve, en el curso del análisis de uno de los significados sexuales, del cómodo expediente de hacer continuos esguinces con sus ocurrencias pasando al campo del significado contrario como si fuera una vía contigua.

---

[10] [Este caso vuelve a mencionarse en «Apreciaciones generales sobre el ataque histérico» (1909a), *infra*, pág. 208.]

# Carácter y erotismo anal
(1908)

# Nota introductoria

«Charakter und Analerotik»

*Ediciones en alemán*

1908 *Psychiat.-neurol. Wschr.*, **9**, n° 52, marzo, págs. 465-7.
1909 *SKSN*, **2**, págs. 132-7. (1912, 2ª ed.; 1921, 3ª ed.)
1924 *GS*, **5**, págs. 261-7.
1931 *Sexualtheorie und Traumlehre*, págs. 62-8.
1941 *GW*, **7**, págs. 203-9.
1973 *SA*, **7**, págs. 23-30.

*Traducciones en castellano**

1929 «El carácter y el erotismo anal». *BN* (17 vols.), **13**, págs. 148-53. Traducción de Luis López-Ballesteros.
1943 Igual título. *EA*, **13**, págs. 153-8. El mismo traductor.
1948 Igual título. *BN* (2 vols.), **1**, págs. 969-71. El mismo traductor.
1953 Igual título. *SR*, **13**, págs. 120-4. El mismo traductor.
1967 Igual título. *BN* (3 vols.), **1**, págs. 958-60. El mismo traductor.
1972 Igual título. *BN* (9 vols.), **4**, págs. 1354-7. El mismo traductor.

El tema de este trabajo se ha vuelto hoy tan familiar que resulta difícil imaginar el asombro y la indignación que suscitó su primera publicación. Nos dice Ernest Jones (1955, págs. 331-2) que Freud ya había mencionado los tres rasgos de carácter asociados aquí con el erotismo anal en una carta a Jung del 27 de octubre de 1906; también lo hizo en unas consideraciones ante la Sociedad Psicoanalítica de Viena, el

---

* {Cf. la «Advertencia sobre la edición en castellano», *supra*, pág. xiii y *n*. 6.}

6 de marzo de 1907. (Cf. *Minutes*, **1**.) El dinero y la avaricia ya habían sido vinculados a las heces en una carta a Fliess del 22 de diciembre de 1897 (Freud, 1950a, Carta 79), *AE*, **1**, pág. 315. Una parte del estímulo para el presente trabajo provino, sin duda, del análisis del «Hombre de las Ratas» (1909*d*), concluido poco tiempo atrás, si bien el particular nexo entre el erotismo anal y la neurosis obsesiva sólo fue sacado a la luz unos años después, en «La predisposición a la neurosis obsesiva» (1913*i*). Otro historial clínico, el del «Hombre de los Lobos» (1918*b*), dio lugar a una ulterior ampliación del tema aquí tratado, en «Sobre las trasposiciones de la pulsión, en particular del erotismo anal» (1917*c*).

James Strachey

Entre las personas a quienes uno procura prestar auxilio mediante el empeño psicoanalítico, harto a menudo tropieza con un tipo singularizado por la conjunción de determinadas cualidades de carácter, al par que nos llama la atención, en la infancia de estas personas, el comportamiento de una cierta función corporal y de los órganos que en ella participan. Ahora ya no sé indicar qué ocasionamientos singulares me dieron la impresión de que entre aquel carácter y esta conducta de órgano existía un nexo orgánico, pero puedo aseverar que ninguna expectativa teórica contribuyó a esa impresión.

Una experiencia acumulada reforzó tanto en mí la creencia en ese nexo que me atrevo a comunicarlo.

Las personas que me propongo describir sobresalen por mostrar, en reunión regular, las siguientes tres cualidades: son particularmente *ordenadas, ahorrativas* y *pertinaces*. Cada uno de estos términos abarca en verdad un pequeño grupo o serie de rasgos de carácter emparentados entre sí. «Ordenado»* incluye tanto el aseo corporal como la escrupulosidad en el cumplimiento de pequeñas obligaciones y la formalidad. Lo contrario sería: desordenado, descuidado. El carácter ahorrativo puede aparecer extremado hasta la avaricia; la pertinacia acaba en desafío, al que fácilmente se anudan la inclinación a la ira y la manía de venganza. Las dos cualidades mencionadas en último término —el carácter ahorrativo y la pertinacia— se entraman con mayor firmeza entre sí que con la primera, el carácter «ordenado»; son también la pieza más constante de todo el complejo, no obstante lo cual me parece innegable que las tres se copertenecen.

De la historia de estas personas en su primera infancia se averigua con facilidad que les llevó un tiempo relativamente largo gobernar la *incontinentia alvi* {incontinencia fecal} y aun en años posteriores de la niñez tuvieron que lamentar

---

* {«*Ordentlich*»; el campo de significación de esta palabra es muy amplio; además de lo mencionado en el texto, quiere decir también «metódico», «honrado», «decente».}

fracasos aislados de esta función. Parecen haber sido de aquellos lactantes que se rehúsan a vaciar el intestino cuando los ponen en la bacinilla, porque extraen de la defecación una ganancia colateral de placer;[1] en efecto, indican que todavía años más tarde les deparó contento retener las heces, y recuerdan, si bien antes y más fácilmente acerca de sus hermanitos que de su persona propia, toda clase de ocupaciones inconvenientes con la caca que producían. De esas indicaciones inferimos, en su constitución sexual congénita, un resalto erógeno hipernítido de la zona anal; pero como concluida la niñez no se descubre en estas personas nada de tales flaquezas y originalidades, nos vemos precisados a suponer que la zona anal ha perdido su significado erógeno en el curso del desarrollo, y luego conjeturamos que la constancia de aquella tríada de cualidades de su carácter puede lícitamente ser puesta en conexión con el consumo del erotismo anal.

Sé que nadie osa dar crédito a un estado de cosas mientras parezca incomprensible, mientras no ofrezca algún abordaje a la explicación. Pues bien; podemos aproximar a nuestro entendimiento al menos lo fundamental de él con ayuda de las premisas que se expusieron en 1905 en *Tres ensayos de teoría sexual*.[2] Ahí he procurado mostrar que la pulsión sexual del ser humano es en extremo compuesta, nace por las contribuciones de numerosos componentes y pulsiones parciales. Aportes esenciales a la «excitación sexual» prestan las excitaciones periféricas de ciertas partes privilegiadas del cuerpo (genitales, boca, ano, uretra), que merecen el nombre de «zonas erógenas». Ahora bien, las magnitudes de excitación que llegan de estos lugares no experimentan el mismo destino todas ellas, ni en todas las épocas de la vida. En términos generales, sólo una parte favorece a la vida sexual; otra es desviada de las metas sexuales y vuelta a metas diversas, proceso este que merece el nombre de «sublimación». Hacia la época de la vida que es lícito designar como «período de latencia sexual», desde el quinto año cumplido[3] hasta las primeras exteriorizaciones de la pubertad (en torno del undécimo año), se crean en la vida anímica, a expensas de estas excitaciones brindadas por las zonas erógenas, unas formaciones reactivas, unos poderes contrarios, como la vergüenza, el asco y la moral, que a modo de unos di-

---

[1] Cf. mis *Tres ensayos de teoría sexual* (1905d) [*AE*, 7, pág. 169].
[2] [El presente párrafo procede en lo fundamental de dos pasajes: *AE*, 7, págs. 152 y sigs., y 160 y sigs.]
[3] [En las ediciones alemanas anteriores a 1924 se leía aquí «desde el cuarto año cumplido».]

ques se contraponen al posterior quehacer de las pulsiones sexuales. Ahora bien: el erotismo anal es uno de esos componentes de la pulsión que en el curso del desarrollo y en el sentido de nuestra actual educación cultural se vuelven inaplicables para metas sexuales; y esto sugiere discernir en esas cualidades de carácter que tan a menudo resaltan en quienes antaño sobresalieron por su erotismo anal —vale decir, orden, ahorratividad y pertinacia— los resultados más inmediatos y constantes de la sublimación de este.[4]

[4] Como han sido las puntualizaciones sobre el erotismo anal de *Tres ensayos de teoría sexual*, justamente, las que provocaron particular escándalo a lectores incomprensivos, me permito intercalar en este lugar una observación que debo a un paciente de gran inteligencia: «Un conocido que ha leído su ensayo sobre "teoría sexual" comenta el libro y lo acepta en todas sus partes; sólo un pasaje de él —aunque desde luego entiende y aplaude su contenido— le resultó tan grotesco y cómico que se hubo de sentar y se rió durante un buen cuarto de hora. El pasaje en cuestión dice: "Uno de los mejores signos anticipatorios de rareza o nerviosidad posteriores es que un lactante se rehúse obstinadamente a vaciar el intestino cuando lo ponen en la bacinilla, vale decir, cuando la persona encargada de su crianza lo desea, reservándose esta función para cuando lo desea él mismo. Lo que le interesa, desde luego, no es ensuciar su cuna; sólo procura que no se le escape la ganancia colateral de placer que puede conseguir con la defecación" [*AE*, 7, pág. 169]. Lo que le provocaba tanta hilaridad era la imagen de ese lactante, sentado en la bacinilla, que reflexiona si debe consentir esa limitación a la libertad de su albedrío personal y además se preocupa de que no se le escape la ganancia de placer de la defecación. Unos veinte minutos después, a la hora de merendar, mi conocido me espeta repentina e inopinadamente: "Escúchame, justamente ahora, viendo ante mí el cacao, se me ocurre una idea que siempre tenía de niño. Imaginaba que era el fabricante de cacao Van Houten" (lo pronunció "Van Hauten"), "y poseía un gran secreto para su preparación; toda la gente se empeñaba en arrancarme ese secreto de resonante éxito mundial, que yo mantenía celosamente. No sé por qué había dado en Van Houten. Probablemente sus avisos publicitarios eran los que más me impresionaban". Riendo, y en verdad sin que me llevara un propósito más hondo, yo apunté: "Wann haut'n *die Mutter*?" {"¿Cuándo cascaba la madre?"}. Sólo un rato después discerní que, de hecho, mi chiste en la palabra contenía la clave de aquel recuerdo infantil íntegro, aflorado de una manera repentina, que entonces concebí como un brillante ejemplo de fantasía encubridora. Conservando el elemento fáctico genuino (proceso de la nutrición) y sobre la base de asociaciones fonéticas (*"cacao"*, *"Wann haut'n"*), la fantasía de mi amigo calmaba la conciencia de culpa mediante una *completa subversión de los valores* en el contenido mnémico. (Traslado de atrás a adelante, la deposición del alimento se convierte en su ingestión, el contenido bochornoso y que debía esconderse pasa a ser un secreto de resonante éxito mundial.) Me resultó interesante aquí cómo a una defensa, que adoptó —es preciso reconocerlo— la forma atemperada de un reparo formal, le fue acercada desde el propio inconciente de la persona en cuestión, un cuarto de hora después y de manera involuntaria, la prueba más definitiva de su calidad de tal».

Desde luego, ni siquiera para mí es muy trasparente la necesidad íntima de este nexo. No obstante, puedo indicar algunas cosas que acaso sirvan de puntos de apoyo para su entendimiento. El aseo, el orden, la formalidad causan toda la impresión de ser una formación reactiva contra el interés por lo sucio, lo perturbador, lo que no debe pertenecer al cuerpo («*Dirt is matter in the wrong place*»);* en cambio, no parece tarea sencilla vincular la pertinacia con el interés por la defecación. Sin embargo, cabe recordar que ya el lactante puede mostrar una conducta porfiada ante la deposición de las heces (cf. *supra* [pág. 154]), y que la estimulación dolorosa sobre la piel de las nalgas que se enlaza con la zona erógena anal es universalmente empleada por la educación para quebrantar la pertinacia del niño, para volverlo obediente. Entre nosotros todavía, lo mismo que en épocas antiguas, se usa como expresión de desafío y de escarnio desafiante un reto que tiene por contenido acariciar la zona anal, vale decir, que designa en verdad una ternura que ha caído bajo la represión. El desnudamiento del trasero figura la aminoración de ese dicho en gesto; en *Götz von Berlichingen*, de Goethe, los hallamos a ambos, el dicho y el gesto, en el lugar más apropiado como expresión del desafío.[5]

Los nexos más abundantes son los que se presentan entre los complejos, en apariencia tan dispares, del interés por el dinero y de la defecación. En efecto, como es bien sabido para todo médico que ejerza el psicoanálisis, las constipaciones más obstinadas y rebeldes de neuróticos, llamadas habituales, pueden eliminarse por este camino. El asombro que esto pudiera provocar disminuye si se recuerda que esta función ha demostrado responder también, de manera parecida, a la sugestión hipnótica. Ahora bien, en el psicoanálisis sólo se obtiene ese efecto cuando se toca en el paciente el complejo relativo al dinero, moviéndolo a que lo lleve a su conciencia con todo lo que él envuelve. Podría creerse que aquí la neurosis no hace más que seguir un indicio del lenguaje usual, que llama «*roñosa*», «*mugrienta*» (en inglés: «*filthy*» {«roñosa»}) a una persona que se aferra al dinero demasiado ansiosamente.[6] Sólo que esta sería una aprecia-

---

\* {«La suciedad es materia ubicada en lugar equivocado».}

[5] [La escena tiene lugar en el acto III, cuando Herald conmina a Götz a rendirse. En la posterior versión dramatizada de la obra se atemperó el tono de las palabras.]

[6] [Este uso lingüístico ya había sido mencionado por Freud en la carta a Fliess que citamos *supra*, pág. 152, y volvió a aludir a él en *La interpretación de los sueños* (1900a), *AE*, 4, pág. 214.]

ción superficial en exceso. En verdad, el dinero es puesto en los más íntimos vínculos con el excremento dondequiera que domine, o que haya perdurado, el modo arcaico de pensamiento: en las culturas antiguas, en el mito, los cuentos tradicionales, la superstición, en el pensar inconciente, el sueño y la neurosis. Es fama que el dinero que el diablo obsequia a las mujeres con quienes tiene comercio se muda en excremento después que él se ausenta, y el diablo no es por cierto otra cosa que la personificación de la vida pulsional inconciente reprimida.[7] Y es consabida también la superstición que relaciona el descubrimiento de tesoros con la defecación;[8] todos conocen la figura del «caga ducados».* Ya en la doctrina de la antigua Babilonia el oro es la caca del infierno (*Mammon* = *ilu manman*).[9] Por tanto, si la neurosis obedece al uso lingüístico, toma aquí como en otras partes las palabras en su sentido originario, pleno de significación; y donde parece dar expresión figural a una palabra, en la generalidad de los casos no hace sino restablecer a esta su antiguo significado.[10]

Es posible que la oposición entre lo más valioso que el hombre ha conocido y lo menos valioso que él arroja de sí {*von sich werfen*} como desecho («*refuse*» {en inglés}) haya llevado a esta identificación condicionada entre oro y caca.

Otra circunstancia concurre todavía a esta equiparación en el pensar del neurótico. Como ya sabemos, el interés originariamente erótico por la defecación está destinado a extinguirse en la madurez; en efecto, en esta época el interés

---

[7] Compárense la posesión histérica y las epidemias demoníacas. [Esta aseveración es detenidamente fundamentada en la sección III de «Una neurosis demoníaca en el siglo XVII» (1923*d*); la legendaria trasformación del oro del diablo en excremento y la comparación que se hace poco más abajo con el «*Dukatenscheisser*» figuraban en la carta a Fliess del 24 de enero de 1897 (Freud, 1950*a*, Carta 57), *AE*, 1, pág. 284.]

[8] [Numerosos ejemplos tomados del folklore aparecen en el trabajo que Freud escribió en colaboración con Oppenheim, «Sueños en el folklore» (1957*a*), *AE*, **12**, págs. 189 y sigs.]

* {«*Dukatenscheisser*», vulgarismo que significa «despilfarrador», «manirroto».}

[9] Cf. Jeremias [1904*a*], 1906, pág. 216, y 1905, pág. 96: «"*Mamon*" (*Mammon*) es el babilónico "*Man-man*", un apelativo de Nergal, el dios del mundo subterráneo. Según el mito oriental, trasmitido a las sagas y cuentos tradicionales de los pueblos, el oro es mierda del infierno; cf. *Monotheistische Strömungen innerhalb der babylonischen Religion* [Jeremias, 1904*b*], pág. 16, *n.* 1».

[10] [La forma en que esto sucede en los sueños se expone en un pasaje agregado en 1909 a *La interpretación de los sueños* (1900*a*), *AE*, **5**, pág. 408.]

por el dinero emerge como un interés nuevo, inexistente en la infancia; ello facilita que la anterior aspiración, en vías de perder su meta, sea conducida a la nueva meta emergente.

Si los nexos aquí aseverados entre el erotismo anal y aquella tríada de cualidades de carácter tienen por base un hecho objetivo, no será lícito esperar una modelación particular del «carácter anal» en personas que han preservado para sí en la vida madura la aptitud erógena de la zona anal; por ejemplo, ciertos homosexuales. Si no estoy errado, la experiencia armoniza bien en la mayoría de los casos con esta conclusión.

Sería preciso considerar, en general, si otros complejos de carácter no permitirán discernir su pertenencia a las excitaciones de determinadas zonas erógenas. En ese sentido, hasta ahora sólo he tenido noticia sobre la desmedida, «ardiente», ambición de los otrora enuréticos.[11] Por lo demás, es posible indicar una fórmula respecto de la formación del carácter definitivo a partir de las pulsiones constitutivas: los rasgos de carácter que permanecen son continuaciones inalteradas de las pulsiones originarias, sublimaciones de ellas, o bien formaciones reactivas contra ellas.[12]

---

[11] [Parece ser esta la primera mención del nexo entre erotismo uretral y ambición. Ocasionalmente, Freud volvió sobre este nexo, por ejemplo en una oración agregada en 1914 a *La interpretación de los sueños* (1900a), *AE*, **4**, pág. 229, y en una nota al pie agregada en 1920 a *Tres ensayos de teoría sexual* (1905d), *AE*, **7**, pág. 218. En una larga nota de *El malestar en la cultura* (1930a), *AE*, **21**, pág. 90, vinculó el hallazgo aquí citado con otras dos ideas suyas fundamentales sobre la enuresis: su asociación simbólica con el fuego y su importancia como equivalente infantil de la masturbación. Véase también el trabajo, aun posterior, «Sobre la conquista del fuego» (1932a).]

[12] [No en muchos lugares describió Freud la naturaleza del «carácter» y el mecanismo de su formación; entre ellos cabe mencionar un pasaje de *Tres ensayos* (1905d), *AE*, **7**, pág. 218, algunas acotaciones en «La predisposición a la neurosis obsesiva» (1913i), *AE*, **12**, págs. 343-4, y en especial las consideraciones con que comienza el capítulo III de *El yo y el ello* (1923b), *AE*, **19**, págs. 30-3, y que en lo esencial se reproducen en la 32ª de las *Nuevas conferencias de introducción al psicoanálisis* (1933a), *AE*, **22**, pág. 84.]

# La moral sexual «cultural» y la nerviosidad moderna
(1908)

# Nota introductoria

«Die "kulturelle" Sexualmoral
und die moderne Nervosität»

*Ediciones en alemán*

1908  *Sexual-Probleme*, **4**, n° 3, marzo, págs. 107-29.
1909  *SKSN*, **2**, págs. 175-96. (1912, 2ª ed.; 1921, 3ª ed.)
1924  *GS*, **5**, págs. 143-67.
1931  *Sexualtheorie und Traumlehre*, págs. 17-42.
1941  *GW*, **7**, págs. 143-67.
1974  *SA*, **9**, págs. 9-32.

*Traducciones en castellano\**

1929  «La moral sexual "cultural" y la nerviosidad moderna». *BN* (17 vols.), **13**, págs. 27-52. Traducción de Luis López-Ballesteros.
1943  Igual título. *EA*, **13**, págs. 31-55. El mismo traductor.
1948  Igual título. *BN* (2 vols.), **1**, págs. 954-65. El mismo traductor.
1953  Igual título. *SR*, **13**, págs. 27-46. El mismo traductor.
1967  Igual título. *BN* (3 vols.), **1**, págs. 943-54. El mismo traductor.
1972  Igual título. *BN* (9 vols.), **4**, págs. 1249-61. El mismo traductor.

*Sexual-Probleme*, la revista en que aparecieron este artículo y el que le sigue (cf. pág. 185), fue continuación de *Mutterschutz* y a veces es catalogada bajo este último título. La numeración de los volúmenes no tuvo solución de continuidad pese al cambio de título.

\* {Cf. la «Advertencia sobre la edición en castellano», *supra*, pág. xiii y *n*. 6.}

Aunque este fue el primer examen cabal que hizo Freud del antagonismo entre la cultura y la vida pulsional, sus convicciones al respecto eran de antigua data. Por ejemplo, en un manuscrito enviado a Fliess el 31 de mayo de 1897 le escribe que el incesto «es antisocial; la cultura consiste en la renuncia progresiva a él» (Freud, 1950a, Manuscrito N), *AE*, 1, pág. 299.[1] Pero en verdad ese antagonismo ya estaba implícito en toda su teoría acerca de la influencia del período de latencia sobre el desarrollo de la sexualidad humana, y en las últimas páginas de sus *Tres ensayos de teoría sexual* (1905d) se refiere al «vínculo de oposición existente entre la cultura y el libre desarrollo de la sexualidad» (*AE*, 7, pág. 221). Cabe destacar que en gran parte del presente artículo se sintetizan los descubrimientos expuestos en esta última obra, la cual había sido dada a publicidad sólo tres años antes.

El tema principal del trabajo son los aspectos sociológicos de dicho antagonismo; en el curso de sus escritos posteriores, Freud retomó este tema con frecuencia. Así, aun dejando de lado las numerosas alusiones pasajeras a él, podemos citar las dos últimas secciones de «Sobre la más generalizada degradación de la vida amorosa» (1912d), *AE*, 11, págs. 177 y sigs., las páginas iniciales de *El porvenir de una ilusión* (1927c) y los párrafos con que concluye su carta abierta a Einstein, *¿Por qué la guerra?* (1933b). Desde luego, el examen más circunstanciado es el de *El malestar en la cultura* (1930a).

James Strachey

---

[1] Véanse también algunos pasajes de «La sexualidad en la etiología de las neurosis» (1898a), en particular aquel en que se discute el problema del uso de anticonceptivos (*AE*, 3, págs. 269-70), discusión que anticipa las observaciones contenidas aquí (*infra*, pág. 174).

En su *Sexualethik* {Etica sexual} (1907), Von Ehrenfels[1] se explaya en la indagación de la moral sexual «natural» y la «cultural». Por la primera ha de entenderse aquella bajo cuyo imperio un linaje humano puede conservarse duraderamente en estado de salud y aptitud vital; y por la segunda, aquella cuya observancia más bien acicatea a los seres humanos para un trabajo cultural intenso y productivo. Esta oposición se ilustrará mejor contraponiendo el patrimonio *constitutivo* al patrimonio *cultural* de un pueblo. Para un mejor estudio de esta importante argumentación remito a la obra de Von Ehrenfels; en las páginas siguientes me ceñiré a destacar lo que necesito a los fines de enhebrar mi propia contribución.

Cabe conjeturar que bajo el imperio de una moral sexual cultural lleguen a sufrir menoscabo tanto la salud como la aptitud vital de los individuos, y que a la postre el daño inferido a estos últimos por el sacrificio que se les impone alcance un grado tan alto que por este rodeo corra peligro también la meta cultural última. Y, en efecto, Von Ehrenfels pesquisa en la moral sexual dominante en nuestra sociedad occidental de hoy una serie de perjuicios que se ve precisado a imputarle, y aun reconociéndole plenamente su notable idoneidad para promover la cultura, llega a pronunciar sobre ella un juicio adverso y a considerarla necesitada de reforma. Afirma que son características suyas trasferir a la vida sexual del varón requisitos que son propios de la mujer, así como prohibir todo comercio sexual fuera del matrimonio monogámico. Sin embargo, el miramiento por la natural diversidad de los sexos —prosigue— hace que las faltas del varón sean penadas con menor rigor, y así de hecho se le consiente una moral *doble*. Ahora bien, una sociedad que admite esa doble moral no puede pasar de una cierta medida, muy limitada, en materia de «amor a la verdad, honra-

---

[1] [Christian von Ehrenfels (1859-1932), profesor de filosofía en Praga, había sido elogiado por Freud en su libro sobre el chiste (1905c), *AE*, **8**, pág. 105, debido a sus valientes críticas de la institución del matrimonio.]

dez y humanidad» (Von Ehrenfels, *ibid.*, págs. 32 y sigs.), no puede menos que inducir a sus miembros a ocultar la verdad, a embellecer falazmente las cosas, a engañarse a sí mismos y a los demás. Aún más dañina —prosigue Von Ehrenfels— es la moral sexual cultural en otro de sus efectos: el endiosamiento de la monogamia paraliza el factor de la *selección viril*, el único a través del cual podría obtenerse un mejoramiento de la constitución {heredada}, puesto que en los pueblos de cultura la *selección vital* es rebajada a un mínimo por obra de consideraciones humanitarias y de higiene (*ibid.*, pág. 35).

Ahora bien, entre los perjuicios que Von Ehrenfels imputa a la moral sexual cultural, el médico echa de menos uno cuyo valor me propongo elucidar aquí en detalle. Me refiero a la nerviosidad {*Nervosität*} moderna, o sea, la que se difunde con rapidez en la sociedad de nuestros días y cuya promoción es reconducible a aquella moral. En ocasiones, algún enfermo de los nervios {*nervös Kranker*} llama él mismo la atención de su médico sobre la oposición pertinente en el proceso causal de su padecimiento, manifestando: «En nuestra familia hemos enfermado todos de los nervios porque queríamos ser algo mejor de lo que nos consentía nuestro origen». También, harto a menudo es motivo de reflexión para el médico observar que la nerviosidad aqueja justamente a los descendientes de padres que, oriundos de condiciones de vida campesinas, simples y sanas, criados en familias toscas pero vigorosas, llegan en tren de conquistadores a la gran ciudad y hacen que sus hijos en breve lapso se eleven hasta un nivel cultural alto. Pero sobre todo los propios neurólogos han proclamado expresamente el nexo entre la «nerviosidad creciente» y la vida cultural moderna. Algunos extractos de las manifestaciones de destacados observadores mostrarán dónde buscan ellos los fundamentos de tal relación.

W. Erb (1893): «La pregunta originariamente planteada es, pues, si las causas de la nerviosidad que les fueron señaladas a ustedes se encuentran dadas en medida tan alta en nuestra existencia moderna que pudieran explicar un aumento considerable de aquella. Y bien, es lícito responder sin vacilaciones por la afirmativa, como lo mostrará un ligero vistazo a nuestra vida moderna y sus formas.

»Ya de una serie de hechos generales se destaca con nitidez lo siguiente: los extraordinarios logros de los tiempos modernos, los descubrimientos e invenciones en todos los campos, el mantenimiento del progreso frente a la creciente competencia, sólo se han logrado mediante un gran trabajo intelectual, y sólo este es capaz de conservarlos. La lucha por la vida exige del individuo muy altos rendimientos, que puede satisfacer únicamente si apela a todas sus fuerzas espirituales; al mismo tiempo, en todos los círculos han crecido los reclamos de goce en la vida, un lujo inaudito se ha difundido por estratos de la población que antes lo desconocían por completo; la irreligiosidad, el descontento y las apetencias han aumentado en vastos círculos populares; merced al intercambio, que ha alcanzado proporciones inconmensurables, merced a las redes telegráficas y telefónicas que envuelven al mundo entero, las condiciones del comercio y del tráfico han experimentado una alteración radical; todo se hace de prisa y en estado de agitación: la noche se aprovecha para viajar, el día para los negocios, aun los "viajes de placer" son ocasiones de fatiga para el sistema nervioso; la inquietud producida por las grandes crisis políticas, industriales, financieras, se trasmite a círculos de población más amplios que antes; la participación en la vida pública se ha vuelto universal: luchas políticas, religiosas, sociales, la actividad de los partidos, las agitaciones electorales, el desmesurado crecimiento de las asociaciones, enervan la mente e imponen al espíritu un esfuerzo cada vez mayor, robando tiempo al esparcimiento, al sueño y al descanso; la vida en las grandes ciudades se vuelve cada vez más refinada y desapacible. Los nervios embotados buscan restaurarse mediante mayores estímulos, picantes goces, y así se fatigan aún más; la literatura moderna trata con preferencia los problemas más espinosos, que atizan todas las pasiones, promueven la sensualidad y el ansia de goces, fomentan el desprecio por todos los principios éticos y todos los ideales; ella propone al espíritu del lector unos personajes patológicos, unos problemas de psicopatía sexual, revolucionarios, o de otra índole; nuestro oído es acosado e hiperestimulado por una música que nos administran en grandes dosis, estridente e insidiosa; los teatros capturan todos los sentidos con sus excitantes dramatizaciones; hasta las artes plásticas se vuelven con preferencia a lo repelente, lo feo, lo enervante, y no vacilan en poner delante de nuestros ojos, en su repelente realidad, lo más cruel que la vida ofrece.

»Así, este cuadro de conjunto muestra ya una serie de peligros en nuestro desarrollo cultural moderno; ¡y vaya si se le podrían agregar unas cuantas pinceladas de detalle!».

Binswanger (1896): «En especial se ha calificado a la neurastenia como una enfermedad enteramente moderna, y Beard, a quien debemos la primera exposición panorámica de ella,[2] creía haber descubierto una nueva enfermedad nerviosa nacida en el suelo de Estados Unidos. Este supuesto era, desde luego, erróneo; pero el hecho de que un médico norteamericano fuera el primero en aprehender y establecer, sobre la base de una rica experiencia, los rasgos peculiares de esta enfermedad, señala a las claras el nexo de ella con la vida moderna, la prisa desenfrenada, la caza de dinero y bienes, los enormes progresos técnicos que han vuelto ilusorios todos los obstáculos temporales y espaciales en la vida del intercambio».

Von Krafft-Ebing (1895*b*): «El modo de vida de innumerables hombres de cultura presenta hoy una multitud de aspectos antihigiénicos, sobrados motivos para que la nerviosidad se cebe fatalmente en ellos, pues esos factores dañinos actúan primero y las más de las veces sobre el cerebro. En las circunstancias políticas y sociales —en especial las mercantiles, industriales y agrarias— de las naciones de cultura se han consumado en los últimos decenios unas alteraciones que trasformaron con violencia la actividad profesional, la posición en la vida civil y la propiedad, y todo ello a expensas del sistema nervioso, que es el que debe costear las acrecidas exigencias sociales y económicas mediante un gasto multiplicado de tensión, y muchas veces en condiciones de insuficiente descanso».

Debo reprochar a estas doctrinas —y a muchas otras de parecido tenor—, no que sean erróneas, sino que resulten insuficientes para esclarecer en sus detalles el fenómeno de las perturbaciones nerviosas y descuiden justamente lo más sustantivo de los factores etiológicos eficaces. Si se prescinde de las maneras vagas de «estar enfermo de los nervios» y se consideran las genuinas formas de enfermedad nerviosa, el influjo nocivo de la cultura se reduce en lo esencial a la dañina sofocación de la vida sexual de los pueblos (o estratos) de cultura por obra de la moral sexual «cultural» que en ellos impera.

He procurado aportar la prueba de esta tesis en una serie de trabajos especializados;[3] no puedo repetirla aquí, aunque también en este lugar indicaré los argumentos principales tomados de mis indagaciones.

---

[2] [Cf. Beard, 1881 y 1884. — G. M. Beard (1839-1883) era un neurólogo norteamericano cuya obra Freud menciona en algunos de sus trabajos anteriores sobre la neurastenia (Freud, 1895*b* y 1896*a*), *AE*, **3**, págs. 91 y 144 y sigs., y en una carta a Fliess del 5 de noviembre de 1897 (Freud, 1950*a*, Carta 74).]

[3] Véase mi colección de artículos breves sobre la teoría de las neurosis (1906) [*AE*, **3**].

Una observación clínica aguzada nos da derecho a distinguir dos grupos en los estados patológicos nerviosos: las *neurosis* propiamente dichas y las *psiconeurosis*. En las primeras, las perturbaciones (síntomas), ya sea que se exterioricen en las operaciones corporales o en las anímicas, parecen ser de naturaleza *tóxica*: su comportamiento es en un todo parecido al que sobreviene a raíz del aflujo hipertrófico o la privación de ciertos venenos nerviosos. Estas neurosis —casi siempre reunidas bajo el nombre de *neurastenia*— pueden ser producidas, sin que haga falta el aporte de un lastre heredado, por ciertos influjos nocivos para la vida sexual, correspondiendo la forma de enfermedad contraída a la índole de aquellos, de suerte que con mucha frecuencia uno puede inferir hacia atrás, desde el cuadro clínico, la particular etiología sexual. Ahora bien, entre la forma de la enfermedad nerviosa contraída y los otros influjos culturales nocivos que son acusados de patógenos por los autores falta por completo esa correspondencia regular. Por tanto, es lícito declarar al factor sexual como el esencial en la causación de las neurosis propiamente dichas.

En las psiconeurosis, en cambio, el influjo hereditario es más sustantivo y la causación es menos trasparente. Sin embargo, un notable procedimiento de indagación, conocido como *psicoanálisis*, ha permitido discernir que los síntomas de estas afecciones (histeria, neurosis obsesiva, etc.) son *psicógenos*, dependen de la acción eficaz de unos complejos de representaciones (reprimidas) inconcientes. Y ese mismo método nos ha permitido tomar conocimiento también de tales complejos inconcientes, mostrándonos que ellos —formulado en términos universales— poseen contenido sexual; brotan de las necesidades sexuales de unos seres humanos insatisfechos y figuran para ellos una suerte de satisfacción sustitutiva. Así, en todos los factores que perjudican la vida sexual, sofocan su quehacer, desplazan sus metas, nos vemos precisados a ver unos factores patógenos también de las psiconeurosis.

El valor del distingo teórico entre las neurosis tóxicas y las psicógenas no disminuye desde luego por el hecho de que en la mayoría de las personas neuróticas puedan observarse perturbaciones de las dos clases.

Quien esté dispuesto a buscar conmigo la etiología de la nerviosidad sobre todo en las injerencias nocivas sobre la vida sexual me acompañará también en las elucidaciones siguientes, que tienen como objeto insertar dentro de una trama más general el tema de la nerviosidad en aumento.

En términos universales, nuestra cultura se edifica sobre

la sofocación de pulsiones. Cada individuo ha cedido un fragmento de su patrimonio, de la plenitud de sus poderes, de las inclinaciones agresivas y vindicativas de su personalidad; de estos aportes ha nacido el patrimonio cultural común de bienes materiales e ideales. Además del apremio de la vida, fueron sin duda los sentimientos familiares derivados del erotismo los que movieron al individuo a esa renuncia. Y esta última fue progresiva en el curso del desarrollo cultural; la religión sancionó cada uno de sus progresos; cada fragmento de satisfacción pulsional a que se renunciaba era sacrificado a la divinidad, y el patrimonio común así adquirido se declaró «sagrado». Quien, a consecuencia de su indoblegable constitución, no pueda acompañar esa sofocación de lo pulsional enfrentará a la sociedad como «criminal», como «*outlaw*»[4] {«fuera de la ley»}, toda vez que su posición social y sus sobresalientes aptitudes no le permitan imponérsele en calidad de grande hombre, de «héroe».

La pulsión sexual —mejor dicho: las pulsiones sexuales, pues una indagación analítica enseña que está compuesta por muchas pulsiones parciales— es probablemente de más vigorosa plasmación en el hombre que en la mayoría de los animales superiores; en todo caso es más continua, puesto que ha superado casi por completo la periodicidad a que está ligada en los animales. Pone a disposición del trabajo cultural unos volúmenes de fuerza enormemente grandes, y esto sin ninguna duda se debe a la peculiaridad, que ella presenta con particular relieve, de poder desplazar su meta sin sufrir un menoscabo esencial en cuanto a intensidad. A esta facultad de permutar la meta sexual originaria por otra, ya no sexual, pero psíquicamente emparentada con ella, se le llama la facultad para la *sublimación*. En oposición a esta desplazabilidad en que consiste su valor cultural, a la pulsión sexual le sucede también una fijación de particular tenacidad que la vuelve no valorizable y en ocasiones degenera en las llamadas «anormalidades». La intensidad originaria de la pulsión sexual es probablemente de diversa magnitud en los diferentes individuos; en cuanto al monto apto para la sublimación, sin duda es variable. Ya podemos imaginarnos que será en primer lugar la organización congénita la que decidirá cuánto de la pulsión sexual ha de resultar sublimable y valorizable en el individuo; además, las influencias

---

[4] [Lo esencial de este párrafo, incluyendo la definición de «sagrado» («*heilig*»), se hallará en una comunicación a Fliess del 31 de mayo de 1897 (Freud, 1950*a*, Manuscrito N), *AE*, 1, pág. 299. Esta palabra vuelve a examinarse en *Moisés y la religión monoteísta* (1939*a*), *AE*, 23, págs. 116-7.]

de la vida y el influjo intelectual del aparato anímico consiguen llevar a la sublimación una porción más vasta. Ahora bien, no cabe duda alguna de que este proceso de desplazamiento no puede continuarse indefinidamente, como tampoco ocurre, en nuestras máquinas, con la trasposición del calor en trabajo mecánico. Una cierta medida de satisfacción sexual directa parece indispensable para la inmensa mayoría de las organizaciones, y la denegación[5] de esta medida individualmente variable se castiga con fenómenos que nos vemos precisados a incluir entre los patológicos a consecuencia de su carácter nocivo en lo funcional y displacentero en lo subjetivo.

Más amplias perspectivas se abren cuando consideramos el hecho de que la pulsión sexual del ser humano no está en su origen al servicio de la reproducción, sino que tiene por meta determinadas variedades de la ganancia de placer.[6] Así se exterioriza en la infancia, donde obtiene no sólo en los genitales, sino en otros lugares del cuerpo (zonas erógenas), su meta de alcanzar placer, y puede prescindir de otros objetos ya que estos le resultan tan cómodos. A este estadio lo llamamos *autoerotismo*, y asignamos a la educación la tarea de limitarlo, porque la permanencia en él haría que la pulsión sexual no se pudiera gobernar ni valorizar en el futuro. El desarrollo de la pulsión sexual pasa luego del autoerotismo al amor de objeto, y de la autonomía de las zonas erógenas a la subordinación de ellas bajo el primado de los genitales puestos al servicio de la reproducción. En el curso de este desarrollo, una parte de la excitación sexual brindada por el cuerpo propio es inhibida por inutilizable para la función reproductora, y en los casos favorables se la conduce a la sublimación. De tal suerte, las fuerzas valorizables para el trabajo cultural se consiguen en buena medida por la sofocación de los elementos llamados *perversos* de la excitación sexual.

Con referencia a esta historia de desarrollo de la pulsión sexual podrían diferenciarse, pues, tres estadios culturales: un primer estadio en que al quehacer de la pulsión sexual le son por completo ajenas las metas de la reproducción; un segundo estadio en que de la pulsión sexual es sofocado todo salvo lo que sirve a la reproducción, y un tercero en que sólo se admite como meta sexual la reproducción *legítima*. Este

---

[5] [«*Versagung*»; más tarde, Freud describió con este término el principal factor de contracción de neurosis. Cf. mi «Nota introductoria» a «Sobre los tipos de contracción de neurosis» (1912c), *AE*, 12, pág. 236.]

[6] Cf. mis *Tres ensayos de teoría sexual* (1905d) [*AE*, 7, pág. 179].

tercer estadio corresponde a nuestra moral sexual «cultural» del presente.

Si nos situamos en el nivel del segundo de esos estadios, debemos comprobar en primer término que cierto número de personas, debido a su organización, no satisfacen sus requerimientos. En series enteras de individuos, el mencionado desarrollo de la pulsión sexual desde el autoerotismo al amor de objeto, con la meta de la unión de los genitales, no se consuma de manera correcta ni suficientemente radical, y estas perturbaciones del desarrollo engendran dos clases de desviaciones nocivas respecto de la sexualidad normal (vale decir, la exigida por la cultura), desviaciones que son entre sí como lo positivo es a lo negativo [cf. pág. 171].

Están en primer lugar —prescindiendo de las personas de pulsión sexual hiperintensa y no inhibible— los diversos géneros de *perversos*, en quienes una fijación infantil a una meta sexual provisional coartó el primado de la función reproductora, y los *homosexuales* o *invertidos*, en quienes, de una manera aún no esclarecida por completo, la meta sexual fue apartada del sexo opuesto. Si la nocividad de estas dos variedades de perturbación del desarrollo no parece tan grande como se habría podido esperar, esa levedad ha de reconducirse justamente al carácter complejo y compuesto de la pulsión sexual, que posibilita una plasmación final viable de la vida sexual aun cuando uno o varios componentes de la pulsión hayan sido excluidos del desarrollo. La constitución de los aquejados de inversión, los homosexuales, se singulariza incluso por una particular aptitud de la pulsión sexual para la sublimación cultural.

A pesar de ello, unas plasmaciones más intensas, sobre todo si son excluyentes, de las perversiones y de la homosexualidad vuelven socialmente ineptos y desdichados a sus portadores, de suerte que aun en los reclamos culturales del segundo estadio es preciso ver una fuente de padecimiento para cierto sector de la humanidad. El destino de estas personas que, respecto de las demás, son por su constitución desviadas varía según que su pulsión sexual congénita sea de una intensidad absoluta o debilitada. En este segundo caso, el de una pulsión sexual en general débil, los perversos logran la sofocación plena de aquellas inclinaciones que los pondrían en conflicto con el reclamo moral de su estadio de cultura. Pero también es este, y en el caso ideal, el único logro que alcanzan, pues tal sofocación de sus pulsiones sexuales los obliga a dilapidar las fuerzas que de lo contrario habrían empleado en el trabajo cultural. En cierto modo están inhibidos en su interior y paralizados hacia afuera. Es válido para ellos lo que luego hemos de repetir acerca de la abstinencia de hombres y mujeres, exigida en el tercer estadio de cultura.

Dada una pulsión sexual intensa, pero perversa, son posibles dos desenlaces. El primero, que no hemos de seguir considerando, es aquel en que los afectados permanecen perversos y tienen que soportar las consecuencias de su desviación respecto del nivel cultural. El segundo caso es, con mucho, el más interesante; consiste en que bajo el influjo de la educación y de los reclamos sociales se alcanza, sí, una sofocación de las pulsiones perversas, pero una sofocación tal que sería mejor calificarla de fracasada. Es verdad que las pulsiones sexuales inhibidas ya no se exteriorizan como tales: en esto consiste el éxito; pero se exteriorizan de otras maneras igualmente nocivas para el individuo, y lo vuelven tan inepto para la sociedad como la misma satisfacción inalterada de aquellas pulsiones que se sofocaron: y en esto consiste el fracaso del proceso, fracaso que a la larga supera con creces al éxito. Los fenómenos sustitutivos que aquí emergen a consecuencia de la sofocación de lo pulsional constituyen lo que describimos como nerviosidad, en especial como psiconeurosis (cf. *supra* [pág. 167]). Los neuróticos son aquella clase de seres humanos que en virtud de una organización refractaria sólo han conseguido, bajo el influjo de los reclamos culturales, una sofocación aparente, y en progresivo fracaso, de sus pulsiones, y que por eso sólo con un gran gasto de fuerzas, con un empobrecimiento interior, pueden costear su trabajo de colaboración en las obras de la cultura, o aun de tiempo en tiempo se ven precisados a suspenderlo en calidad de enfermos. Ahora bien, he calificado a las neurosis como el «negativo» de las perversiones [cf. pág. 170] porque en ellas, tras la represión, las mociones perversas se exteriorizan desde lo inconciente anímico, y porque contienen, en el estado «reprimido», las mismas inclinaciones que los perversos positivos.[7]

La experiencia enseña que para la mayoría de los seres humanos existe un límite más allá del cual su constitución no puede obedecer al reclamo de la cultura. Todos los que pretenden ser más nobles de lo que su constitución les permite caen víctimas de la neurosis; se habrían sentido mejor de haberles sido posible ser peores. A menudo, observaciones hechas dentro de una misma generación permiten corro-

---

[7] [La primera vez que Freud mencionó esta doctrina en una obra publicada fue en los *Tres ensayos* (1905d), *AE*, **7**, pág. 150. Allí, empero, una nota al pie anoticia de que la idea ya había sido expuesta muchos años antes en las cartas a Fliess.]

borar de manera inequívoca la intelección de que la perversión es a la neurosis como lo positivo a lo negativo. Hartas veces, en una misma familia el hermano es un perverso sexual, en tanto que la hermana, dotada de una pulsión sexual más débil en su calidad de mujer, es una neurótica cuyos síntomas, empero, expresan inclinaciones idénticas a las perversiones del hermano sexualmente más activo; en consonancia con ello, en muchas familias los varones son sanos, pero inmorales en una medida indeseada para la sociedad, mientras que las mujeres son nobles e hiperrefinadas, pero... sufren una grave afección de los nervios.

Es una de las manifiestas injusticias sociales que el patrón cultural exija de todas las personas idéntica conducta en su vida sexual, conducta que unas, merced a su organización, hallarán fácil respetar, mientras que impondrá a otras gravísimos sacrificios psíquicos; injusticia esta, por cierto, compensada las más de las veces por la inobservancia de los preceptos morales.

Hasta aquí nuestras consideraciones giraron en torno de la exigencia del segundo de los estadios de cultura por nosotros supuesto, a saber, el que prohíbe todo quehacer sexual llamado perverso y en cambio permite el comercio sexual llamado normal. Hemos hallado que, aun con esta distribución entre libertad y limitación sexual, cierto número de individuos son hechos a un lado como perversos, mientras que otros, que se empeñan en no serlo cuando su constitución los destinaría a ello, son esforzados a la nerviosidad. Es fácil, entonces, prever el resultado que sobrevendrá si se limita más la libertad sexual y se eleva el reclamo de cultura hasta el nivel del tercer estadio, vale decir, se prohíbe todo quehacer sexual fuera del matrimonio legítimo. El número de los fuertes que se opongan al reclamo de la cultura se multiplicará extraordinariamente, y lo mismo el número de los más débiles que en su conflicto entre el esforzar de los influjos culturales y las resistencias de su constitución se refugien... en la neurosis.[8]

Propongámonos dar respuesta a tres preguntas que de aquí nacen: 1) ¿Qué tarea plantea al individuo el reclamo cultural del tercer estadio?; 2) ¿Es capaz la satisfacción sexual legítima admitida de ofrecer un resarcimiento aceptable para la renuncia que se impone en lo demás?, y 3) ¿Qué proporción guardan los eventuales perjuicios ocasionados por esa renuncia con sus beneficios culturales?

Responder a la primera pregunta pone en juego un proble-

[8] [Cf. «Apreciaciones generales sobre el ataque histérico» (1909*a*), *infra*, pág. 209, *n*. 5.]

ma a menudo considerado, que no hemos de agotar aquí: el de la abstinencia sexual. Lo que nuestro tercer estadio de cultura exige del individuo es la abstinencia hasta el matrimonio para ambos sexos, y la abstinencia durante toda la vida para todos aquellos que no hayan contraído matrimonio legítimo. La aseveración, grata a todas las autoridades, de que la abstinencia sexual no es nociva y ni siquiera difícil de cumplir ha sido sustentada muchas veces aun por médicos. Es lícito decir que la tarea de dominar una moción tan poderosa como la pulsión sexual por un camino que no sea la satisfacción es tal que puede requerir todas las fuerzas de un ser humano. Sólo una minoría consigue el dominio por sublimación, por desvío de las fuerzas pulsionales sexuales desde sus metas específicas hasta metas culturales más elevadas; y aun esa minoría, sólo temporalmente, y con máxima dificultad en la época de su ardoroso vigor juvenil. Los más se vuelven neuróticos o reciben algún otro daño. La experiencia muestra que la mayoría de las personas que componen nuestra sociedad no están constitucionalmente a la altura de la abstinencia. Quien habría contraído enfermedad aun dada una limitación sexual más atemperada, bajo los reclamos de nuestra moral sexual cultural de hoy la contrae tanto más pronta e intensamente, pues no se conoce mejor garantía que la satisfacción sexual misma contra la amenaza que al querer-alcanzar sexual normal plantean unas disposiciones defectuosas y unas perturbaciones del desarrollo. Cuanto más predispuesto esté alguien a la neurosis, tanto menos soportará la abstinencia; las pulsiones parciales que se han sustraído del desarrollo normal en el sentido antes consignado se habrán vuelto, en efecto, tanto más difícilmente inhibibles. Pero aun quienes habrían permanecido sanos bajo los reclamos del segundo estadio de cultura, se verán llevados en mayor número a la neurosis. En efecto, el valor psíquico de la satisfacción sexual se eleva con su denegación; la libido en estasis recibirá así la posibilidad de hallar alguno de los infaltables lugares más endebles en el edificio de la *vita sexualis* para irrumpir por él hacia la satisfacción sustitutiva neurótica en la forma de unos síntomas patológicos. Quien sepa penetrar en el condicionamiento de la contracción de neurosis se convencerá enseguida de que el incremento de estas en nuestra sociedad se debe a la mayor limitación sexual.

Ahora abordemos el problema de saber si el comercio sexual dentro del matrimonio legítimo es capaz de brindar un resarcimiento pleno por la limitación anterior a él. El material que lleva a responder a esta pregunta por la negativa es tan abundante que nos dispensa de una formulación extensa. Recordemos, sobre todo, que nuestra moral sexual cultural limita el comercio sexual aun dentro del matrimonio mismo, pues impone a los cónyuges la compulsión de contentarse con un número de hijos las más de las veces muy pequeño. A consecuencia de este miramiento, durante unos años, únicamente, existe dentro del matrimonio un comercio sexual satisfactorio (deducidos, desde luego, los períodos en que la esposa está vedada por razones higiénicas). Pasados esos tres, cuatro o cinco años, el matrimonio fracasa en cuanto a su promesa de satisfacer las necesidades sexuales; en efecto, todos los recursos de que hasta hoy se dispone para prevenir la concepción mutilan el goce sexual, perjudican la sensibilidad más fina de las dos partes o aun ejercen un directo efecto patógeno; con la angustia ante las consecuencias del comercio sexual desaparece, primero, la mutua ternura corporal de los esposos, y luego, las más de las veces, la simpatía anímica que estaba destinada a recoger la herencia de la pasión tormentosa de los comienzos. Bajo la desilusión anímica y la privación corporal, que así pasan a ser el destino de la mayoría de los matrimonios, ambas partes se ven devueltas, sólo que con una ilusión menos, al estado en que se encontraban antes de contraerlo: se ven obligadas a perseverar en el dominio y el desvío de la pulsión sexual. No indagaremos en qué medida el varón podrá llevar a cabo esta tarea en su edad madura; la experiencia nos dice que utilizará el fragmento de libertad sexual que aun el régimen más riguroso, si bien de manera tácita y a regañadientes, le concede; la moral sexual «doble», válida para el varón en nuestra sociedad, es la mejor confesión de que la propia sociedad que ha promulgado los preceptos no los cree viables. Pero la experiencia también muestra que las mujeres, a quienes, en su condición de portadoras genuinas de los intereses sexuales del ser humano, les es concedido en menor grado el don de sublimar la pulsión, y a quienes les basta, sí, el lactante, pero no el hijo crecido, como sustituto del objeto sexual; las mujeres, digo, bajo las desilusiones del matrimonio contraen neurosis graves y que las perturban toda la vida. En las actuales condiciones de cultura, el matrimonio hace tiempo que ha dejado de ser la panacea para el sufrimiento neurótico de la mujer; y si nosotros, los médicos, seguimos aconsejándolo en tales casos, sabemos empero que, al contrario, una muchacha tiene que ser muy sana para «sobrellevarlo», y en cuanto a nuestros clientes varones, los disuadimos con energía de tomar por esposa a una muchacha que fue neurótica ya antes del matrimonio. El remedio para la nerviosidad nacida de este último sería más bien la infidelidad conyugal; cuanto más severa haya sido la crianza de una mujer, cuanto más seriamente se haya sometido al reclamo cultural, tanto más temerá esta salida y, en el conflicto entre sus apetitos y su sentimiento del deber, buscará su amparo otra vez... en la neurosis. Nada protegerá su virtud de manera más segura que la enfermedad. Así pues, el casamiento, con cuya esperanza el ser humano de cultura entretenía durante su juventud a su pulsión sexual, no satisface los reclamos de la época de la vida a que corresponde; ni hablar, entonces, de que pudiera resarcir la renuncia anterior.

Aun quien concediera la existencia de estos efectos nocivos de la moral sexual cultural podría aducir, en respuesta a nuestra tercera pregunta [pág. 172], que probablemente la ganancia cultural de esta limitación sexual tan extremada compensa con creces tales padecimientos, que en su forma grave aquejan sólo a una minoría. Me declaro incapaz de ponderar entre sí ganancia y pérdida de una manera justa, pero aún podría agregar toda clase de cosas a la cuenta de las pérdidas. Volviendo al tema de la abstinencia, que ya tocamos de pasada, debo afirmar que provoca otros perjuicios además de las neurosis, y que estas mismas no se suelen apreciar en todo su significado.

Por cierto que al comienzo es inocua la demora en el desarrollo y el quehacer sexuales a que aspiran nuestra educación y nuestra cultura; se convierte en una necesidad si se considera cuán tardíamente los jóvenes de los estamentos cultos logran su autonomía y la posibilidad de ganarse el sustento. En este punto, por lo demás, se nos recordará la íntima trabazón de todas nuestras instituciones culturales y la dificultad de modificar un fragmento de ellas sin mirar por el conjunto.[9] Ahora bien, la abstinencia llevada más allá del vigésimo año ya no es más inofensiva y produce otros efectos nocivos, aunque no consistan en la nerviosidad. Es verdad, suele decirse que la lucha con la poderosa pulsión, y la requerida insistencia en todos los poderes éticos y estéticos en el interior de la vida anímica, «templan» el carácter, lo cual es correcto en el caso de naturalezas organizadas de manera especialmente favorable; cabe conceder también que la diferenciación, tan marcada en nuestro tiempo, entre los caracteres individuales sólo se ha vuelto posible con la limitación sexual. Pero en la enorme mayoría de los casos la lucha contra la sensualidad consume la energía disponible del carácter, y ello justamente en una época en que el joven necesita de todas sus fuerzas para conquistarse una parti-

---

[9] [Cf. al respecto «El esclarecimiento sexual del niño» (1907c), *supra*, pág. 121.]

cipación y un lugar en la sociedad. La proporción entre sublimación posible y quehacer sexual necesario varía mucho, desde luego, de un individuo a otro, y aun entre las diversas profesiones. Un artista abstinente difícilmente sea posible; en cambio, no es raro un joven erudito abstinente. Este último acaso gane, por la continencia, fuerzas libres para sus estudios; en el caso del primero, es probable que su rendimiento artístico sea poderosamente incitado por su vivenciar sexual. En general, no he recogido la impresión de que la abstinencia sexual ayude a formar varones de acción autónoma o pensadores originales, osados libertadores y reformadores; mucho más a menudo, crea pusilánimes de buen comportamiento que más tarde se sumergirán en la gran masa que suele ir a la zaga de los impulsos que parten de individuos fuertes.

El hecho de que la pulsión sexual en general sea refractaria e indócil se expresa también en los resultados del empeño de abstinencia. Es que la educación cultural sólo aspira a su sofocación temporaria hasta que se contraiga matrimonio, y su propósito es dejarla entonces en libertad para servirse de ella. Pero con la pulsión consiguen más los influjos extremos que los atemperamientos; muy a menudo la sofocación ha ido demasiado lejos, con la indeseada consecuencia de que, luego de libertada, la pulsión sexual muestra un deterioro permanente. Por eso mismo la abstinencia total durante la juventud no suele ser la mejor preparación para el matrimonio en los muchachos. Las mujeres lo vislumbran y prefieren entre sus pretendientes a quienes ya se han acreditado como hombres ante otras mujeres. Evidentes en grado sumo son los nocivos efectos que el severo requerimiento de la abstinencia hasta el matrimonio provocará en la naturaleza de la mujer. La educación se asigna la tarea de sofocar la sensualidad de la muchacha hasta que se case, tarea sin duda difícil, pues trabaja con los más severos recursos. No sólo prohíbe el comercio sexual y establece elevadas primas al mantenimiento de la inocencia femenina, sino que también evita la tentación del individuo femenino que madura manteniéndolo en una total ignorancia en lo que se refiere al papel que le está destinado, y no tolerándole ninguna moción amorosa que no conduzca al matrimonio. El resultado es que la muchacha, cuando las autoridades parentales le permiten de pronto enamorarse, es incapaz de consumar esa operación psíquica y sus propios sentimientos andan inseguros en el matrimonio. A consecuencia de esa artificial demora de la función amorosa, sólo depara desengaños al hombre que ha reservado para ella todo su anhelar; en los sentimientos de su alma sigue dependiendo de sus padres, cuya autoridad creó en ella la sofocación de lo sexual; y en su conducta corporal se muestra frígida, lo cual estorba en el varón cualquier goce sexual de elevado valor. No sé si el tipo de la mujer anestésica se presenta también fuera de la educación cultural, pero lo considero probable. Comoquiera que sea, la educación directamente lo cultiva, y estas mujeres, que conciben sin placer, muestran luego escasa disposición a parir el fruto con dolor. Así, la preparación para el matrimonio desvirtúa los fines mismos de este último; y luego, cuando la mujer supera su demora en el desarrollo y, en el apogeo de su existencia femenina, ella despierta para la plena capacidad de amar, hace tiempo que la relación con su marido está arruinada; como premio de su anterior docilidad le queda elegir entre un insaciado anhelar, la infidelidad o la neurosis.

La conducta sexual de un ser humano suele ser *arquetípica* respecto de todos sus otros modos de reacción en el mundo. Si alguien conquista como hombre enérgicamente su objeto sexual, podemos confiar que mostrará una parecida energía sin miramientos también en la persecución de otras metas. En cambio, quien renuncia, por toda clase de miramientos, a la satisfacción de sus intensas pulsiones sexuales, también en otros campos de la vida se mostrará antes conciliador y resignado que vigoroso en la acción. En el género íntegro de las mujeres puede comprobarse con facilidad una aplicación especial de esta tesis sobre el carácter arquetípico de la vida sexual para el ejercicio de otras funciones. La educación les deniega el ocuparse intelectualmente de los problemas sexuales, para los cuales, empero, traen congénito el máximo apetito de saber; las aterroriza con el juicio condenatorio {*Verurteilung*} de que semejante apetito de saber sería indigno de la mujer y signo de una disposición pecaminosa. Ello las disuade del pensar en general, les desvaloriza el saber. La prohibición de pensar rebasa la esfera sexual, en parte a consecuencia de los inevitables nexos, en parte de una manera automática, en un todo semejante al efecto que en los varones producen la prohibición religiosa de pensar o la relación de vasallaje de los buenos súbditos. No creo que la oposición biológica entre trabajo intelectual y actividad genésica explique la «imbecilidad fisiológica» de la mujer, como lo sostuvo Moebius en su tan controvertido libro.[10] Opino, en cambio, que el hecho indudable de la inferioridad intelectual de tantísimas mujeres debe recon-

---

[10] [Cf. Moebius, 1903; véase también *El porvenir de una ilusión* (Freud, 1927c), *AE*, **21**, pág. 47.]

ducirse a la inhibición de pensar que se requiere para sofocar lo sexual.

Cuando se aborda el problema de la abstinencia, se distingue con escaso rigor entre dos de sus formas, la continencia de todo quehacer sexual en absoluto y la abstención del comercio sexual con el otro sexo. En el caso de muchas personas que se glorian de haber logrado abstinencia, ella sólo fue posible con ayuda de la masturbación y parecidas satisfacciones que se anudan a las actividades sexuales autoeróticas de la primera infancia. Pero justamente en virtud de este último vínculo tales medios sustitutivos de la satisfacción sexual en modo alguno son inocuos; predisponen hacia las numerosas formas de neurosis y psicosis que reconocen por condición que la vida sexual involucione hasta sus formas infantiles. Por otra parte, tampoco la masturbación responde a los requerimientos ideales de la moral sexual cultural, y por eso empuja a los jóvenes a los mismos conflictos con el ideal educativo de los que pretendían escapar mediante la abstinencia. Y ella *malacostumbra* y así corrompe el carácter en más de un modo: en primer lugar, porque enseña a alcanzar unas sustantivas metas sin trabajo, por cómodos caminos, en vez de requerir una enérgica tensión de fuerzas; o sea, sigue el principio de *lo sexual como arquetipo*. Y en segundo lugar, porque en las fantasías que acompañan a la satisfacción el objeto sexual es elevado hasta un grado de excelencia que no se hallará fácilmente en la realidad. ¡Y un agudo escritor (Karl Kraus, en el diario vienés *Die Fackel*)[11] ha podido, torciendo el argumento, enunciar la verdad con este cinismo: «El coito es sólo un subrogado defectuoso del onanismo»![12]

El rigor del reclamo cultural y la dificultad de la tarea de abstinencia se han conjugado para que evitar la unión de los genitales de sexo diferente se convirtiera en el núcleo de esa tarea y para favorecer otras modalidades de quehacer sexual que equivalen, por así decir, a una semiobediencia. Desde que el comercio sexual normal es perseguido de manera tan implacable por la moral —y, a causa de las posibilidades de infección, también por la higiene—, sin ninguna duda ha aumentado la significación social de las modalidades llamadas

---

[11] [Karl Kraus (1874-1936), periodista y poeta austríaco, era célebre por su acerbo e incisivo humor. Freud narra una anécdota sobre él en el libro dedicado al chiste (1905c), *AE*, **8**, pág. 74, la cual se reproduce, asimismo, en una nota al pie del historial clínico del «Hombre de las Ratas» (1909d), *AE*, **10**, pág. 177.]

[12] [Varios años después, en sus «Contribuciones para un debate sobre el onanismo» (1912f), *AE*, **12**, págs. 260-1, Freud retomó los temas de este párrafo.]

perversas del comercio entre ambos sexos, en las cuales otras partes del cuerpo asumen el papel de los genitales. Ahora bien, estas prácticas no pueden juzgarse tan inofensivas como trasgresiones análogas [de la meta sexual][13] en el comercio amoroso; son éticamente reprobables, pues así los vínculos de amor entre dos seres humanos dejan de ser un asunto serio y se los rebaja a la condición de un cómodo juego sin riesgos ni participación anímica. Como otra consecuencia del dificultamiento de la vida sexual normal cabe citar la difusión de la satisfacción homosexual; a todos los que son homosexuales ya por su organización, o devinieron tales en su infancia, se suman todavía el gran número de aquellos a quienes en su madurez el bloqueo de la corriente principal de la libido les dejó expedita la rama colateral homosexual.

Todos estos inevitables e indeseados resultados del reclamo de abstinencia confluyen en lo siguiente: arruinan de manera radical la preparación para el matrimonio, que, no obstante, de acuerdo con el propósito de la moral sexual cultural, estaba destinado a ser el único heredero de las aspiraciones sexuales. Todos los varones que a consecuencia de un ejercicio sexual perverso o masturbatorio han acomodado su libido a situaciones y condiciones de satisfacción diversas de las normales desarrollan en el matrimonio una potencia disminuida. También las mujeres a quienes sólo parecidos expedientes posibilitan conservar su virginidad se muestran en el matrimonio anestésicas para el comercio normal. Y un matrimonio iniciado con una rebajada capacidad de amar por ambas partes no hace sino caer víctima del proceso de disolución con mayor rapidez todavía que otro. A raíz de la escasa potencia del varón, la mujer no es satisfecha y permanece anestésica aun cuando la predisposición a la frigidez que la educación le instiló habría podido ser superada por un potente vivenciar sexual. Además, una pareja así halla más difícil prevenir la concepción que una pareja sana, pues la debilitada potencia del hombre tolera mal el empleo de recursos preventivos. En semejante desconcierto, pronto el comercio sexual se convierte en la fuente de toda clase de perplejidades, como consecuencia de lo cual se quiebra la base de la vida conyugal.

Exhorto a todos los especialistas a corroborar que no exagero, sino que describo unas constelaciones tan enojosas que pueden observarse cuantas veces se quiera. Para el profano será en realidad cosa de no creer cuán rara es la potencia normal en el varón y cuán a menudo es frígida la mujer en

---

[13] [Cf. *Tres ensayos* (1905d), *AE*, **7**, págs. 136 y sigs.]

las parejas casadas que se encuentran bajo el imperio de nuestra moral sexual cultural; cuántas resignaciones, a menudo para ambas partes, conlleva el matrimonio, y a qué se limita la vida en él, su dicha tan nostalgiosamente anhelada. Ya he consignado que bajo esas constelaciones la nerviosidad es el desenlace más cercano; pero ahora puntualizaré los efectos que semejante matrimonio trae para los hijos —el hijo único, o poco numerosos— de él nacidos. A primera vista pareciera tratarse de una trasmisión hereditaria; pero considerado más de cerca, se resuelve en el efecto de unas poderosas impresiones de la infancia. La mujer neurótica, insatisfecha por su marido, es hipertierna como madre e hiperangustiada hacia el hijo, sobre quien trasfiere su necesidad de amor; así le despierta una prematura madurez sexual. Además, la desavenencia entre los padres sobreestimula la vida afectiva del niño, le hace sentir intensamente amor, odio y celos a la más tierna edad. La educación severa, que no tolera quehacer alguno de la vida sexual despertada tan temprano, aporta el poder sofocador, y semejante conflicto a esa edad contiene todo lo que se requiere para la causación de la nerviosidad por toda la vida.

Vuelvo ahora sobre mi anterior tesis [pág. 175] de que en la apreciación de las neurosis no suele otorgárseles la plenitud de su significado. No me refiero sólo a la subestimación de esos estados, en virtud de la cual los parientes les restan importancia a la ligera y los médicos aseguran, charlatanescamente, que unas semanas de cura de aguas o unos meses de reposo y esparcimiento podrían eliminarlos. Esas son sólo unas opiniones de médicos y legos por completo ignorantes, las más de las veces unos dichos dirigidos a brindar efímero consuelo al sufriente. Es bien sabido, al contrario, que una neurosis crónica, aunque no cancele totalmente la capacidad para la existencia, representa un grave lastre vital para el individuo, comparable a una tuberculosis o una deficiencia cardíaca. Y uno hasta podría conformarse si las neurosis sólo excluyeran del trabajo cultural a unos pocos individuos que de todos modos serían endebles, consintiendo a los demás la participación en aquel al precio de un mero malestar subjetivo. Pero en contra de ello yo destacaría este punto de vista: la neurosis, hasta donde llega y quienquiera que sea el afectado por ella, sabe arruinar el propósito cultural, y así en verdad promueve el trabajo de las fuerzas anímicas sofocadas enemigas de la cultura, de suerte que la sociedad no puede anotarse una ganancia obtenida a costa de sacrificios; no tiene derecho a adjudicarse ninguna, puesto que paga la obediencia a sus abundosos preceptos con el aumento de la nerviosidad. Consideremos, por ejemplo, el caso tan frecuente de una mujer que no ama a su esposo porque, dadas las condiciones de su casamiento y las experiencias de su vida conyugal, no tiene razón alguna para amarlo, pero que a toda costa querría hacerlo, porque eso es lo único que corresponde al ideal de matrimonio en que fue educada. Entonces sofoca en su interior todas las mociones que querrían expresar la verdad contradiciendo su afán ideal, y pone particular empeño en hacer el papel de una esposa amante, tierna y solícita. La consecuencia de esa sofocación de sí misma será la contracción de una neurosis, que en breve plazo se habrá tomado venganza del hombre no amado, provocándole todo el descontento y la inquietud que le habría creado la confesión del verdadero estado de cosas. Este ejemplo es completamente típico para las operaciones de la neurosis. Parecido déficit en la compensación se observa también tras la sofocación de otras mociones hostiles a la cultura, no directamente sexuales. Por ejemplo, si alguien, por violenta sofocación de una inclinación constitucional a la dureza y la crueldad, ha devenido un *hiperbueno*, la energía que se le sustraerá será tanta que no pondrá en obra todo lo que corresponde a sus mociones compensatorias, y en definitiva hará menos bien del que habría llevado a cabo sin sofocación.

Agreguemos, todavía, que al limitarse el quehacer sexual en un pueblo sobreviene, en términos generales, un aumento de la medrosidad ante la vida y de la angustia ante la muerte, que perturba la capacidad de goce de los individuos y cancela su disposición a aceptar la muerte en aras de ciertas metas. Ello se exteriorizará en la menor inclinación a concebir hijos, y excluirá a este pueblo o grupo de hombres de una participación en el futuro. Así, es lícito preguntar si nuestra moral sexual «cultural» merece el sacrificio que nos impone, sobre todo si uno no se ha emancipado tanto del hedonismo que ni siquiera admita cierta medida de satisfacción y dicha para el individuo entre las metas de nuestro desarrollo cultural. Por cierto que no es del resorte del médico presentarse con unas propuestas de reforma. Pero he creído que podía subrayar su urgencia si ampliaba la exposición de Von Ehrenfels sobre los nocivos efectos de nuestra moral sexual «cultural», con la referencia a su significado para la difusión de la nerviosidad moderna.

# Sobre las teorías sexuales infantiles
(1908)

# Nota introductoria

«Über infantile Sexualtheorien»

*Ediciones en alemán*

1908  *Sexual-Probleme*, **4**, n° 12, diciembre, págs. 763-79.
1909  *SKSN*, **2**, págs. 159-74. (1912, 2ª ed.; 1921, 3ª ed.)
1924  *GS*, **5**, págs. 168-85.
1931  *Sexualtheorie und Traumlehre*, págs. 43-61.
1941  *GW*, **7**, págs. 171-88.
1972  *SA*, **5**, págs. 169-84.

*Traducciones en castellano*\*

1929  «Teorías sexuales infantiles». *BN* (17 vols.), **13**, págs. 53-71. Traducción de Luis López-Ballesteros.
1943  Igual título. *EA*, **13**, págs. 58-74. El mismo traductor.
1948  Igual título. *BN* (2 vols.), **1**, págs. 1185-92. El mismo traductor.
1953  Igual título. *SR*, **13**, págs. 47-60. El mismo traductor.
1967  «Teorías sexuales de los niños». *BN* (3 vols.), **1**, págs. 1171-8. El mismo traductor.
1972  Igual título. *BN* (9 vols.), **4**, págs. 1262-71. El mismo traductor.

Este trabajo fue publicado originariamente en un número posterior de la misma revista en que apareció el que le antecede (pág. 161).

Pese a que se dio a conocer de esta manera poco notoria, y aunque no hay en él mucho que pueda sorprender al lector actual, en verdad lanzó al mundo por primera vez una cantidad muy notable de nuevas ideas. Esta paradoja se explica si observamos que su publicación fue unos meses anterior a

---

\* {Cf. la «Advertencia sobre la edición en castellano», *supra*, pág. xiii y *n*. 6.}

la del historial clínico del pequeño Hans (1909*b*) —obra que probablemente se encontraba a la sazón en pruebas de imprenta, como se verá *infra*, pág. 194, *n*. 12—, y que la sección de *Tres ensayos de teoría sexual* (1905*d*) titulada «La investigación sexual infantil» (*AE*, **7**, págs. 176-9) no fue agregada al libro hasta 1915, siete años después de aparecer el presente artículo —del cual esa sección es de hecho poco más que un resumen—. Cierto es que en un trabajo anterior, «El esclarecimiento sexual del niño» (1907*c*), Freud citó una parte del material procedente del análisis del pequeño Hans (cf. *supra*, págs. 117-8) e hizo unas pocas acotaciones sobre la curiosidad sexual de los niños, mencionando incluso la existencia de «teorías sexuales infantiles» (pág. 120); pero no hizo más que mencionarlas, sin elucidar en modo alguno su naturaleza.[1]

Los lectores originarios de la presente obra se enfrentaron en ella, pues, casi sin aviso previo, con ideas como la fertilización a través de la boca y el nacimiento a través del ano, el carácter sádico del coito entre los padres, y la posesión de pene en los individuos de ambos sexos. Esta última idea era la que traía consigo mayores consecuencias, de las que a su vez se hace una primera mención en estas páginas: la importancia atribuida al pene por los niños de ambos sexos, las secuelas del descubrimiento de que uno de los sexos carece de él —la aparición en las niñas de la «envidia del pene» y en los varones del concepto de «mujer sin pene», así como el influjo de todo esto sobre una de las variedades de homosexualidad—. Finalmente, aquí se menciona por primera vez en forma explícita, y se examina, el «complejo de castración», que sólo había sido antecedido por una única y oscura referencia a la «amenaza de castración» en *La interpretación de los sueños* (1900*a*), *AE*, **5**, pág. 606.

La peculiar riqueza del material que contiene este artículo debe adjudicarse en gran medida, sin lugar a dudas, a los descubrimientos que emanaron del análisis del pequeño Hans, el informe sobre el cual, completado poco tiempo atrás, lo ejemplificó y amplió en gran parte.

James Strachey

---

[1] Freud aludió a ellas en la misma reunión de la Sociedad Psicoanalítica de Viena (el 13 de febrero de 1907) en que leyó la carta citada en su trabajo sobre «El esclarecimiento sexual del niño» (1907*c*), *supra*, pág. 119.

El material en que se basa este resumen proviene de varias fuentes. En primer lugar, de la observación directa de las exteriorizaciones y del pulsionar de los niños; en segundo, de las comunicaciones de neuróticos adultos que en el curso de un tratamiento psicoanalítico refieren lo que recuerdan concientemente sobre su infancia, y, en tercero, de las inferencias, construcciones y recuerdos inconcientes traducidos a lo conciente que son fruto de los psicoanálisis con neuróticos.

El hecho de que la primera de esas tres fuentes no haya brindado por sí sola todo lo digno de saberse tiene su fundamento en la conducta de los adultos hacia la vida sexual infantil. Si uno no atribuye a los niños actividad sexual alguna, tampoco se tomará el trabajo de observarla, y por otra parte sofocará de ella las exteriorizaciones que resultaren llamativas. Por eso son muy limitadas las oportunidades de aprovechar esta fuente, la más explícita y generosa. Y en cuanto a lo que proviene de comunicaciones espontáneas de adultos acerca de sus recuerdos infantiles concientes, está expuesto en grado sumo a la objeción de que pudieron falsificarse en la visión retrospectiva, y por añadidura se los apreciará bajo el punto de vista de que los testigos se volvieron neuróticos después. El material del tercer origen es alcanzado por todas las impugnaciones que suelen plantearse a la confiabilidad del psicoanálisis y a la seguridad de las conclusiones de él extraídas; no cabe examinar aquí la legitimidad de ese juicio; sólo aseveraré que todo el que conozca y practique la técnica psicoanalítica obtendrá una amplia confianza en sus resultados.

No puedo garantizar que mis conclusiones sean completas; sólo puedo dar cuenta del cuidado que he puesto para obtenerlas.

Un difícil problema consiste en decidir hasta dónde es lícito presuponer para todos los niños, o sea, para cada niño individual, lo que aquí se informará sobre ellos en general. La presión pedagógica y la diversa intensidad de la pulsión sexual posibilitarán sin duda grandes variaciones individuales en la conducta sexual del niño, sobre todo en cuanto al momento en que emerge el interés sexual infantil. Por eso no he articulado mi exposición siguiendo épocas sucesivas de la infancia, sino que he sintetizado lo que en diferentes niños adquiere vigencia ora más temprano, ora más tarde. Pero estoy convencido de que ningún niño —al menos ninguno con plenas dotes de sensibilidad o intelecto— puede dejar de ocuparse de los problemas sexuales en los años *anteriores* a la pubertad.

No atribuyo gran valor a la objeción de que los neuróticos serían una clase particular de seres humanos señalados por una disposición degenerativa, y que por ello no se podría extraer, de su vida infantil, conclusiones respecto de la infancia de otros. Los neuróticos son seres humanos como los demás, no hay una frontera tajante entre ellos y los normales, y no siempre es fácil distinguirlos en su infancia de quienes luego serán sanos. Es uno de los más valiosos resultados de nuestras indagaciones psicoanalíticas que sus neurosis no tienen un contenido psíquico particular, propio y exclusivo de ellos, sino que, como lo ha expresado C. G. Jung, enferman a raíz de los mismos complejos con que luchamos nosotros, los sanos. La diferencia sólo reside en que los sanos saben dominar esos complejos sin sufrir perjuicios grandes, registrables en la práctica, mientras que los neuróticos consiguen sofocarlos pero al precio de unas costosas formaciones sustitutivas; vale decir que fracasan en la práctica. En la infancia, desde luego, neuróticos y normales están mucho más próximos entre sí que más adelante en su vida, de modo que yo no puedo considerar un error de método el utilizar las comunicaciones de neuróticos acerca de su infancia en unos razonamientos por analogía sobre la vida infantil normal. Pero como los que después serán neuróticos traen hartas veces en su constitución una pulsión sexual particularmente intensa y una inclinación a su madurez temprana, a su prematura exteriorización, nos posibilitarán discernir muchas cosas en el quehacer sexual infantil de una manera más flagrante y nítida que lo que nuestra capacidad de observación, ya embotada de suyo, nos permitiría ver en otros niños. Por lo demás, el real valor de estas comunicaciones provenientes de neuróticos adultos sólo se apreciará si uno, siguiendo el ejemplo de Havelock Ellis, se toma el trabajo de recopilar también los recuerdos infantiles de adultos sanos.[1]

[1] [Cf. Havelock Ellis, 1903, «Apéndice B». Freud había examinado estos relatos en una nota al pie de sus *Tres ensayos de teoría sexual* (1905*d*), *AE*, **7**, pág. 173.]

Debido a circunstancias externas e internas poco propicias, las comunicaciones que siguen se refieren predominantemente al desarrollo sexual de uno de los sexos, a saber, el masculino. Ahora bien, el valor de una recopilación como la que intento aquí no necesita ser sólo descriptivo. La noticia acerca de las teorías sexuales de los niños, tal como ellas se configuran en el pensar infantil, puede resultar interesante en diversos contextos; también —cosa sorprendente— para entender los mitos y cuentos tradicionales. Y resulta indispensable para la concepción de las neurosis mismas, en las cuales estas teorías infantiles conservan vigencia y cobran un influjo que llega a comandar la configuración de los síntomas.

Si pudiéramos considerar con ojos nuevos las cosas de esta Tierra, renunciando a nuestra corporeidad, como unos seres dotados sólo de pensamiento que provinieran de otros planetas, acaso nada llamaría más nuestra atención que la existencia de dos sexos entre los hombres, que, tan *semejantes* como son en todo lo demás, marcan sin embargo su diferencia con los más notorios indicios. Ahora bien, no parece que también los niños escojan este hecho básico como punto de partida para sus investigaciones sobre problemas sexuales. Puesto que tienen noticia de padre y madre hasta donde llega su recuerdo, toman su presencia como una realidad ya no susceptible de ulterior indagación, y de igual modo se comporta el varoncito hacia una hermanita de quien lo separe la escasa diferencia de uno o dos años de edad. El esfuerzo de saber de los niños en modo alguno despierta aquí de una manera espontánea, por ejemplo a consecuencia de una necesidad innata de averiguar las causas, sino bajo el aguijón de las pulsiones egoístas que los gobiernan: cuando —tal vez cumplido el segundo año de vida— los afecta la llegada de un nuevo hermanito. Aquellos niños que no han recibido un huésped así en su propia casa pueden empero ponerse en tal situación por las observaciones que hagan en otros hogares. El retiro de asistencia por los padres, experimentado o temido con razón, la vislumbre de que se estará obligado a compartir para siempre todo bien con el recién llegado, tienen por efecto despertar la vida de sentimientos del niño y aguzar su capacidad de pensar. El niño mayor exterioriza una sincera hostilidad hacia los competidores; esta se abre paso en sus juicios inamistosos sobre ellos, en desearles «que la cigüeña se los lleve de vuelta»² y cosas de parecido tenor; y en ocasiones hasta les hace cometer pequeños atentados en perjuicio del que yace inerme en la cuna. Por regla general, una mayor diferencia de edad debilita la expresión de esa hostilidad primaria; de igual modo, en años más tardíos, y si faltan hermanitos, puede prevalecer el deseo de tener un compañerito de juegos, tal como el niño ha podido observarlo en otros hogares.

Entonces, bajo la incitación de esos sentimientos e inquietudes, el niño pasa a ocuparse del primer, grandioso problema de la vida, y se pregunta «*de dónde vienen los hijos*»;³ claro que al comienzo la pregunta reza: «¿De dónde ha venido este hijo molesto?». Uno cree percibir el eco de este primer interrogante en muchísimos enigmas del mito y de la saga; la pregunta misma, como todo investigar, es un producto del apremio de la vida,⁴ como si al pensar se le planteara la tarea de prevenir la recurrencia de un suceso tan temido. Supongamos, no obstante, que el pensar del niño se emancipe pronto de su incitación y prosiga su trabajo como una pulsión autónoma de investigar. Si el niño no está ya demasiado amedrentado, tarde o temprano emprenderá el camino más próximo y demandará una respuesta a sus padres o a las personas encargadas de su crianza, que para él significan la fuente del saber. Pero ese camino fracasa. Recibe una respuesta evasiva, o una reprimenda por su apetito de saber, o lo despachan con alguna información de cuño mitológico que en los países de lengua alemana es: «La cigüeña trae a los hijos, y los saca del agua». Los niños descontentos con esta solución, y que le oponen enérgica duda, son muchos más —tengo razones para suponerlo— de lo que sospechan sus padres, sólo que no siempre lo confesarán con franqueza. Sé de un varoncito de tres años que tras recibir ese esclarecimiento fue echado de menos para desesperación de su niñera, y lo encontraron a la orilla del gran estanque del castillo adonde había ido en su ansia de ver a los niños en el agua; conozco de otro que no pudo consentir a su incredulidad sino el tímido enunciado de que él lo sabía mejor: no es la cigüeña la que trae a los hijos, sino... la garza. De muchas comunicaciones

---

² [La anécdota se menciona en la primera edición de *La interpretación de los sueños* (1900*a*), *AE*, **4**, pág. 261.]

³ [Cf. «El esclarecimiento sexual del niño» (1907*c*), *supra*, pág. 118, *n*. 3.]

⁴ [El papel que cumple en el desarrollo psíquico el «apremio de la vida» es analizado por Freud en *La interpretación de los sueños* (1900*a*), *AE*, **5**, pág. 557, y, antes que allí, en el «Proyecto de psicología» de 1895 (1950*a*), *AE*, **1**, pág. 341.]

paréceme desprenderse que los niños rehúsan creencia a la teoría de la cigüeña; a partir de este primer engaño y rechazo alimentan desconfianza hacia los adultos, adquieren la vislumbre de algo prohibido que los «grandes» desean mantenerles en reserva y por eso rodean de secreto sus ulteriores investigaciones. Pero así han vivenciado también la primera ocasión de un «conflicto psíquico», pues unas opiniones por las que sienten una predilección pulsional, pero no son «correctas» para los grandes, entran en oposición con otras sustentadas por la autoridad de los grandes pero que a ellos mismos no les resultan gratas. Desde este conflicto psíquico puede desenvolverse pronto una «escisión psíquica»; una de las opiniones, la que conlleva el ser «bueno», pero también la suspensión del reflexionar, deviene la dominante, conciente; la otra, para la cual el trabajo de investigación ha aportado entretanto nuevas pruebas que no deben tener vigencia, deviene sofocada, «inconciente». Queda de esta manera constituido el complejo nuclear[5] de la neurosis.

Hace poco, por el análisis de un varoncito de cinco años,[6] que su padre emprendió con él y luego me entregó para su publicación, obtuve la prueba irrefutable de una intelección sobre cuyo rastro hacía ya tiempo que me había puesto el psicoanálisis de adultos. Ahora sé que la alteración de la madre durante el embarazo no escapa a los penetrantes ojos del niño, y él es bien capaz de establecer algún tiempo después el nexo correcto entre el engrosamiento del vientre materno y la aparición del hijo. En el caso mencionado, el varoncito tenía tres años y medio cuando nació su hermana y cuatro años y tres cuartos cuando por unas alusiones inequívocas dejó traslucir su mejor saber. Ahora bien, ese temprano discernimiento se mantendrá siempre en secreto y luego será reprimido y olvidado en conexión con los ulteriores destinos de la investigación sexual infantil.

Por tanto, la «fábula de la cigüeña» no se cuenta entre las teorías sexuales infantiles; es, al contrario, la observación de los animales, tan poco escondedores de su vida sexual y de quienes el niño se siente tan afín, la que refuerza su incredulidad. Con el discernimiento de que el hijo crece en el vientre

---

[5] [Poco después de escribir este trabajo —p. ej., en el historial clínico del «Hombre de las Ratas» (1909*d*), *AE*, **10**, pág. 163*n*.—, Freud ya utilizaba esta expresión como equivalente de lo que al poco tiempo (en «Sobre un tipo particular de elección de objeto en el hombre» (1910*h*), *AE*, **11**, pág. 164) denominaría «complejo de Edipo». En el presente párrafo, donde aparece por primera vez, «complejo nuclear» tiene una connotación más amplia.]

[6] [El caso del pequeño Hans (1909*b*), publicado no mucho después que el presente artículo.]

de la madre, adquirido por el niño de una manera autónoma, estaría sobre el camino correcto para solucionar el primer problema en que prueba su capacidad de pensar. Pero en ulteriores pasos es inhibido por una ignorancia que no se deja sustituir [cf. pág. 195], y por falsas teorías que el estado de su propia sexualidad le impone.

Estas falsas teorías sexuales que ahora elucidaré poseen, todas, un curiosísimo carácter. Aunque grotescamente falsas, cada una de ellas contiene un fragmento de la verdad, y son análogas en este aspecto a las soluciones tildadas de «geniales» que los adultos intentan para los problemas del universo cuya dificultad supera el intelecto humano. Lo que hay en esas teorías de correcto y acertado se explica por su proveniencia de los componentes de la pulsión sexual, ya en movimiento dentro del organismo infantil. En efecto, tales supuestos no han nacido del albedrío psíquico ni de unas impresiones casuales, sino de las objetivas necesidades de la constitución psicosexual; por eso podemos hablar de teorías sexuales típicas en los niños, y por eso hallamos las mismas opiniones erróneas en todos los niños cuya vida sexual nos resulta accesible.

La primera de estas teorías se anuda al descuido de las diferencias entre los sexos, que al comienzo de estas consideraciones destacamos como característico del niño. Ella consiste en *atribuir a todos los seres humanos, aun a las mujeres, un pene*, como el que el varoncito conoce en su cuerpo propio. Justamente en aquella constitución sexual que nos vemos precisados a reconocer como «normal», el pene es ya en la infancia la zona erógena rectora, el principal objeto sexual autoerótico, y es lógico que la alta estima de que goza se refleje en la incapacidad para representarse sin ese esencial ingrediente a una personalidad parecida al yo. Si el varoncito llega a ver los genitales de una hermanita, sus manifestaciones evidencian que su prejuicio ya ha adquirido fuerza bastante para doblegar a la percepción;[7] no comprueba la falta del miembro, sino que *regularmente* dice, a modo de consuelo y conciliación: «Ella tiene. . . pero todavía es chiquito; claro es que cuando ella sea más grande le crecerá».[8] La representación de la mujer con pene

---

[7] [Esta «percepción falsificada» o, como luego la llamaría Freud, «desmentida» pasó a ser mucho más tarde el fundamento de importantes disquisiciones teóricas. Véase en particular el trabajo sobre el fetichismo (1927e) y el capítulo VIII del *Esquema del psicoanálisis* (1940a), publicado póstumamente.]

[8] [Hay una observación casi idéntica en el historial del pequeño Hans (1909b), *AE*, **10**, pág. 12.]

retorna aun más tarde en el soñar del adulto: en estado de excitación sexual nocturna derriba a una mujer, la desnuda y se dispone al coito, pero de pronto la visión del miembro plenamente formado en lugar de los genitales femeninos interrumpe el sueño y la excitación. Los numerosos hermafroditas de la Antigüedad clásica son fiel reflejo de esta representación infantil antaño universal; se puede observar que ella no ofende a la mayoría de los hombres normales, mientras que las formaciones hermafroditas de los genitales realmente admitidas por la naturaleza casi siempre excitan el máximo horror.

Si esta representación de la mujer con pene se ha «fijado» en el niño, si ella resiste todos los influjos de la vida posterior y vuelve incapaz al varón de renunciar al pene en su objeto sexual, entonces el individuo, aun siendo normal su vida sexual en los demás aspectos, se verá precisado a convertirse en un homosexual, a buscar sus objetos sexuales entre hombres que por otros caracteres somáticos y anímicos recuerden a la mujer.[9] La mujer verdadera, como más tarde la ha discernido, permanece imposible para él como objeto sexual pues carece del encanto {*Reiz*} sexual esencial, y aun, en conexión con otra impresión de la vida infantil, acaso sienta horror hacia ella. El niño gobernado en lo principal por la excitación del pene ha solido procurarse placer estimulándolo con la mano; sus padres o las personas encargadas de su guarda lo han pillado, y lo aterrorizaron con la amenaza de que le sería cortado el miembro. El efecto de esta «amenaza de castración» es, en su típico nexo con la estima que se tiene por esta parte del cuerpo, superlativa y extraordinariamente profundo y duradero. Sagas y mitos dan testimonio del tumulto en la vida de los sentimientos infantiles, del espanto que se anuda al complejo de castración,[10] que incluso más tarde es recordado por la conciencia con la correspondiente revuelta. Los genitales de la mujer, percibidos luego y concebidos como mutilados, recuerdan aquella amenaza y por eso despiertan en el homosexual horror en vez de placer. Y en esa reacción ya no puede modificarse nada si el homosexual aprende de la ciencia que no anda tan errado el supuesto infantil de que también la mujer posee un pene. La anatomía ha discernido en el clítoris, dentro de la vulva femenina, un órgano homólogo al

---

[9] [Freud volvió sobre esto en el historial del pequeño Hans, *ibid.*, pág. 90.]

[10] [Primera aparición de la frase en una obra impresa. La idea de la amenaza de castración figura en *La interpretación de los sueños* (1900a) en un solo lugar (*AE*, **5**, pág. 606).]

pene, y la fisiología de los procesos sexuales ha podido agregar que ese pene pequeño, y que ya no crecerá, se comporta de hecho en la infancia de la mujer como un pene genuino y cabal, se convierte en la sede de unas excitaciones movidas al tocarlo, su estimulabilidad presta al quehacer sexual de la niña un carácter masculino, y hace falta una oleada represiva en la pubertad para que, por remoción de esta sexualidad masculina, surja la mujer. Enseña también la ciencia que muchas mujeres tienen menoscabada su función sexual porque esa excitabilidad del clítoris persiste tenazmente, lo cual las vuelve anestésicas en el coito, o porque la represión ha sido hipertrófica, de suerte que su efecto es cancelado en parte por una formación sustitutiva histérica; nada de esto refuta la teoría sexual infantil de que la mujer, como el hombre, posee un pene.[11]

En la niña pequeña se puede observar fácilmente que comparte por entero aquella estimación de su hermano. Desarrolla un gran interés por esa parte del cuerpo en el varón, interés que pronto pasa a estar comandado por la envidia. Se siente perjudicada, hace intentos de orinar en la postura posibilitada al varón por la posesión del pene grande, y cuando exterioriza el deseo: «Preferiría ser un muchacho», nosotros sabemos cuál es la falta que ese deseo está destinado a remediar.

Si el niño pudiera seguir las indicaciones que parten de la excitación del pene se aproximaría un trecho a la solución de su problema. Que el niño crezca en el vientre de la madre no es, evidentemente, explicación suficiente. ¿Cómo llega ahí adentro? ¿Qué es lo que da el primer empuje a su desarrollo? Es probable que el padre tenga algo que ver, en efecto; él mismo declara que el niño es su hijo también.[12] Por otro lado, el pene ha tenido sin ninguna duda su participación en estos procesos que no se alcanzan a colegir, pues lo atestigua con su coexcitación a raíz de todo ese trabajo de pensamiento. Con esa excitación se conectan unas impulsiones que el niño no se sabe interpretar, unos impulsos oscuros a un obrar violento, a penetrar, despedazar, abrir en alguna parte un agujero. Pero cuando el niño parece estar así en el mejor camino para postular la existencia de la vagina y atribuir al pene del padre esa penetración en la madre como aquel acto por el cual se engendra el hijo en el vientre

---

[11] [Cf. *Tres ensayos* (1905*d*), *AE*, **7**, págs. 201-2. Algo de esto había sido anticipado mucho antes, en una carta a Fliess del 14 de noviembre de 1897 (Freud, 1950*a*, Carta 75), *AE*, **1**, pág. 312.]

[12] Cf. «Análisis de la fobia de un niño de cinco años» (1909*b*) [*AE*, **10**, págs. 107-8].

materno, en ese punto la investigación se interrumpe, desconcertada, pues la obstaculiza la teoría de que la madre posee pene como un varón, y la existencia de la cavidad que acoge al pene permanece ignorada para el niño. Con facilidad se admitirá que el carácter infructuoso de ese empeño del pensamiento contribuye luego a su desestimación y olvido. Ahora bien, este cavilar y dudar se volverá arquetípico para todo trabajo posterior del pensar en torno de problemas, y el primer fracaso ejercerá por siempre un efecto paralizante.[13]

Su ignorancia de la vagina posibilita al niño convencerse también de la segunda de sus teorías sexuales. Si el hijo crece en el vientre de la madre y es sacado de ahí, ello ocurrirá por la única vía posible: la abertura del intestino. *Es preciso que el hijo sea evacuado como un excremento, una deposición.* Si años más tarde este problema es asunto de meditación solitaria o de conversación entre dos niños, tal vez sobrevenga el expediente de que el hijo sale por el ombligo que se abre, o que cortan el vientre para sacarlo, como sucede con el lobo en el cuento «Caperucita Roja». Estas teorías se enuncian de manera expresa y luego se las recuerda también concientemente; ya no contienen nada chocante. En efecto, los mismos niños han olvidado por completo que en años anteriores creyeron en otra teoría del nacimiento, que ahora tropieza con el obstáculo de la represión, sobrevenida entre tanto, de los componentes sexuales anales. En aquella época la deposición de las heces era algo de lo que se podía hablar sin horror en el cuarto de los niños; el niño todavía no estaba tan lejos de sus inclinaciones coprófilas constitucionales; no era ninguna degradación haber venido al mundo como un montón de caca, aún no execrado por el asco. La teoría de la cloaca, válida para tantos animales, era la más natural y la única que podía imponérsele al niño como probable.

Entonces no era sino consecuente que el niño no concediera a la mujer el doloroso privilegio de parir. Si los hijos nacían por el ano, el varón podía parir igual que la mujer. Así, el muchacho podía fantasear que él mismo concebía hijos, sin que por eso pudieran imputársele inclinaciones femeninas.[14] De ese modo, no hacía más que activar su erotismo anal todavía vivaz.

---

[13] [Esta última oración fue citada por Freud en una nota al pie de su estudio sobre Leonardo (1910c), *AE*, 11, pág. 74, donde examinó este mismo tema, que ya antes había sido abordado por él en «El esclarecimiento sexual del niño» (1907c), *supra*, pág. 119.]

[14] [Una puntualización semejante encontramos en el historial del

Si en años posteriores de la infancia la teoría de la cloaca, relativa al nacimiento, se conserva en la conciencia —lo cual en ocasiones sucede—, ella conlleva una solución, que no es más la originaria, para la pregunta por la génesis de los hijos. Ocurre, pues, como en los cuentos tradicionales: uno come algo determinado y entonces concibe un hijo. Los enfermos mentales reaniman después esta teoría infantil sobre el nacimiento. La maniática, por ejemplo, conduce al médico que la visita hasta un montoncito de caca que ha depuesto en un ángulo de su celda, y le dice riendo: «Es el hijo que he parido hoy».

La tercera de las teorías sexuales típicas se ofrece a los niños cuando, por alguno de los azares hogareños, son testigos del comercio sexual entre sus padres, acerca del cual, en ese caso, pueden recibir sólo unas percepciones harto incompletas. Pero cualquiera que sea la pieza de ese comercio que entonces observen, la posición recíproca de las dos personas, los ruidos que hacen o ciertas circunstancias secundarias, siempre llegan a lo que podríamos llamar la misma *concepción sádica del coito*: ven en él algo que la parte más fuerte le hace a la más débil con violencia, y lo comparan, sobre todo los varoncitos, con una riña como las que conocen del trato entre niños, y que por cierto no dejan de ir contaminadas por una excitación sexual. No he podido comprobar que los niños discernieran en este hecho entre sus padres, por ellos observado, la pieza que les faltaba para solucionar el problema de los hijos; a menudo pareció como si ese nexo fuera desconocido por los niños justamente por su interpretación del acto de amor como violencia. Pero esta concepción impresiona, a su vez, como un retorno de aquel oscuro impulso al quehacer cruel que se anudó a la excitación del pene a raíz de la primera reflexión acerca del enigma de la procedencia de los hijos. Tampoco cabe desconocer la posibilidad de que ese temprano impulso sádico, que estuvo a punto de dejar colegir el coito, emergiera bajo el influjo de unos oscurísimos recuerdos del comercio entre los padres, recuerdos para los cuales el niño había recogido el material, sin valorizarlo entonces, cuando en sus primeros años de vida compartía el dormitorio con aquellos.[15]

pequeño Hans (1909b), *AE*, **10**, pág. 77, *n.* 52. No fue sino más tarde, especialmente en el análisis del «Hombre de los Lobos» (1918b), *AE*, **17**, p. ej., pág. 75, cuando Freud llamó la atención sobre el estrecho vínculo que existe entre el erotismo anal y una actitud femenina.]

[15] Restif de la Bretonne, en su libro autobiográfico *Monsieur Nicolas* (1794), confirma este malentendido sádico del coito al relatar una impresión de su cuarto año de vida. — [Esta cuestión fue sometida a

La teoría sádica del coito, que aislada despista donde podría haber aportado una corroboración, es también ella la expresión de uno de los componentes sexuales innatos, impresos con mayor o menor intensidad según los niños, y por eso mismo lleva razón en un cierto tramo, colige en parte la esencia del acto sexual y la «lucha entre los sexos», que lo precede. No es raro que el niño pueda refirmar esta concepción suya mediante unas percepciones accidentales que él aprehende en parte de manera correcta, en parte otra vez falsamente, y aun en sentido opuesto. En muchos matrimonios es común que la esposa se revuelva de hecho contra el abrazo conyugal, que no le aporta placer alguno y le trae el peligro de un nuevo embarazo, y así es posible que la madre depare al niño a quien considera dormido —o que se hace el dormido— una impresión que sólo podría interpretarse como una defensa contra una acción violenta. Otras veces, aun, el matrimonio entero brinda al atento niño el espectáculo de una querella continua, que se expresa en palabras airadas y ademanes inamistosos, y entonces a él no podrá asombrarle que esa querella persista también de noche y se zanje con los mismos métodos que el niño está acostumbrado a emplear en su trato con sus hermanitos o sus compañeros de juego.

Y como confirmatorias de su concepción ve el niño unas huellas de sangre que eventualmente descubre en la cama o la ropa interior de la madre. Son para él pruebas de que a la noche se ha vuelto a producir una embestida así del padre sobre la madre, mientras que nosotros interpretaríamos la misma huella de sangre fresca más bien como indicio de una pausa en el comercio sexual. Muchos casos de «horror a la sangre» en los neuróticos, de otro modo inexplicados, hallan su esclarecimiento dentro de este nexo. Otra vez, el error del niño recubre una partícula de verdad; bajo ciertas circunstancias, consabidas, los rastros de sangre se aprecian ciertamente como signo de que se ha iniciado un comercio sexual.

En conexión más laxa con el problema de saber de dónde vienen los hijos, el niño se ocupa en averiguar la esencia y el contenido de lo que llaman «estar casado», y responde a esa cuestión de diversos modos, según sea la conjunción entre percepciones casuales hechas en los padres y sus propias pulsiones todavía teñidas de placer. Lo único común a tales respuestas parece ser prometerse del estar casado una

prolongado examen unos diez años más tarde, en el historial clínico del «Hombre de los Lobos» (1918*b*), *AE*, **17**, esp. págs. 47 y sigs.]

satisfacción placentera y la remoción de la vergüenza. La concepción más frecuente que yo he hallado reza: «*orinar cada uno en presencia del otro*»; una variante que suena como si simbólicamente quisiera expresar un plus de saber: «*el marido orina en la bacinilla de la esposa*». Otras veces el sentido de estar casados se sitúa en lo siguiente: «*mostrarse recíprocamente la cola*» (sin avergonzarse). En un caso en que la educación había conseguido posponer la averiguación de lo sexual por un lapso particularmente largo, la niña de catorce años, ya menstruante, por incitación de sus lecturas dio en la idea de que estar casado consistía en una «*mezcla de la sangre*», y como su propia hermana aún no tenía el período, la concupiscente ensayó un atentado en una visitante que, según le había confesado, empezaba a menstruar, a fin de constreñirla a esa «mezcla de sangres».

Las opiniones infantiles sobre la naturaleza del matrimonio, no rara vez conservadas por el recuerdo conciente, poseen un gran valor significativo para la sintomatología de una neurosis luego contraída. Primero se procuran expresión en los juegos infantiles en que se hace con otro lo que constituye el estar casado, y en algún momento posterior el deseo de estarlo puede escoger la forma de expresión infantil para aflorar en una fobia al comienzo irreconocible, o en un síntoma correspondiente.[16]

Serían estas las más importantes entre las teorías sexuales típicas producidas espontáneamente en los primeros años de la infancia, sólo bajo el influjo de los componentes pulsionales sexuales. Sé que no he obtenido un material completo ni he establecido un nexo sin lagunas con el resto de la vida infantil. Aquí sólo puedo hacer unos agregados dispersos que todo especialista habría echado de menos. Así, por ejemplo, la significativa teoría de que se recibe un hijo a través de un beso, que deja traslucir desde luego el predominio de la zona erógena bucal. De acuerdo con mi experiencia, esta teoría es exclusivamente femenina y muchas veces produce efecto patógeno en muchachas cuya investigación sexual experimentó las más poderosas inhibiciones en la infancia. Una de mis pacientes había llegado por una percepción casual a la teoría de la «*couvade*», que, como se sabe, es costumbre general en muchos pueblos y probablemente lleva el propósito de contradecir la duda en la

---

[16] Los juegos infantiles significativos para la neurosis posterior son los de «jugar al doctor» y «jugar al papá y la mamá».

paternidad, que nunca se puede eliminar por completo. Un tío un poco raro había permanecido en casa tras el nacimiento de su propio hijo, y recibía a las visitas con ropa de cama; así, ella hizo la inferencia de que en un nacimiento tomaban parte los dos padres y tenían que meterse ambos en cama.

Hacia el décimo o undécimo año sobreviene la comunicación de las cosas sexuales a los niños. Un niño criado en condiciones sociales más desinhibidas, o que haya encontrado una oportunidad más feliz para observar, comunica a otros lo que sabe porque ello le permite sentirse maduro y superior. Lo que los niños averiguan de ese modo es casi siempre lo correcto, vale decir, se les revela la existencia de la vagina y su destinación, pero en lo demás estos esclarecimientos que ellos se proporcionan unos a otros no rara vez van mezclados con falsedades, inficionados por relictos de las teorías sexuales infantiles más antiguas. Casi nunca son completos ni suficientes para la solución del viejo problema. Así como antes la ignorancia de la vagina, ahora la del semen estorba la intelección de los nexos. El niño no puede colegir que del miembro sexual masculino se evacue otra sustancia que la orina, y en ocasiones una «doncella inocente» se muestra todavía indignada la noche de bodas por el hecho de que el marido le haya «orinado adentro». Ahora bien, a estas comunicaciones sobrevenidas en los años de la pubertad sigue un nuevo ímpetu subvirtiente de la investigación sexual infantil; pero las teorías que los niños crean entonces ya no presentan el sello típico y originario que era característico de las teorías primarias de la infancia temprana, en un tiempo en que los componentes sexuales infantiles podían imponer, de una manera desinhibida y sin mudanza, su expresión en teorías. Esos posteriores empeños del pensamiento para solucionar el enigma sexual no me han parecido dignos de recopilarse, y además son muy escasos los títulos que pueden reclamar en materia de significación patógena. Su diversidad depende en primera línea, desde luego, de la naturaleza del esclarecimiento recibido; su significatividad reside más bien en que vuelven a despertar las huellas, devenidas inconcientes, de aquel primer período del interés sexual, de suerte que no rara vez se anuda a ellos un quehacer sexual masturbatorio y algún desasimiento afectivo respecto de los padres. De ahí el juicio anatematizador de los educadores, para quienes semejante esclarecimiento en esos años «corrompe» a los niños.

Unos pocos ejemplos bastarán para mostrar qué elementos

suelen filtrarse en estas postreras cavilaciones de los niños sobre la vida sexual. Una muchacha ha escuchado decir a sus compañeras de colegio que el marido da un huevo a la esposa, que esta empolla en su vientre. Un varoncito que también ha escuchado hablar del huevo identifica ese «huevo» con el testículo, que vulgarmente recibe idéntico nombre, y se quiebra la cabeza pensando cómo el contenido de los testículos puede renovarse de continuo. Los esclarecimientos rara vez alcanzan para prevenir incertidumbres esenciales acerca de los procesos genésicos. Así es como las muchachas pueden dar en la expectativa de que el comercio sexual acontece de una vez para siempre, pero dura largo tiempo, veinticuatro horas, y de esa única vez provienen en serie todos los hijos. Uno creería que determinado niño adquirió la noticia sobre los procesos reproductores en ciertos insectos; pero esta conjetura no se corrobora, la teoría aparece como una creación autónoma. Otras niñas descuidan el período de embarazo, la vida en el vientre materno, y suponen que el niño es dado a luz inmediatamente tras la noche del primer comercio. Marcel Prévost ha elaborado en una placentera historia, en sus *Lettres de femmes*,[17] este error de las vírgenes. Difícil de agotar, y acaso interesante, en general, es el tema de esta investigación sexual tardía de los niños o de adolescentes retenidos en el estadio infantil; pero es ajeno a mi interés, y sólo debo poner de relieve todavía que en ella los niños producen muchas cosas desacertadas, destinadas a contradecir un discernimiento más antiguo, mejor, pero reprimido y devenido inconciente.

Tiene su valor, asimismo, la manera en que los niños se conducen hacia las comunicaciones que les llegan. En muchos, la represión de lo sexual se ha propagado hasta el punto de que no quieren escuchar nada, y estos consiguen también permanecer ignorantes hasta edad tardía; ignorantes en apariencia, al menos, hasta que en el psicoanálisis de los neuróticos sale a la luz el saber proveniente de la primera infancia. Conozco también dos muchachos de entre diez y trece años que prestaron oídos, sí, al esclarecimiento sexual, pero dieron a su informante esta respuesta desautorizadora: «Es posible que tu padre y otra gente hagan eso, pero de mi padre yo sé de cierto que jamás lo haría».[18] Por diverso que

---

[17] [Cf. Prévost, «La nuit de Raymonde», en *Nouvelles lettres de femmes*.]

[18] [Freud volvió a consignar la anécdota en su trabajo algo posterior «Sobre un tipo particular de elección de objeto en el hombre» (1910*h*), *AE*, **11**, pág. 164, donde se hallarán ulteriores consideraciones en torno de este tema.]

sea este comportamiento posterior de los niños hacia la satisfacción del apetito de saber sexual, respecto de su primera infancia tenemos derecho a suponer una conducta enteramente uniforme y a creer que en ese tiempo se afanaron con el máximo celo por averiguar qué hacían juntos los padres, y de dónde, pues, salen los hijos.

# Apreciaciones generales sobre el ataque histérico
(1909 [1908])

# Nota introductoria

«Allgemeines über den hysterischen Anfall»

*Ediciones en alemán*

(1908 Fecha probable de redacción del trabajo.)
1909 *Z. Psychother. med. Psychol.*, **1**, n° 1, enero, págs. 10-4.
1909 *SKSN*, **2**, págs. 146-50. (1912, 2ª ed.; 1921, 3ª ed.)
1924 *GS*, **5**, págs. 255-60.
1941 *GW*, **7**, págs. 235-40.
1972 *SA*, **6**, págs. 197-203.

*Traducciones en castellano**

1929 «Generalidades sobre el ataque histérico». *BN* (17 vols.), **13**, págs. 142-7. Traducción de Luis López-Ballesteros.
1943 Igual título. *EA*, **13**, págs. 147-52. El mismo traductor.
1948 Igual título. *BN* (2 vols.), **1**, págs. 971-3. El mismo traductor.
1953 Igual título. *SR*, **13**, págs. 115-9. El mismo traductor.
1967 Igual título. *BN* (3 vols.), **1**, págs. 960-2. El mismo traductor.
1972 Igual título. *BN* (9 vols.), **4**, págs. 1358-60. El mismo traductor.

Fue esta una colaboración que, a solicitud de Albert Moll, preparó Freud para el primer número de la revista que aquel fundara. Se había referido al mismo tema en una reunión de la Sociedad Psicoanalítica de Viena efectuada el 8 de abril de 1908. El último trabajo escrito en que se ocupó de él fue la «Comunicación preliminar» (1893*a*) de

---

* {Cf. la «Advertencia sobre la edición en castellano», *supra*, pág. xiii y *n.* 6.}

*Estudios sobre la histeria*. El presente es uno de esos artículos sumamente sintéticos, casi esquemáticos, en que se pueden apreciar las semillas de desarrollos posteriores (véase en especial la sección B). Pero Freud no retornó de hecho al tema de los ataques histéricos sino veinte años después, en su análisis sobre los ataques «epilépticos» de Dostoievski (Freud, 1928*b*).

James Strachey

A

Cuando se somete a psicoanálisis a una histérica cuyo padecer se exterioriza en ataques, uno se convence fácilmente de que estos no son otra cosa que unas fantasías proyectadas sobre la motilidad, figuradas de una manera pantomímica. Fantasías inconcientes, claro está, pero en lo demás de la misma índole de las que uno puede capturar inmediatamente en los sueños diurnos, o desarrollar por interpretación desde los sueños nocturnos. A menudo un sueño sustituye a un ataque,[1] y con frecuencia todavía mayor lo ilustra, pues idéntica fantasía alcanza una expresión diversa en el sueño y en el ataque. Ahora bien, cabría esperar que por la visión intuitiva {*Anschauung*} del ataque se llegara a tomar noticia de la fantasía que en él es figurada; sólo que esto rara vez se consigue. Por regla general, la figuración pantomímica de la fantasía ha experimentado, bajo el influjo de la censura, unas desfiguraciones enteramente análogas a la alucinatoria del sueño, de suerte que tanto una como la otra han devenido opacas a un primer abordaje de la conciencia propia, así como del entendimiento del espectador. El ataque histérico ha menester entonces de la misma elaboración interpretativa que emprendemos en el caso del sueño nocturno. Pero no sólo los poderes de que parte la desfiguración y el propósito de esta última; también su técnica es idéntica a la que tenemos consabida por la interpretación de los sueños.

1. El ataque se vuelve incomprensible por el hecho de que en un mismo material se figuran a la vez varias fantasías, por vía de *condensación*. Los elementos comunes de las dos (o de las varias) fantasías constituyen, como en el sueño, el núcleo de la figuración. Las fantasías superpuestas de ese modo son a menudo de índole muy diversa; por ejemplo, un

---

[1] [Para señalar esto, en 1909 se agregó una nota al pie a *La interpretación de los sueños* (1900*a*), *AE*, **5**, pág. 490.]

deseo reciente y la reanimación de una impresión infantil; las mismas inervaciones sirven luego a ambos propósitos, a menudo de la manera más habilidosa. Histéricos que recurren a la condensación en gran escala pueden ceñirse a una única forma de ataque; otros expresan una multiplicidad de fantasías patógenas por una multiplicación también de las formas de ataque.

2. El ataque se vuelve no trasparente por el hecho de que la enferma procura poner en escena las actividades de las dos personas que emergen en la fantasía, vale decir, por *identificación múltiple*. Confróntese el ejemplo que he mencionado en mi ensayo «Las fantasías histéricas y su relación con la bisexualidad» (1908*a*), en que la enferma con una mano arrancaba la ropa (en papel de varón), mientras con la otra la oprimía contra su vientre (en papel de mujer). [Cf. *supra*, págs. 146-7.]

3. Un efecto desfigurador absolutamente extraordinario produce el *trastorno antagónico de las inervaciones*, análogo a la mudanza de un elemento en su contrario, tan común en el trabajo del sueño.[2] Por ejemplo, cuando un abrazo es figurado echando los miembros superiores convulsivamente hacia atrás, de suerte que las manos se encuentren sobre la columna vertebral. Es posible que el consabido *arc de cercle* del gran ataque histérico no sea otra cosa que una enérgica desmentida de esa índole, por inervación antagónica, de una postura del cuerpo apta para el comercio sexual.

4. Apenas si confunde y despista menos el efecto de la *inversión de la secuencia temporal* dentro de la fantasía figurada, lo cual también halla su correspondiente pleno en muchos sueños que empiezan con el final de la acción, para concluir luego con su principio. Por ejemplo, cuando la fantasía de seducción de una histérica tiene el siguiente contenido: está sentada leyendo en un parque, un poco recogido el vestido, de suerte que se le ve el pie; se le acerca un señor que le dirige la palabra, y luego se va con él a otro sitio, en el cual mantienen tierno trato. La histérica escenifica esa fantasía en el ataque de manera tal que empieza con el estadio convulsivo que corresponde al coito, después se levanta, se traslada a otra habitación, allí se sienta para leer, y entonces responde a alguien imaginario que le dirige la palabra.[3]

---

[2] [Véase un pasaje agregado en 1909 a *La interpretación de los sueños* (1900*a*), *AE*, **4**, pág. 332.]

[3] [Una elucidación más amplia, levemente distinta, de este ejemplo fue agregada en 1909 como nota al pie en *ibid.*]

Las dos últimas desfiguraciones mencionadas pueden dejarnos vislumbrar las resistencias que lo reprimido se ve precisado a tomar en cuenta aun cuando irrumpe en el ataque histérico.

B

La emergencia de los ataques histéricos obedece a leyes fáciles de entender. Puesto que el complejo reprimido consta de una investidura libidinal y un contenido de representación (fantasía),[4] el ataque puede ser convocado: 1) *asociativamente*, cuando un anudamiento de la vida conciente alude al contenido del complejo (suficientemente investido); 2) *orgánicamente*, cuando por razones somáticas internas y por un influjo psíquico exterior la investidura libidinal supera cierta medida; 3) al servicio de la *tendencia primaria*, como expresión del «refugio en la enfermedad», cuando la realidad efectiva se vuelve dolorosa o terrible, o sea a manera de *consuelo*, y 4) al servicio de las *tendencias secundarias* con que se ha coligado la condición patológica, toda vez que mediante la producción del ataque es posible alcanzar un fin útil para el enfermo.[5] En este último caso, el ataque es premeditado hacia ciertas personas, puede ser desplazado en el tiempo hasta que ellas estén presentes, y produce la impresión de una simulación conciente.

---

[4] [Este distingo entre investidura de afecto y contenido de representación desempeñó un importante papel en las consideraciones metapsicológicas sobre la represión; cf. «La represión» (1915*d*), *AE*, **14**, págs. 146-52, y «Lo inconciente» (1915*e*), *AE*, **14**, págs. 179-82.]

[5] [Parece ser esta la primera aparición en una obra impresa de la expresión «refugio en la enfermedad», si bien era un concepto freudiano de antigua data y ya en el primero de los trabajos sobre «Las neuropsicosis de defensa» (1894*a*), *AE*, **3**, pág. 60, figuraba la frase «refugio en la psicosis». (En el trabajo sobre la moral sexual «cultural» (1908*d*), *supra*, pág. 172, se lee «refugio en la neurosis».) También era antigua la noción de la «ganancia de la enfermedad» como factor etiológico; aparece, verbigracia, en una carta a Fliess del 18 de noviembre de 1897 (Freud, 1950*a*, Carta 76). Pero aquí por primera vez se aclara la diferencia entre «ganancia primaria» y «ganancia secundaria». Bajo la forma «ganancia secundaria de la enfermedad», la idea fue introducida en «Sobre la iniciación del tratamiento» (1913*c*), *AE*, **12**, pág. 134. La cuestión fue cabalmente reexaminada en la 24ª de las *Conferencias de introducción al psicoanálisis* (1916-17), *AE*, **16**, págs. 348-50, y de nuevo en una nota al pie agregada en 1923 al historial clínico de «Dora» (1905*e*), *AE*, **7**, pág. 39, donde Freud corrige y aclara sus concepciones anteriores.]

C

La exploración de la historia infantil de los histéricos enseña que el ataque está destinado a ser el sustituto de una satisfacción *autoerótica* antaño ejercida y desde entonces resignada. En un gran número de casos, esta satisfacción (la masturbación por contacto o apretando los muslos, el movimiento de la lengua, etc.) retorna también en el ataque mismo, con extrañamiento de la conciencia. La emergencia del ataque por aumento de libido y al servicio de la tendencia primaria como consuelo repite también con exactitud las condiciones bajo las cuales el enfermo antaño buscaba adrede esa satisfacción autoerótica.[6] La anamnesis del enfermo arroja los siguientes estadios: *a*) satisfacción autoerótica sin contenido de representación; *b*) la misma, engarzada a una fantasía que desemboca en la acción-satisfacción; *c*) renuncia a la acción conservando la fantasía; *d*) represión {esfuerzo de desalojo} de esa fantasía, que luego se abre paso en el ataque histérico sea inmodificada, sea modificada y adaptada a nuevas impresiones vitales, y *e*) llegado el caso ella devuelve la acción-satisfacción que le corresponde, que en vano se intentó desarraigar. Un ciclo típico de quehacer sexual infantil: represión-fracaso de la represión y retorno de lo reprimido.

No hay derecho a sostener que la micción involuntaria sea incompatible con el diagnóstico del ataque histérico; no hace más que repetir la forma infantil de la polución violenta. Por lo demás, en casos indudables de histeria hallamos también la mordedura de la lengua, que no contradice a la histeria más que al juego amoroso; su emergencia en el ataque se facilita cuando la enferma ha sido anoticiada por el médico sobre las dificultades del diagnóstico diferencial. En cuanto a inferirse daño a sí mismo en el ataque histérico, puede suceder (es más frecuente en hombres) toda vez que ello repita un accidente de la vida infantil (p. ej., el resultado de una riña).

La pérdida de conciencia, la «ausencia» del ataque histérico, proviene de aquella pasajera pero inequívoca privación de conciencia que se registra en la cima de toda satisfacción sexual intensa (aun autoerótica). Este desarrollo puede perseguirse con la mayor certeza en la génesis de ausencias histéricas a partir de vértigos polutorios de individuos jóve-

[6] [En un párrafo de la 25ª de las *Conferencias de introducción* (1916-17), *AE*, **16**, pág. 360, se dice que el ataque histérico es «la decantación de una reminiscencia» y que el afecto normal se construye siguiendo la misma pauta.]

nes del sexo femenino. Los llamados «estados hipnoides»,[7] las ausencias en el curso de la ensoñación, tan frecuentes en histéricos, permiten discernir ese mismo origen. El mecanismo de tales ausencias es relativamente simple. Primero toda la atención se acomoda al decurso del proceso-satisfacción, y cuando esta última sobreviene, la investidura de atención íntegra se cancela de pronto; así se genera un momentáneo vacío de conciencia. Esta laguna de conciencia, por así decir fisiológica, es ensanchada luego al servicio de la represión hasta que puede recoger todo cuanto la instancia represora arroja de sí.

D

El dispositivo que señala a la libido reprimida el camino hacia la descarga motriz en el ataque es el mecanismo reflejo de la acción del coito, siempre aprontado en todas las personas —también en la mujer—, y que veremos manifiesto en una entrega sin barreras a la actividad sexual. Ya los antiguos decían que el coito era una «pequeña epilepsia». ¡Debemos invertir los términos! El ataque convulsivo epiléptico es un equivalente del coito. La analogía con el ataque epiléptico nos sirve de poco, pues entendemos su génesis menos aún que la del ataque histérico.[8]

Considerado globalmente, el ataque histérico, como la histeria en general, reintroduce en la mujer un fragmento de quehacer sexual que existió en la infancia y al cual en esa época se le podía discernir un carácter masculino por excelencia. A menudo es posible observar que justamente muchachas que hasta la pubertad mostraron un ser y unas inclinaciones varoniles devienen histéricas desde la pubertad en adelante. En toda una serie de casos, la neurosis histérica no responde sino a un sesgo excesivo de aquella típica oleada represiva que hace nacer a la mujer por remoción de la sexualidad masculina.[9]

---

[7] [La expresión es de Breuer; cf. mi «Introducción» a *Estudios sobre la histeria* (1895*d*), *AE*, **2**, págs. 16 y 19.]

[8] [Véase el extenso análisis de la «reacción epiléptica», y del vínculo entre la epilepsia y los ataques histéricos, en el estudio de Freud sobre Dostoievski (Freud, 1928*b*).]

[9] Cf. mis *Tres ensayos de teoría sexual* (1905*d*) [*AE*, **7**, págs. 200-2; cf. también «Sobre las teorías sexuales infantiles» (1908*c*), *supra*, pág. 194].

# La novela familiar
# de los neuróticos
(1909 [1908])

# Nota introductoria

«Der Familienroman der Neurotiker»

*Ediciones en alemán*

(1908 Fecha probable de redacción del trabajo.)
1909 En O. Rank, *Der Mythus von der Geburt des Helden*, Leipzig y Viena: F. Deuticke, págs. 64-8. (1922, 2ª ed., págs. 82-6.)
1931 *Neurosenlehre und Technik*, págs. 300-4.
1934 *GS*, **12**, págs. 367-71.
1934 *Psychoan. Pädagog.*, **8**, págs. 281-5.
1941 *GW*, **7**, págs. 227-31.
1972 *SA*, **4**, págs. 221-6.

*Traducciones en castellano**

1951 «La novela familiar del neurótico». *RP,* **8**, n° 1, págs. 79-82. Traducción de Ludovico Rosenthal.
1955 Igual título. *SR,* **21**, págs. 163-8. El mismo traductor.
1968 Igual título. *BN* (3 vols.), **3**, págs. 465-8.
1972 Igual título. *BN* (9 vols.), **4**, págs. 1361-3.

Cuando este escrito se publicó por primera vez, en el libro de Rank, no llevaba título de ninguna índole ni constituía una sección separada; estaba simplemente intercalado dentro de la argumentación de Rank, con unas pocas palabras de agradecimiento. Sólo en la primera reimpresión en alemán se le dio título. Como el libro de Rank lleva la fecha «Navidad, 1908», es probable que la contribución de Freud fuera escrita ese año. La idea de estas «novelas familiares», y hasta su nombre, había rondado su mente durante mucho tiempo, aunque al principio las atribuía en especial a los

---

* {Cf. la «Advertencia sobre la edición en castellano», *supra*, pág. xiii y *n*. 6.}

paranoicos. Véanse sus cartas a Fliess del 24 de enero y 25 de mayo de 1897, y del 20 de junio de 1898 (Freud, 1950*a*, Carta 57, Manuscrito M, y Carta 91; en esta última se emplea la expresión por primera vez).

James Strachey

En el individuo que crece, su desasimiento de la autoridad parental es una de las operaciones más necesarias, pero también más dolorosas, del desarrollo. Es absolutamente necesario que se cumpla, y es lícito suponer que todo hombre devenido normal lo ha llevado a cabo en cierta medida. Más todavía: el progreso de la sociedad descansa, todo él, en esa oposición entre ambas generaciones. Por otro lado, existe una clase de neuróticos en cuyo estado se discierne, como condicionante, su fracaso en esa tarea.

Para el niño pequeño, los padres son al comienzo la única autoridad y la fuente de toda creencia. Llegar a parecerse a ellos —vale decir, al progenitor de igual sexo—, a ser grande como el padre y la madre: he ahí el deseo más intenso y más grávido en consecuencias de esos años infantiles. Ahora bien, a medida que avanza en su desarrollo intelectual el niño no puede dejar de ir tomando noticia, poco a poco, de las categorías a que sus padres pertenecen. Conoce a otros padres, los compara con los propios, lo cual le confiere un derecho a dudar del carácter único y sin parangón a ellos atribuido. Pequeños sucesos en la vida del niño, que le provocan un talante descontento, le dan ocasión para iniciar la crítica a sus padres y para valorizar en esta toma de partido contra ellos la noticia adquirida de que otros padres son preferibles en muchos aspectos. Por la psicología de las neurosis sabemos que en esto cooperan, entre otras, las más intensas mociones de una rivalidad sexual. El paño donde se cortan tales ocasiones es evidentemente el sentimiento de ser relegado. Hartas son las oportunidades en que al niño lo relegan, o al menos él lo siente así, y en que echa de menos el amor total de sus padres, pero en particular lamenta tener que compartirlo con otros hermanitos. La sensación de que no le son correspondidas en plenitud sus inclinaciones propias se ventila luego en la idea, a menudo recordada concientemente desde la primera infancia, de que uno es hijo bastardo o adoptivo. Muchos hombres que no han devenido neuróticos suelen acordarse de tales oportunidades en que tramaron —las más de las veces influidos por lecturas— esa concepción y esa réplica respecto del comportamiento hostil de sus padres. Ahora bien, aquí se muestra ya la influencia del sexo, pues el varoncito presenta inclinación a mociones hostiles mucho más hacia su padre que hacia su madre, y se inclina con mayor intensidad a emanciparse de aquel que de esta. Puede ocurrir que la actividad fantaseadora de la niña pequeña resulte harto más débil en este punto. En tales mociones concientemente recordadas de la infancia hallamos el factor que nos posibilita entender el mito.

Rara vez recordado con conciencia, pero casi siempre pesquisable por el psicoanálisis, es el estadio siguiente en el desarrollo de esta enajenación respecto de los padres, estadio que se puede designar como *novela familiar de los neuróticos*. Es enteramente característica de la neurosis, como también de todo talento superior, una particularísima actividad fantaseadora, que se revela primero en los juegos infantiles y luego, más o menos desde la época de la prepubertad, se apodera del tema de las relaciones familiares. Un ejemplo característico de esta particular actividad de la fantasía son los consabidos *sueños diurnos*,[1] que se prolongan mucho más allá de la pubertad. Una observación exacta de ellos enseña que sirven al cumplimiento de deseos, a la rectificación de la vida, y conocen dos metas principales: la erótica y la de la ambición (tras la cual, empero, las más de las veces se esconde la erótica). Pues bien, hacia la edad que hemos mencionado la fantasía del niño se ocupa en la tarea de librarse de los menospreciados padres y sustituirlos por otros, en general unos de posición social más elevada. Para ello se aprovechan encuentros casuales con vivencias efectivas (conocer al señor del castillo o al terrateniente, en el campo, o a los nobles, en la ciudad). Tales vivencias casuales despiertan la envidia del niño, envidia que luego halla expresión en una fantasía que le sustituye a sus dos padres por unos de mejor cuna. Para la técnica de llevar a cabo tales fantasías, que desde luego son concientes en esa época, interesan la destreza y el material de que el niño disponga. También importa que se las haya realizado con mayor o menor empeño por obtener verosimilitud. A este estadio se llega en una época en que el niño no tiene aún noticia de las condiciones sexuales del nacimiento.

Luego viene a sumarse la noticia sobre las condiciones sexuales diversas de padre y madre; si el niño llega a apre-

[1] Cf. «Las fantasías histéricas y su relación con la bisexualidad» (1908a), donde se hallará una referencia a la bibliografía sobre el tema [*supra*, pág. 141].

hender que «*pater semper incertus est*», mientras que la madre es «*certissima*»,* la novela familiar experimenta una curiosa limitación, a saber: se conforma con enaltecer al padre, no poniendo ya en duda la descendencia de la madre, considerada inmodificable. Este segundo estadio (sexual) de la novela familiar tiene por portador, además, un segundo motivo que faltaba en el primer estadio (asexual). Con la noticia sobre los procesos sexuales nace una inclinación a pintarse situaciones y vínculos eróticos en que entra como fuerza pulsional el placer de poner a la madre, que es asunto de la suprema curiosidad sexual, en la situación de infidelidad escondida y secretos enredos amorosos.[2] De esta manera, aquellas primeras fantasías, en cierto modo asexuales, son llevadas hasta la cúspide del actual discernimiento.

Por lo demás, el motivo de la venganza y la represalia, situado antes en el primer plano, también se muestra aquí. Es que son las más de las veces estos niños neuróticos los que han sido castigados por sus padres a raíz del desarraigo de malas costumbres sexuales, de lo cual se vengan mediante tales fantasías.

Muy en particular son los niños nacidos después que otros hermanos quienes mediante esas imaginerías {*Dichtung*} arrebatan la primacía sobre todo a los predecesores (exactamente como en las intrigas que registra la historia), y a menudo no les arredra inventar {*andichten*} a la madre tantos enredos amorosos como competidores haya. Una notable variante de esta novela familiar consiste en reclamar el héroe fantaseador {*dichtend*} para sí mismo la legitimidad, a la vez que así elimina por ilegítimos a sus otros hermanos. Y en todo esto es posible todavía que un interés particular gobierne la novela familiar, que, por su carácter polifacético y su múltiple aplicabilidad, puede establecer transacción con toda clase de afanes. De este modo el pequeño fantaseador puede eliminar mediante ella el vínculo de parentesco con una hermana, que acaso lo atrajo sexualmente.[3]

Quien aparte la vista horrorizado ante esta corrupción del ánimo infantil, e incluso pretenda impugnar la posibilidad misma de que existan tales cosas, debe observar que todas estas imaginerías al parecer tan hostiles no llevan, en verdad, intención tan maligna y, bajo ligero disfraz, acredi-

---

* {«El padre es siempre incierto, la madre es certísima», antigua fórmula jurídica.}

[2] [Freud retoma esto en «Sobre un tipo particular de elección de objeto en el hombre» (1910*h*), *AE*, 11, págs. 164-5.]

[3] [Encontramos mencionado esto último en la carta a Fliess del 20 de junio de 1898 (Freud, 1950*a*, Carta 91).]

tan la ternura originaria del niño hacia sus padres, que se ha conservado. Sólo en apariencia son infieles y desagradecidas; en efecto, si uno escruta en los detalles las más frecuentes de esas fantasías noveladas, esa sustitución de ambos progenitores o del padre solo por unas personas más grandiosas, descubre que estos nuevos y más nobles padres están íntegramente dotados con rasgos que provienen de recuerdos reales de los padres inferiores verdaderos, de suerte que el niño en verdad no elimina al padre, sino que lo enaltece. Y aun el íntegro afán de sustituir al padre verdadero por uno más noble no es sino expresión de la añoranza del niño por la edad dichosa y perdida en que su padre le parecía el hombre más noble y poderoso, y su madre, la mujer más bella y amorosa. Entonces, se extraña del padre a quien ahora conoce y regresa a aquel en quien creyó durante su primera infancia; así, la fantasía no es en verdad sino la expresión del lamento por la desaparición de esa dichosa edad. Por tanto, la sobrestimación de los primeros años de la infancia vuelve a campear por sus fueros en estas fantasías. Una interesante contribución a este tema proviene del estudio de los sueños. En efecto, su interpretación enseña que aun en años posteriores el emperador y la emperatriz, esas augustas personalidades, significan en los sueños padre y madre.[4] Por consiguiente, la sobrestimación infantil de los padres se ha conservado también en el sueño del adulto normal.

---

[4] Véase mi libro *La interpretación de los sueños* (1900a) [*AE*, **5**, pág. 359].

# Escritos breves
(1906-09)

# Respuesta a una encuesta «Sobre la lectura y los buenos libros»[1]
(1906)

Ustedes me piden que les nombre «diez buenos libros» y se rehúsan a agregar una palabra aclaratoria. Entonces, no sólo me dejan librado elegir los libros, sino explicitar la demanda que me dirigen. Habituado a prestar atención a pequeños indicios, no puedo menos que atenerme al texto en que envuelven su enigmático pedido. No dicen «las diez obras más grandiosas» (de la literatura universal), a lo cual yo habría debido responder, con tantísimos otros: Homero, las tragedias de Sófocles, el *Fausto* de Goethe, *Hamlet*, *Macbeth* de Shakespeare, etc. Tampoco «los diez libros más importantes», entre los cuales habrían debido hallar cabida hazañas científicas como las de Copérnico, las del antiguo médico Johann Weier sobre la creencia en las brujas, el libro de Darwin sobre el origen del hombre, etc. Ni siquiera han preguntado por los «libros predilectos», entre los que yo no habría olvidado al *Paraíso perdido*, de Milton, ni al *Lázaro*, de Heine. Opino, pues, que en el texto de ustedes un particular acento recae sobre lo «bueno», y con ese atributo entienden designar libros con los que uno se sienta como en compañía de «buenos» amigos, a los que uno deba parte de su conocimiento de la vida y de su cosmovisión propia, que uno mismo haya gozado y recomiende de buena gana a otros, sin que empero en esa relación se des-

---

[1] [*Ediciones en alemán:* 1906: *Vom Lesen und von guten Büchern: Eine Rundfrage*, en *Neue Blätter für Literatur und Kunst* (ed. por H. Heller), **1**, pág. vii; 1907: *Vom Lesen und von guten Büchern, eine Rundfrage veranstaltet von der Redaktion der «Neuen Blätter für Literatur und Kunst»*, Viena, pág. ix; 1931: *Jahrbuch deutscher Bibliophilen und Literaturfreunde* (ed. por H. Feigl), Zurich y Leipzig, **16-17**, págs. 117-9. {*Traducción en castellano* (cf. la «Advertencia sobre la edición en castellano», *supra*, pág. xiii y *n.* 6)*:* 1956: «Contestación a una encuesta sobre "La lectura y los buenos libros"», *RP*, **13**, n° 3, págs. 281-2, trad. de L. Rosenthal.}
En el folleto de 1907 se reprodujeron las respuestas a esta encuesta, propiciada por el editor Hugo Heller, correspondientes a treinta y dos destacadas personalidades, entre las que se contaban Peter Altenberg, Hermann Bahr, August Forel, Hermann Hesse, Ernst Mach, Thomas Masaryk, Arthur Schnitzler y Jakob Wassermann. Las precedía, a modo de introducción, una carta de Hugo von Hoffmannsthal.]

taque de una manera particular el aspecto de la admiración reverencial, la sensación de la propia insignificancia ante la grandiosidad de ellos.

Les nombro entonces diez «buenos» libros de esa índole, que se me ocurrieron sin meditar mucho:

Multatuli, *Briefe und Werk*.[2]
Kipling, *Jungle book*.
Anatole France, *Sur la pierre blanche*.
Zola, *Fécondité*.
Merejkovski, *Leonardo da Vinci*.
G. Keller, *Leute von Seldwyla*.
C. F. Meyer, *Huttens letzte Tage*.
Macaulay, *Essays*.
Gomperz, *Griechische Denker*.
Mark Twain, *Sketches*.

No sé qué se proponen hacer ustedes con esta lista. A mí mismo me parece bastante rara, y en verdad no puedo entregarla sin algún comentario. En modo alguno abordaré el problema de averiguar por qué justamente *estos* y no *otros* libros igualmente «buenos», sino que sólo trataré de iluminar la relación entre el autor y su obra. Este vínculo no es en todos los casos tan firme como en *Jungle book*, de Kipling. En la mayoría de los otros habría podido escoger una diversa obra del mismo autor; por ejemplo, de Zola, *Docteur Pascal*, etc. El autor que nos ha regalado un buen libro a menudo nos ha entregado varios buenos libros. En el caso de Multatuli no me siento capaz de preferir el «epistolario privado» al «epistolario de amor», ni a la inversa, y por eso consigno: *Briefe und Werk*. He excluido de la lista creaciones literarias de valor genuinamente poético, quizá porque la demanda de ustedes, «buenos libros», no parecía apuntar de manera directa a ellas. En *Huttens letzte Tage*, de C. F. Meyer, me veo precisado a tasar lo «bueno» mucho más alto que lo «bello», y a apreciar en él más lo «edificante» que el goce estético.

Con la demanda de ustedes de nombrar «diez buenos libros» han tocado algo sobre lo cual uno podría extenderse indefinidamente. Concluyo, pues, para no volverme demasiado comunicativo.

---

[2] [Cf. Freud, «El esclarecimiento sexual del niño» (1907c), *supra*, pág. 116 y *n*.]

# Presentación de la serie *Schriften zur angewandten Seelenkunde*\*[1]
(1907)

Los *Schriften zur angewandten Seelenkunde*, cuya primera entrega al público hacemos hoy, van dirigidos a ese vasto círculo de personas cultas que, sin ser precisamente filósofos ni médicos, saben atribuir a la ciencia de lo anímico en el hombre el valor que posee para entender y ahondar nuestra vida. Los ensayos aparecerán sucesivamente sin ajustarse a un orden preestablecido, y en cada ocasión ofrecerán un trabajo único dedicado a la aplicación de conocimientos psicológicos a temas del arte y la literatura, la historia de la cultura y de la religión, y campos análogos. Estos trabajos presentarán ora el carácter de una indagación exacta, ora el de un empeño especulativo; unas veces abarcarán un vasto problema, mientras que otras ensayarán penetrar en uno más limitado; pero en todos los casos serán contribuciones originales y evitarán asemejarse a unas reseñas o compilaciones.

El director de esta colección se siente obligado a garantizar la originalidad y bondad de los ensayos que aparecerán en ella. Por lo demás, no violará la independencia de sus colaboradores ni se hará responsable por lo que ellos sostengan. No se debe considerar definitorio para la empresa iniciada el hecho de que los primeros números tomen particularmente en cuenta las doctrinas que el propio director de la colección ha sustentado en la ciencia. Muy por el con-

---

\* {Escritos sobre psicología aplicada.}
[1] [*Edición en alemán:* 1907: Incorporada a la primera edición únicamente de *El delirio y los sueños en la «Gradiva» de W. Jensen* (Freud, 1907*a*), Viena, pág. 82. {*Traducción en castellano* (cf. la «Advertencia sobre la edición en castellano», *supra*, pág. xiii y *n.* 6)*:* 1956: «Presentación de la "Biblioteca de Psicología Aplicada"», *RP*, **13**, n° 3, págs. 282-3, trad. de L. Rosenthal.}
Veinte libros aparecieron entre 1907 y 1925 en la serie a que alude el título de este escrito. El primero de ellos fue publicado por Hugo Heller y reimpreso al año siguiente, sin modificaciones, por Franz Deuticke, quien tomó a su cargo la publicación de todos los restantes. Aparte del trabajo de Freud sobre *Gradiva* y de su estudio sobre *Un recuerdo infantil de Leonardo da Vinci* (1910*c*), se incluyeron obras de Riklin, Jung, Abraham, Rank, Sadger, Pfister, E. Jones y Storfer, entre otros.]

trario, esta colección se halla abierta para los representantes de opiniones divergentes y espera poder dar expresión a la diversidad de puntos de vista y de principios en la ciencia actual.

El editor         El director de la colección

# Prólogo a Wilhelm Stekel, *Nervöse Angstzustände und ihre Behandlung*[1] (1908)

Mis indagaciones sobre la etiología y el mecanismo psíquico de las neurosis, que vengo realizando de manera continuada desde 1893 y al comienzo sólo obtuvieron escasa consideración de mis colegas, han sido por fin reconocidas por cierto número de investigadores médicos y han llamado también la atención sobre el procedimiento psicoanalítico de indagación y curación, a cuyo empleo debo mis logros. El doctor Wilhelm Stekel, uno de los primeros colegas a quienes pude introducir en el conocimiento del psicoanálisis, hoy ya familiarizado con su técnica por una práctica de varios años, ha emprendido la tarea de elaborar un capítulo de la clínica de estas neurosis sobre la base de mis opiniones, y de exponer a los lectores médicos las experiencias que ha adquirido con el método psicoanalítico. Si en el sentido ya dicho yo acepto la responsabilidad por su trabajo, me parece equitativo declarar de manera expresa que mi influencia directa sobre su libro acerca de los estados neuróticos de angustia ha sido muy escasa. Las observaciones, así como todos los detalles de concepción e interpretación, pertenecen al doctor Stekel; sólo la designación «histeria de angustia»[2] se debe a una propuesta mía.

Estoy autorizado a decir que la obra del doctor Stekel se

[1] [*Ediciones en alemán:* 1908: Berlín y Viena: Verlag Urban und Schwarzenberg, pág. iii (1912, 2ª ed., pág. v); 1928: *GS,* **11**, pág. 239; 1941: *GW,* **7**, pág. 467. {*Traducciones en castellano* (cf. la «Advertencia sobre la edición en castellano», *supra*, pág. xiii y *n.* 6)*:* 1947: En W. Stekel, *Estados nerviosos de angustia y su tratamiento,* Buenos Aires: Imán, págs. 17-8, trad. de J. Thomas; 1955: «Prólogo para un libro de Wilhelm Stekel», *SR,* **20**, págs. 135-6, trad. de L. Rosenthal; 1968: Igual título, *BN* (3 vols.), **3**, pág. 287; 1972: Igual título, *BN* (9 vols.), **4**, pág. 1530.} — Este prólogo no fue incluido en posteriores ediciones del libro de Stekel.]

[2] [Primera vez que Freud utilizó la expresión en una obra impresa. Ya en el debate sobre un trabajo de Stekel en la Sociedad Psicoanalítica de Viena, el 24 de abril de 1907, había establecido claramente el distingo entre la histeria de conversión y la histeria acompañada de angustia. En una reunión posterior de esa misma entidad, el 9 de octubre de 1907, aclaró más todavía tal diferencia e introdujo la forma «histeria de angustia». (Cf. *Minutes,* **1**.) Abordó el tema de lleno en su historial clínico del pequeño Hans (1909*b*), *AE,* **10**, págs. 94-5.]

basa en una rica experiencia y por eso es apta para incitar a otros médicos a corroborar por cuenta propia nuestras opiniones acerca de la etiología de esos estados. Abre insospechadas perspectivas sobre las realidades de la vida que suelen esconderse tras los síntomas neuróticos, y convencerá sin duda a los colegas de que para su entendimiento, así como para su acción terapéutica, no puede ser indiferente la posición que adopten frente a los indicios y esclarecimientos aquí brindados.

Viena, marzo de 1908

# Prólogo a Sándor Ferenczi, *Lélekelemzés: értekezések a pszichoanalizis köréböl*\*[1]
(1910 [1909])

La indagación psicoanalítica de las neurosis (diversas formas de nerviosidad por condicionamiento anímico) se ha empeñado en descubrir el nexo de estas perturbaciones con la vida pulsional, con los perjuicios que a esta infligen los reclamos de la cultura, con la actividad fantaseadora y onírica del individuo normal y con las creaciones del alma de los pueblos en la religión, el mito y los cuentos tradicionales. El tratamiento psicoanalítico de los neuróticos basado en este método de indagación plantea a médico y paciente exigencias mucho más altas que los usados hasta hoy y que se basaban en medicamentos, dieta, cura de aguas y sugestión. A cambio de ello, brinda a los enfermos un alivio tanto mayor y un fortalecimiento duradero para enfrentar las tareas de la vida. No cabe asombrarse, entonces, por los continuos progresos que este método terapéutico realiza a pesar de la violenta oposición con que tropieza.

El autor de los presentes ensayos, ligado a mí por una íntima amistad y familiarizado como pocos con todas las dificultades del psicoanálisis, es el primer húngaro que se haya propuesto interesar por el psicoanálisis a los médicos y el público culto de su nación mediante trabajos redactados en la lengua materna de él y de ellos. Deseo que este ensayo prospere y tenga por resultado conquistar nuevas fuerzas, surgidas entre sus compatriotas, para este nuevo ámbito de trabajo.

---

\* {Estudio del alma: ensayos en el campo del psicoanálisis.}
[1] [El manuscrito está fechado en 1909. *Primera edición, traducida al húngaro:* 1910: Budapest: Nyugat, págs. 3-4 (1914, 2ª ed.; 1918, 3ª ed.). *Ediciones en alemán:* 1928: *GS*, **11**, pág. 241; 1941: *GW*, **7**, pág. 469. {*Traducciones en castellano* (cf. la «Advertencia sobre la edición en castellano», *supra*, pág. xiii y *n*. 6): 1955: «Prólogo para un libro de Sándor Ferenczi», *SR*, **20**, págs. 137-8, trad. de L. Rosenthal; 1968: Igual título, *BN* (3 vols.), **3**, pág. 288; 1972: Igual título, *BN* (9 vols.), **4**, pág. 1531.}]

# Bibliografía e índice de autores

[Los títulos de libros y de publicaciones periódicas se dan en bastardilla, y los de artículos, entre comillas. Las abreviaturas utilizadas para las publicaciones periódicas fueron tomadas de la *World List of Scientific Periodicals* (Londres, 1952; 4ª ed., 1963-65). Otras abreviaturas empleadas en este libro figuran *supra*, págs. xiv-xv. Los números en negrita corresponden a los volúmenes en el caso de las revistas y otras publicaciones, y a los tomos en el caso de libros. Las cifras entre paréntesis al final de cada entrada indican la página o páginas de este libro en que se menciona la obra en cuestión. Las letras en bastardilla anexas a las fechas de publicación (tanto de obras de Freud como de otros autores) concuerdan con las correspondientes entradas de la «Bibliografía general» incluida en el volumen 24 de estas *Obras completas*.

Esta bibliografía cumple las veces de índice onomástico para los autores de trabajos especializados que se mencionan a lo largo del volumen. Para los autores no especializados, y para aquellos autores especializados de los que no se menciona ninguna obra en particular, consúltese el «Indice alfabético».

{En las obras de Freud se han agregado entre llaves las referencias a la *Studienausgabe* (*SA*), así como a las versiones castellanas de Santiago Rueda (*SR*), Biblioteca Nueva (*BN*, 1972-75, 9 vols.) o *Revista de Psicoanálisis* (*RP*), y a las incluidas en los volúmenes correspondientes a esta versión de Amorrortu editores (*AE*). En las obras de otros autores se consignan, también entre llaves, las versiones castellanas que han podido verificarse con las fuentes de consulta bibliográfica disponibles.}]

Adler, A. (1905) «Drei Psycho-Analysen von Zahleneinfällen und obsedierenden Zahlen», *Psychiat.-neurol. Wschr.*, **7**, pág. 263. (89)

Beard, G. M. (1881) *American Nervousness, its Causes and Consequences*, Nueva York. (166)

(1884) *Sexual Neurasthenia (Nervous Exhaustion), its Hygiene, Causes, Symptoms and Treatment*, Nueva York. (166)
Binet, A. (1888) *Etudes de psychologie expérimentale: le fétichisme dans l'amour*, París. (40)
Binswanger, O. L. (1896) *Die Pathologie und Therapie der Neurasthenie*, Jena. (165-6)
Bleuler, E. (1906b) *Affektivität, Suggestibilität, Paranoia*, Halle. {*Afectividad, sugestibilidad, paranoia*, Barcelona: Científico-Médica.} (45)
Breuer, J. y Freud, S. (1893): véase Freud, S. (1893a).
(1895): véase Freud, S. (1895d).
Darwin, C. (1871) *The Descent of Man, and Selection in Relation to Sex* (2 vols.), Londres. {*El origen del hombre y la selección en relación al sexo*, Madrid: Edaf.} (223)
Dekker, E. D.: véase Multatuli.
Eckstein, E. (1904) *Die Sexualfrage in der Erziehung des Kindes*, Leipzig. (120)
Ehrenfels, C. von (1907) *Sexualethik. Grenzfragen des Nerven.-u. Seelenlebens*, n° 56, Wiesbaden. (163-4)
Ellis, H. (1898a) «Auto-Erotism: a Psychological Study», *Alien. & Neurol.*, **19**, pág. 260. (117)
(1899b) *Studies in the Psychology of Sex*, vol. I: *The Evolution of Modesty; the Phenomena of Sexual Periodicity; and Auto-erotism*, «Leipzig» (Londres). (3ª ed., Filadelfia, 1910.) {*La evolución del pudor. Fenómenos de periodicidad sexual y autoerotismo*, vol. I de *Estudios de psicología sexual*, Madrid: Reus editores.} (141)
(1903) *Studies in the Psychology of Sex*, vol. III: *Analysis of the Sexual Impulse; Love and Pain; the Sexual Impulse in Women*, Filadelfia. (2ª ed., Filadelfia, 1913.) Trad. al alemán por H. von Kurella, *Das Geschlechtsgefühl; Eine biologische Studie*, Würzburg, 1903. (2ª ed. aumentada, Würzburg, 1909.) {*Análisis del impulso sexual*, vol. III de *Estudios de psicología sexual*, Madrid: Reus editores.} (188)
Erb, W. (1893) *Über die wachsende Nervosität unserer Zeit*, Heidelberg. (164-5)
Ferenczi, S. (1910b) *Lélekelemzés: értekezések a pszichoanalizis köréböl*, Budapest. (229)
Freud, S. (1893a) En colaboración con Breuer, J., «Über den psychischen Mechanismus hysterischer Phänomene: Vorläufige Mitteilung» {«Sobre el mecanismo psíquico

Freud, S. *(cont.)*
    de fenómenos histéricos: comunicación preliminar». Es el cap. I de *Estudios sobre la histeria* (1895)}, *GS*, **1**, pág. 7; *GW*, **1**, pág. 81; *SE*, **2**, pág. 3. {*SR*, **10**, pág. 9; *BN*, **1**, pág. 41; *AE*, **2**, pág. 27.} (205)
    (1894) «Die Abwehr-Neuropsychosen» {«Las neuropsicosis de defensa»}, *GS*, **1**, pág. 290; *GW*, **1**, pág. 59; *SE*, **3**, pág. 43. {*SR*, **11**, pág. 85; *BN*, **1**, pág. 169; *AE*, **3**, pág. 41.} (106, 209)
    (1895*b* [1894]) «Über die Berechtigung, von der Neurasthenie einen bestimmten Symptomenkomplex als "Angstneurose" abzutrennen» {«Sobre la justificación de separar de la neurastenia un determinado síndrome en calidad de "neurosis de angustia"»}, *GS*, **1**, pág. 306; *GW*, **1**, pág. 315; *SE*, **3**, pág. 87. {*SA*, **6**, pág. 25; *SR*, **11**, pág. 99; *BN*, **1**, pág. 183; *AE*, **3**, pág. 85.} (51, 101, 166)
    (1895*d*) En colaboración con Breuer, J., *Studien über Hysterie* {*Estudios sobre la histeria*}, Viena; reimpresión, Francfort, 1970. *GS*, **1**, pág. 3; *GW*, **1**, pág. 77 (estas ediciones no incluyen las contribuciones de Breuer); *SE*, **2** (incluye las contribuciones de Breuer). {*SA*, «Ergänzungsband» (Volumen complementario), pág. 37 (sólo la parte IV: «Zur Psychotherapie der Hysterie»); *SR*, **10**, pág. 7; *BN*, **1**, pág. 39 (estas ediciones no incluyen las contribuciones de Breuer); *AE*, **2** (incluye las contribuciones de Breuer).} (46, 73, 85, 91, 141, 144, 206, 211)
    (1896*a*) «L'hérédité et l'étiologie des névroses» {«La herencia y la etiología de las neurosis»} (en francés), *GS*, **1**, pág. 388; *GW*, **1**, pág. 407; *SE*, **3**, pág. 143. {*SR*, **11**, pág. 145; *BN*, **1**, pág. 277; *AE*, **3**, pág. 139.} (166)
    (1896*b*) «Weitere Bemerkungen über die Abwehr-Neuropsychosen» {«Nuevas puntualizaciones sobre las neuropsicosis de defensa»}, *GS*, **1**, pág. 363; *GW*, **1**, pág. 379; *SE*, **3**, pág. 159. {*SR*, **11**, pág. 175; *BN*, **1**, pág. 286; *AE*, **3**, pág. 157.} (45)
    (1898*a*) «Die Sexualität in der Ätiologie der Neurosen» {«La sexualidad en la etiología de las neurosis»}, *GS*, **1**, pág. 439; *GW*, **1**, pág. 491; *SE*, **3**, pág. 261. {*SA*, **5**, pág. 11; *SR*, **12**, pág. 185; *BN*, **1**, pág. 317; *AE*, **3**, pág. 251.} (162)
    (1900*a* [1899]) *Die Traumdeutung* {*La interpretación de los sueños*}, Viena. *GS*, **2-3**; *GW*, **2-3**; *SE*, **4-5**. {*SA*, **2**; *SR*, **6-7** y **19**, pág. 217; *BN*, **2**, pág. 343; *AE*, **4-5**.}

Freud, S. *(cont.)*
(4, 7-9, 28, 47-8, 51, 54, 61-2, 69, 93, 108, 131, 141, 144-145, 156-8, 186, 190, 193, 207-8, 220)

(1901*a*) *Über den Traum* {*Sobre el sueño*}, Wiesbaden. *GS*, 3, pág. 189; *GW*, 2-3, pág. 643; *SE*, 5, pág. 629. {*SR*, 2, pág. 159; *BN*, 2, pág. 721; *AE*, 5, pág. 613.} (28)

(1901*b*) *Zur Psychopathologie des Alltagslebens* {*Psicopatología de la vida cotidiana*}, Berlín, 1904. *GS*, 4, pág. 3; *GW*, 4; *SE*, 6. {*SR*, 1; *BN*, 3, pág. 755; *AE*, 6.} (67, 85, 88-90)

(1905*c*) *Der Witz und seine Beziehung zum Unbewussten* {*El chiste y su relación con lo inconciente*}, Viena. *GS*, 9, pág. 5; *GW*, 6; *SE*, 8. {*SA*, 4, pág. 9; *SR*, 3, pág. 7; *BN*, 3, pág. 1029; *AE*, 8.} (85, 108, 128, 135, 163, 178)

(1905*d*) *Drei Abhandlungen zur Sexualtheorie* {*Tres ensayos de teoría sexual*}, Viena. *GS*, 5, pág. 3; *GW*, 5, pág. 29; *SE*, 7, pág. 125. {*SA*, 5, pág. 37; *SR*, 2, pág. 7, y 20, pág. 187; *BN*, 4, pág. 1169; *AE*, 7, pág. 109.} (5, 40, 115, 117-8, 135, 140, 142, 145-6, 154-5, 158, 162, 169, 171, 179, 186, 188, 194, 211)

(1905*e* [1901]) «Bruchstück einer Hysterie-Analyse» {«Fragmento de análisis de un caso de histeria»}, *GS*, 8, pág. 3; *GW*, 5, pág. 163; *SE*, 7, pág. 3. {*SA*, 6, pág. 83; *SR*, 15, pág. 7; *BN*, 3, pág. 933; *AE*, 7, pág. 1.} (5, 45, 85, 89, 140, 209)

(1906*a* [1905]) «Meine Ansichten über die Rolle der Sexualität in der Ätiologie der Neurosen» {«Mis tesis sobre el papel de la sexualidad en la etiología de las neurosis»}, *GS*, 5, pág. 123; *GW*, 5, pág. 149; *SE*, 7, pág. 271. {*SA*, 5, pág. 147; *SR*, 13, pág. 9; *BN*, 4, pág. 1238; *AE*, 7, pág. 259.} (140)

(1906*f*) Registrado anteriormente como (1907*d*). Respuesta a una encuesta «Sobre la lectura y los buenos libros», *Neue Blätter für Literatur und Kunst*, 1, Viena. *SE*, 9, pág. 245. {*RP*, 13, n° 3, 1956, pág. 281; *AE*, 9, pág. 223.} (116)

(1907*a* [1906]) *Der Wahn und die Träume in W. Jensens «Gradiva»* {*El delirio y los sueños en la «Gradiva» de W. Jensen*}, Viena. *GS*, 9, pág. 273; *GW*, 7, pág. 31; *SE*, 9, pág. 3. {*SA*, 10, pág. 9; *SR*, 3, pág. 209; *BN*, 4, pág. 1285; *AE*, 9, pág. 1.} (126, 140, 225)

(1907*c*) «Zur sexuellen Aufklärung der Kinder» {«El esclarecimiento sexual del niño»}, *GS*, 5, pág. 134; *GW*, 7, pág. 19; *SE*, 9, pág. 131. {*SA*, 5, pág. 159;

Freud, S. *(cont.)*
  *SR*, **13**, pág. 19; *BN*, **4**, pág. 1244; *AE*, **9**, pág. 111.}
  (175, 186, 190, 195, 224)
  (1908a) «Hysterische Phantasien und ihre Beziehung zur Bisexualität» {«Las fantasías histéricas y su relación con la bisexualidad»}, *GS*, **5**, pág. 246; *GW*, **7**, pág. 191; *SE*, **9**, pág. 157. {*SA*, **6**, pág. 187; *SR*, **13**, pág. 108; *BN*, **4**, pág. 1349; *AE*, **9**, pág. 137.} (208, 218)
  (1908c) «Über infantile Sexualtheorien» {«Sobre las teorías sexuales infantiles»}, *GS*, **5**, pág. 168; *GW*, **7**, pág. 171; *SE*, **9**, pág. 207. {*SA*, **5**, pág. 169; *SR*, **13**, pág. 47; *BN*, **4**, pág. 1262; *AE*, **9**, pág. 183.} (118-20, 140, 211)
  (1908d) «Die "kulturelle" Sexualmoral und die moderne Nervosität». {«La moral sexual "cultural" y la nerviosidad moderna»}, *GS*, **5**, pág. 143; *GW*, **7**, pág. 143; *SE*, **9**, pág. 179. (*SA*, **9**, pág. 9; *SR*, **13**, pág. 27; *BN*, **4**, pág. 1249; *AE*, **9**, pág. 159.} (109, 121, 209)
  (1908e [1907]) «Der Dichter und das Phantasieren» {«El creador literario y el fantaseo»}, *GS*, **10**, pág. 229; *GW*, **7**, pág. 213; *SE*, **9**, pág. 143. {*SA*, **10**, pág. 169; *SR*, **18**, pág. 47; *BN*, **4**, pág. 1343; *AE*, **9**, pág. 123.} (140, 142)
  (1909a [1908]) «Allgemeines über den hysterischen Anfall» {«Apreciaciones generales sobre el ataque histérico»}, *GS*, **5**, pág. 255; *GW*, **7**, pág. 235; *SE*, **9**, pág. 229. {*SA*, **6**, pág. 197; *SR*, **13**, pág. 115; *BN*, **4**, pág. 1358; *AE*, **9**, pág. 203.} (140, 147, 172)
  (1909b) «Analyse der Phobie eines fünfjährigen Knaben» {«Análisis de la fobia de un niño de cinco años»}, *GS*, **8**, pág. 129; *GW*, **7**, pág. 243; *SE*, **10**, pág. 3. {*SA*, **8**, pág. 9; *SR*, **15**, pág. 113; *BN*, **4**, pág. 1365; *AE*, **10**, pág. 1.} (118, 186, 191-4, 196, 227)
  (1909c [1908]) «Der Familienroman der Neurotiker» {«La novela familiar de los neuróticos»}, *GS*, **12**, pág. 367; *GW*, **7**, pág. 227; *SE*, **9**, pág. 237. {*SA*, **4**, pág. 221; *SR*, **21**, pág. 163; *BN*, **4**, pág. 1361; *AE*, **9**, pág. 213.} (140)
  (1909d) «Bemerkungen über einen Fall von Zwangsneurose» {«A propósito de un caso de neurosis obsesiva»}, *GS*, **8**, pág. 269; *GW*, **7**, pág. 381; *SE*, **10**, pág. 155. {*SA*, **7**, pág. 31; *SR*, **16**, pág. 7; *BN*, **4**, pág. 1441; *AE*, **10**, pág. 119.} (34, 100, 108, 152, 178, 191)
  (1910a [1909]) *Über Psychoanalyse* {*Cinco conferencias sobre psicoanálisis*}, Viena. *GS*, **4**, pág. 349; *GW*, **8**,

Freud, S. *(cont.)*
pág. 3; *SE*, 11, pág. 3. {*SR*, 2, pág. 107; *BN*, 5, pág. 1533; *AE*, 11, pág. 1.} (144)
(1910c) *Eine Kindheitserinnerung des Leonardo da Vinci* {*Un recuerdo infantil de Leonardo da Vinci*}, Viena. *GS*, 9, pág. 371; *GW*, 8, pág. 128; *SE*, 11, pág. 59. {*SA*, 10, pág. 87; *SR*, 8, pág. 167; *BN*, 5, pág. 1577; *AE*, 11, pág. 53.} (195, 225)
(1910h) «Über einen besonderen Typus der Objektwahl beim Manne (Beiträge zur Psychologie des Liebeslebens, I)» {«Sobre un tipo particular de elección de objeto en el hombre (Contribuciones a la psicología del amor, I)»}, *GS*, 5, pág. 186; *GW*, 8, pág. 66; *SE*, 11, pág. 165. {*SA*, 5, pág. 185; *SR*, 13, pág. 61; *BN*, 5, pág. 1625; *AE*, 11, pág. 155.} (191, 200, 219)
(1912c) «Über neurotische Erkrankungstypen» {«Sobre los tipos de contracción de neurosis»}, *GS*, 5, pág. 400; *GW*, 8, pág. 322; *SE*, 12, pág. 229. {*SA*, 6, pág. 215; *SR*, 13, pág. 230; *BN*, 5, pág. 1718; *AE*, 12, pág. 233.} (169)
(1912d) «Über die allgemeinste Erniedrigung des Liebeslebens (Beiträge zur Psychologie des Liebeslebens, II)» {«Sobre la más generalizada degradación de la vida amorosa (Contribuciones a la psicología del amor, II)»}, *GS*, 5, pág. 198; *GW*, 8, pág. 78; *SE*, 11, pág. 179. {*SA*, 5, pág. 197; *SR*, 13, pág. 70; *BN*, 5, pág. 1710; *AE*, 11, pág. 169.} (162)
(1912f) «Zur Onanie-Diskussion» {«Contribuciones para un debate sobre el onanismo»}, *GS*, 3, pág. 324; *GW*, 8, pág. 332; *SE*, 12, pág. 243. {*SR*, 21, pág. 173; *BN*, 5, pág. 1702; *AE*, 12, pág. 247.} (178)
(1912-13) *Totem und Tabu* {*Tótem y tabú*}, Viena, 1913. *GS*, 10, pág. 3; *GW*, 9; *SE*, 13, pág. 1. {*SA*, 9, pág. 287; *SR*, 8, pág. 7; *BN*, 5, pág. 1745; *AE*, 13, pág. 1.} (100)
(1913c) «Zur Einleitung der Behandlung (Weitere Ratschläge zur Technik der Psychoanalyse, I)» {«Sobre la iniciación del tratamiento (Nuevos consejos sobre la técnica del psicoanálisis, I)»}, *GS*, 6, pág. 84; *GW*, 8, pág. 454; *SE*, 12, pág. 123. {*SA*, «Ergänzungsband» (Volumen complementario), pág. 181; *SR*, 14, pág. 119; *BN*, 5, pág. 1661; *AE*, 12, pág. 121.} (209)
(1913d) «Märchenstoffe in Träumen» {«Materiales del cuento tradicional en los sueños»}, *GS*, 3, pág. 259; *GW*, 10, pág. 2; *SE*, 12, pág. 281. {*SR*, 19, pág. 125; *BN*, 5, pág. 1729; *AE*, 12, pág. 293.} (105)

Freud, S. *(cont.)*
(1913*f*) «Das Motiv der Kästchenwahl» {«El motivo de la elección del cofre»}, *GS*, **10**, pág. 243; *GW*, **10**, pág. 24; *SE*, **12**, pág. 291. {*SA*, **10**, pág. 181; *SR*, **18**, pág. 69; *BN*, **5**, pág. 1868; *AE*, **12**, pág. 303.} (36)
(1913*i*) «Die Disposition zur Zwangsneurose» {«La predisposición a la neurosis obsesiva»}, *GS*, **5**, pág. 277; *GW*, **8**, pág. 442; *SE*, **12**, pág. 313. {*SA*, **7**, pág. 105; *SR*, **13**, pág. 132; *BN*, **5**, pág. 1738; *AE*, **12**, pág. 329.} (152, 158)
(1914*c*) «Zur Einführung des Narzissmus» {«Introducción del narcisismo»}, *GS*, **6**, pág. 155; *GW*, **10**, pág. 138; *SE*, **14**, pág. 69. {*SA*, **3**, pág. 37; *SR*, **14**, pág. 171; *BN*, **6**, pág. 2017; *AE*, **14**, pág. 65.} (132)
(1914*d*) «Zur Geschichte der psychoanalytischen Bewegung» {«Contribución a la historia del movimiento psicoanalítico»}, *GS*, **4**, pág. 411; *GW*, **10**, pág. 44; *SE*, **14**, pág. 3. {*SR*, **12**, pág. 100; *BN*, **5**, pág. 1895; *AE*, **14**, pág. 1.} (84)
(1915*b*) «Zeitgemässes über Krieg und Tod» {«De guerra y muerte. Temas de actualidad»}, *GS*, **10**, pág. 315; *GW*, **10**, pág. 324; *SE*, **14**, pág. 275. {*SA*, **9**, pág. 33; *SR*, **18**, pág. 219; *BN*, **6**, pág. 2101; *AE*, **14**, pág. 273.} (132)
(1915*d*) «Die Verdrängung» {«La represión»}, *GS*, **5**, pág. 466; *GW*, **10**, pág. 248; *SE*, **14**, pág. 143. {*SA*, **3**, pág. 103; *SR*, **9**, pág. 121; *BN*, **6**, pág. 2053; *AE*, **14**, pág. 135.} (108, 209)
(1915*e*) «Das Unbewusste» {«Lo inconciente»}, *GS*, **5**, pág. 480; *GW*, **10**, pág. 264; *SE*, **14**, pág. 161. {*SA*, **3**, pág. 119; *SR*, **9**, pág. 133; *BN*, **6**, pág. 2061; *AE*, **14**, pág. 153.} (41, 107, 209)
(1916*d*) «Einige Charaktertypen aus der psychoanalytischen Arbeit» {«Algunos tipos de carácter dilucidados por el trabajo psicoanalítico»}, *GS*, **10**, pág. 287; *GW*, **10**, pág. 364; *SE*, **14**, pág. 311. {*SA*, **10**, pág. 229; *SR*, **18**, pág. 111; *BN*, **7**, pág. 2413; *AE*, **14**, pág. 313.} (86)
(1916-17 [1915-17]) *Vorlesungen zur Einführung in die Psychoanalyse* {*Conferencias de introducción al psicoanálisis*}, Viena. *GS*, **7**; *GW*, **11**; *SE*, **15-16**. {*SA*, **1**, pág. 33; *SR*, **4-5**; *BN*, **6**, pág. 2123; *AE*, **15-16**.} (105, 209-10)
(1917*c*) «Über Triebumsetzungen, insbesondere der Analerotik» {«Sobre las trasposiciones de la pulsión, en

Freud, S. *(cont.)*
particular del erotismo anal»}, *GS*, **5**, pág. 268; *GW*, **10**, pág. 402; *SE*, **17**, pág. 127. {*SA*, **7**, pág. 123; *SR*, **13**, pág. 125; *BN*, **6**, pág. 2034; *AE*, **17**, pág. 113.} (152)

(1918*b* [1914]) «Aus der Geschichte einer infantilen Neurose» {«De la historia de una neurosis infantil»}, *GS*, **8**, pág. 439; *GW*, **12**, pág. 29; *SE*, **17**, pág. 3. {*SA*, **8**, pág. 125; *SR*, **16**, pág. 143; *BN*, **6**, pág. 1941; *AE*, **17**, pág. 1.} (152, 196-7)

(1923*b*) *Das Ich und das Es* {*El yo y el ello*}, Viena. *GS*, **6**, pág. 351; *GW*, **13**, pág. 237; *SE*, **19**, pág. 3. {*SA*, **3**, pág. 273; *SR*, **9**, pág. 191; *BN*, **7**, pág. 2701; *AE*, **19**, pág. 1.} (106, 158)

(1923*d* [1922]) «Eine Teufelsneurose im siebzehnten Jahrhundert» {«Una neurosis demoníaca en el siglo XVII»}, *GS*, **10**, pág. 409; *GW*, **13**, pág. 317; *SE*, **19**, pág. 69. {*SA*, **7**, pág. 283; *SR*, **18**, pág. 187; *BN*, **7**, pág. 2677; *AE*, **19**, pág. 67.} (157)

(1924*f* [1923]) «Psychoanalysis: Exploring the Hidden Recesses of the Mind» (Psicoanálisis: exploración de los recovecos ocultos de la mente) {traducido en la presente edición como «Breve informe sobre el psicoanálisis»}, **2**, cap. LXXIII de *These Eventful Years*, Londres y Nueva York. El texto original en alemán fue publicado en 1928 con el título «Kurzer Abriss der Psychoanalyse». *GS*, **11**, pág. 183; *GW*, **13**, pág. 403; *SE*, **19**, pág. 191. {*SR*, **17**, pág. 163; *BN*, **7**, pág. 2729; *AE*, **19**, pág. 199.} (100)

(1925*d* [1924]) *Selbstdarstellung* {*Presentación autobiográfica*}, Viena, 1934. *GS*, **11**, pág. 119; *GW*, **14**, pág. 33; *SE*, **20**, pág. 3. {*SR*, **9**, pág. 239; *BN*, **7**, pág. 2761; *AE*, **20**, pág. 1.} (5)

(1925*j*) «Einige psychische Folgen des anatomischen Geschlechtsunterschieds» {«Algunas consecuencias psíquicas de la diferencia anatómica entre los sexos»}, *GS*, **11**, pág. 8; *GW*, **14**, pág. 19; *SE*, **19**, pág. 243. {*SA*, **5**, pág. 253; *SR*, **21**, pág. 203; *BN*, **8**, pág. 2896; *AE*, **19**, pág. 259.} (118)

(1926*d* [1925]) *Hemmung, Symptom und Angst* {*Inhibición, síntoma y angustia*}, Viena. *GS*, **11**, pág. 23; *GW*, **14**, pág. 113; *SE*, **20**, pág. 77. {*SA*, **6**, pág. 227; *SR*, **11**, pág. 9; *BN*, **8**, pág. 2833; *AE*, **20**, pág. 71.} (51)

(1927*c*) *Die Zukunft einer Illusion* {*El porvenir de una ilusión*}, Viena. *GS*, **11**, pág. 411; *GW*, **14**, pág. 325;

Freud, S. *(cont.)*
*SE*, **21**, pág. 3. {*SA*, **9**, pág. 135; *SR*, **14**, pág. 7; *BN*, **8**, pág. 2961; *AE*, **21**, pág. 1.} (162, 177)
(1927e) «Fetischismus» {«Fetichismo»}, *GS*, **11**, pág. 395; *GW*, **14**, pág. 311; *SE*, **21**, pág. 149. {*SA*, **3**, pág. 379; *SR*, **21**, pág. 237; *BN*, **8**, pág. 2993; *AE*, **21**, pág. 141.} (192)
(1928b [1927]) «Dostojewski und die Vatertötung» {«Dostoievski y el parricidio»}, *GS*, **12**, pág. 7; *GW*, **14**, pág. 399; *SE*, **21**, pág. 175. {*SA*, **10**, pág. 267; *SR*, **21**, pág. 253; *BN*, **8**, pág. 3004; *AE*, **21**, pág. 171.} (206, 211)
(1930a [1929]) *Das Unbehagen in der Kultur* {*El malestar en la cultura*}, Viena. *GS*, **12**, pág. 29; *GW*, **14**, pág. 421; *SE*, **21**, pág. 59. {*SA*, **9**, pág. 191; *SR*, **19**, pág. 11; *BN*, **8**, pág. 3017; *AE*, **21**, pág. 57.} (158, 162)
(1931d) «Das Fakultätsgutachten im Prozess Halsmann» {«El dictamen de la Facultad en el proceso Halsmann»}, *GS*, **12**, pág. 412; *GW*, **14**, pág. 541; *SE*, **21**, pág. 251. {*SR*, **21**, pág. 301; *BN*, **8**, pág. 3072; *AE*, **21**, pág. 249.} (86, 95)
(1932a [1931]) «Zur Gewinnung des Feuers» {«Sobre la conquista del fuego»}, *GS*, **12**, pág. 141; *GW*, **16**, pág. 3; *SE*, **22**, pág. 185. {*SA*, **9**, pág. 445; *SR*, **19**, pág. 91; *BN*, **8**, pág. 3090; *AE*, **22**, pág. 169.} (158)
(1933a [1932]) *Neue Folge der Vorlesungen zur Einführung in die Psychoanalyse* {*Nuevas conferencias de introducción al psicoanálisis*}, Viena. *GS*, **12**, pág. 151; *GW*, **15**; *SE*, **22**, pág. 3. {*SA*, **1**, pág. 447; *SR*, **17**, pág. 7; *BN*, **8**, pág. 3101; *AE*, **22**, pág. 1.} (158)
(1933b [1932]) *Warum Krieg?* {*¿Por qué la guerra?*}, París. *GS*, **12**, pág. 349; *GW*, **16**, pág. 13; *SE*, **22**, pág. 197. {*SA*, **9**, pág. 271; *SR*, **18**, pág. 245; *BN*, **8**, pág. 3207; *AE*, **22**, pág. 179.} (162)
(1937c) «Die endliche und die unendliche Analyse» {«Análisis terminable e interminable»}, *GW*, **16**, pág. 59; *SE*, **23**, pág. 211. {*SA*, «Ergänzungsband» (Volumen complementario), pág. 351; *SR*, **21**, pág. 315; *BN*, **9**, pág. 3339; *AE*, **23**, pág. 211.} (114)
(1939a [1934-38]) *Der Mann Moses und die monotheistische Religion* {*Moisés y la religión monoteísta*}, Amsterdam. *GW*, **16**, pág. 103; *SE*, **23**, pág. 3. {*SA*, **9**, pág. 455; *SR*, **20**, pág. 7; *BN*, **9**, pág. 3241; *AE*, **23**, pág. 1.} (67, 168)
(1940a [1938]) *Abriss der Psychoanalyse* {*Esquema del*

Freud, S. (cont.)
   *psicoanálisis*}, *GW*, **17**, pág. 65; *SE*, **23**, pág. 141. {*SA*, «Ergänzungsband» (Volumen complementario), pág. 407 (sólo el cap. VI: «Die psychoanalytische Technik»); *SR*, **21**, pág. 67; *BN*, **9**, pág. 3379; *AE*, **23**, pág. 133.} (192)
   (1942*a* [1905-06]) «Psychopathic Characters on the Stage» {«Personajes psicopáticos en el escenario»}. El original alemán se publicó en 1962 con el título «Psychopathische Personen auf der Bühne», *Neue Rundschau*, **73**, pág. 53; *SE*, **7**, pág. 305. {*SA*, **10**, pág. 161; *SR*, **21**, pág. 388; *BN*, **4**, pág. 1272; *AE*, **7**, pág. 273.} (37, 126)
   (1950*a* [1887-1902]) *Aus den Anfängen der Psychoanalyse* {*Los orígenes del psicoanálisis*}, Londres. Abarca las cartas a Wilhelm Fliess, manuscritos inéditos y el «Entwurf einer Psychologie» {«Proyecto de psicología»}, 1895. *SE*, **1**, pág. 175 {incluye 29 cartas, 13 manuscritos y el «Proyecto de psicología». *SR*, **22**, pág. 13; *BN*, **9**, pág. 3433, y **1**, pág. 209; incluyen 153 cartas, 14 manuscritos y el «Proyecto de psicología»; *AE*, **1**, pág. 211 (el mismo contenido que *SE*).} (4, 85, 101, 140, 145, 152, 156-7, 162, 166, 168, 190, 194, 209, 216, 219)
   (1958*a* [1911]) En colaboración con Oppenheim, D. E., «Träume in Folklore» {«Sueños en el folklore»}, *Dreams in Folklore*, Nueva York, parte II, pág. 69; *SE*, **12**, pág. 177; *AE*, **12**, pág. 177.} (157)
Hauser, F. (1903) «Disiecta membra neuattischer Reliefs», *Jb. österr. archäol. Inst.*, **6**, pág. 79. (79)
Janet, P. (1898) *Névroses et idées fixes* (2 vols.), 2ª ed., París. (141)
Jensen, W. (1903) *Gradiva: Ein pompejanisches Phantasiestück*, Dresde y Leipzig. {*Gradiva*, Buenos Aires: Poseidón.} (1-79, 225)
Jeremias, A. (1904*a*) *Das Alte Testament im Lichte des alten Orients*, Leipzig. (2ª ed., 1916.) (157)
   (1904*b*) *Monotheistische Strömungen innerhalb der babylonischen Religion*, Leipzig. (157)
   (1905) *Babylonisches im Neuen Testament*, Leipzig. (157)
Jones, E. (1955) *Sigmund Freud: Life and Work*, **2**, Londres y Nueva York. (Las páginas que se mencionan en el texto remiten a la edición inglesa.) {*Vida y obra de Sigmund Freud*, Buenos Aires: Hormé, **2**.} (4, 85, 99, 113, 151)

(1957) *Sigmund Freud: Life and Work*, **3**, Londres y Nueva York. (Las páginas que se mencionan en el texto remiten a la edición inglesa.) {*Vida y obra de Sigmund Freud*, Buenos Aires: Hormé, **3**.} (86)

Jung, C. G. (1904) En colaboración con Riklin, F., «Diagnostische Assoziationsstudien, I. Beitrag: "Experimentelle Untersuchungen über Assoziationen Gesunder"», *J. Psychol. Neurol.*, **3**, págs. 55, 145, 193 y 283, y **4**, págs. 24 y 109. Incluido en el vol. 1 de Jung (ed.) (1906, 1909). (84-5)

(1906) *Die psychologische Diagnose des Tatbestandes*, Halle. (84, 88, 90)

(1906, 1909) (ed.) *Diagnostische Assoziationsstudien* (2 vols.), Leipzig. (45, 84)

Krafft-Ebing, R. von (1867) *Beiträge zur Erkennung und richtigen forensischen Beurteilung krankhafter Gemütszustände für Ärzte, Richter und Verteidiger*, Erlangen. (101)

(1895b) *Nervosität und neurasthenische Zustände*, Viena. (166)

Löwenfeld, L. (1904) *Die psychischen Zwangserscheinungen*, Wiesbaden. (101)

Moebius, P. J. (1903) *Über den physiologischen Schwachsinn des Weibes*, 5ª ed., Halle. (177)

Multatuli (E. D. Dekker) (1906) *Multatuli-Briefe* (2 vols.), Francfort. (116)

Oppenheim, D. E. y Freud, S.: *véase* Freud, S. (1958a).

Pick, A. (1896) «Über pathologische Träumerei und ihre Beziehung zur Hysterie», *Jb. Psychiat. Neurol.*, **14**, pág. 280. (141)

Rank, O. (1909) *Der Mythus von der Geburt des Helden*, Leipzig y Viena. {*El mito del nacimiento del héroe*, Buenos Aires: Paidós.} (215)

Riklin, F. y Jung, C. G.: *véase* Jung, C. G. (1904).

Sadger, I. (1907) «Die Bedeutung der psychoanalytischen Methode nach Freud», *Zbl. Nervenheilk. Psychiat.*, N. F., **18**, pág. 41. (146)

Sanctis, S. de (1899) *I sogni*, Turín. Trad. al alemán por O. Schmidt, *Die Träume*, Halle, 1901. (47)

Sociedad Psicoanalítica de Viena (1962) *Minutes of Vienna Psychoanalytic Society*, **1**, Nueva York. (79, 90, 100, 114, 119, 152, 227)

Stekel, W. (1908) *Nervöse Angstzustände und ihre Behandlung*, Berlín y Viena. {*Estados nerviosos de angustia y su tratamiento*, Buenos Aires: Imán.} (227-8)

# Índice alfabético

El presente índice incluye los nombres de autores no especializados, y también los de autores especializados cuando en el texto no se menciona una obra en particular. Para remisiones a obras especializadas, consúltese la «Bibliografía». Este índice fue preparado {para la *Standard Edition*} por la señora R. S. Partridge. {El de la presente versión castellana se confeccionó sobre la base de aquel.}

Abraham, K., 225 n. 1
Abstinencia sexual, 171, 173, 175-6, 178-9
Absurdidad
de los delirios, 59
de los sueños, 61, 68-9
Abulias, 102
Acciones obsesivas
aparente falta de sentido de las, 102-4, 108
como mecanismos de defensa, 106-7
desplazamiento en las, 108
significado sexual de las, 103-105, 108-9
y prácticas religiosas, 101-3, 105-9
Acciones sintomáticas, 88
Acto sexual, 163, 169-70, 172-9, 208, 211
de los padres, 186, 196-8
teorías infantiles del, 119, 186, 194, 196-201
Adler, A. (*véase también* la «Bibliografía»), 84
Afecto, 51, 90-1, 117, 145, 209 n. 4, 210 n. 6
Agresión, 144, 168
*Altenberg, P.*, 223n.
Alucinación negativa, 56
Ambición
fantasías de, 130, 141, 218
y erotismo uretral, 158 y n. 11
Amor, 19, 74-5, 117
capacidad de los niños para el, 117
de objeto, 143, 169
y matrimonio, 173-4, 176-7, 179-81

Analogías
ecuación algebraica, 89
imagen del domador en los retablos, 130
remiendo de seda en chaqueta andrajosa, 121
sepultamiento de Pompeya, 5, 34 y n., 43, 70
Angustia (*véase también* Fobias; Horror), 51n., 227
ante la muerte, 181
de expectativa, 8, 106-8
en la neurosis obsesiva, 101-2, 106-7
es el resultado de la represión, 51, 107, 181
histeria de, 227 y n. 2
sueños de, 11-5, 17-8, 46-8, 50-52, 77
Animales, vida sexual de los, 120-121, 168, 191, 195, 200
Anticonceptivos (*véase* Procedimientos anticonceptivos)
Antigüedad clásica
creencia en los espíritus en la, 14
hermafroditismo en la, 193
y dinero, 157
y religión, 109
y sueños, 7-8
*Anzengruber, L.*, 132 y n. 5
Apolo, 12 y n. 15, 21, 46, 57, 69
Apremio de la vida, 168
*Arc de cercle*, 208
*Ariosto, L.*, 127 y n. 1
Arte y psicología, 225
Asco, 154-5
*Aschaffenburg, G.*, 84
Aseo, 153, 156

Asociación
  experimentos de la, 84, 87-92
Asociación libre
  en el psicoanálisis, 61, 73-4, 91-2
  y juegos de salón, 87
Ataque histérico, 107, 207-11
Atención, 90, 211
Ausencias, 210-1
Autoerotismo (*véase también* Masturbación), 117, 143, 169-70, 178, 192
  y ataque histérico, 210
Avaricia y erotismo anal, 152-3, 155-8

Bahr, H., 223n.
Basedow, enfermedad de, 60
Baudissin, E., 79
Beard, G. M. (*véase* la «Bibliografía»)
Bertgang, R. (en *Gradiva*, de Jensen), 20, 24-9, 32-3, 43, 60-4, 68
Bertgang, Z. (en *Gradiva*, de Jensen), 19-74 *passim*
  su papel terapéutico, 19, 25, 31, 58, 70-5
Beso, teoría de la concepción por el, 198
Binet, A. (*véase* la «Bibliografía»)
Binswanger, O. L. (*véase* la «Bibliografía»)
Biología y sexualidad, 116-7, 177
Bisexualidad (*véase también* Masculino y femenino), 139-40, 145-7, 208
Bleuler, E. (*véase también* la «Bibliografía»), 84, 87
Bresler, J., 99
Breuer, J. (*véase también* la «Bibliografía»), 100
  su colaboración con Freud, 46
  su empleo del método catártico, 73, 91
  y los «estados hipnoides», 211 y n. 7
*Briefe und Werk* (de *Multatuli*), 224
Burghölzli, hospital, 84

«Caperucita Roja», 195
Carácter, 158 y n. 12
  efecto de la abstinencia sexual en el, 175-6
  efecto de la masturbación en el, 178
  y erotismo anal, 153-8
Caso
  de «*Dora*», 5, 45 n. 10, 85 n. 1, 89 n. 3, 140, 209 n. 5
  de *Emmy von N.*, 85
  de la histérica que figuraba los dos papeles sexuales, 147, 208
  de la muchacha que debía vaciar obsesivamente una jofaina, 104
  de la mujer separada de su marido, 104-5
  del «*Hombre de las Ratas*», 34n., 100, 108 n. 10, 152, 178 n. 11, 191 n. 5
  del «*Hombre de los Lobos*», 152, 196 n. 14, 197n.
  del joven dedicado a la matemática, 30-1
  del *pequeño Hans*, 118 y n. 2 y 3, 186, 191 n. 6, 192 n. 8, 193 n. 9, 194 n. 12, 196 n. 14, 227 n. 2
Castración
  amenaza de, 186, 193
  complejo de, 186, 193
Catarsis (*véase* Método catártico)
Cavilación obsesiva, 119
Celos, 21-2, 32, 65-6, 73, 117
  de hermanos menores, 189-90
Censura, 49, 207
Ceremonial obsesivo (*véase* Acciones obsesivas)
*Ceres*, 10, 27
Cigüeña, fábula de la, 119, 121, 189-91
Clítoris, 193-4
Cloaca, teoría de la, 186, 195-6
Complejo
  de castración, 186, 193
  de Edipo, 191 n. 5
  nuclear de las neurosis, 191
  uso del término, 84-5
Complejos, teoría de los, 84-5, 87-96, 167, 188, 209
Componentes pulsionales (*véase* Pulsiones parciales)
Compulsiones (*véase también* Acciones obsesivas), 104-6
Conciencia
  acceso a la, 67, 75, 142
  el tratamiento psicoanalítico lleva lo reprimido a la, 73, 156
  y represión, 40-1, 49, 66, 77, 85, 91
Conciencia moral, 103

Condensación
　en el ataque histérico, 207-8
　en los sueños, 63
Conflicto psíquico, 44-5, 49, 55-58, 107, 191
Constipación, 156
Contenido manifiesto del sueño, 48-52, 57, 61, 63-4, 68-9, 93, 144 *n*. 5
Contrainvestidura, 107 y *n*. 8
Conversión histérica, 143-4
*Copérnico, N.*, 223
Coprofilia, 195
*Couvade*, 198-9
Creación literaria, 9, 36-7, 39, 45-6, 75-6, 78, 125-9, 224
　y juego de los niños, 127-9
　y sueños, 7-9, 35, 52
　y sueños diurnos, 131-5
Crítica, renuncia del paciente a la, 91
Cuentos tradicionales, 157, 189, 195-6, 229
Culpa
　conciencia inconciente de, 106 y *n*.
　sentimiento de, 95, 108, 155*n*.
Cultura
　moral sexual impuesta por la, 163-4, 166-81
　y neurosis, 164-6, 180-1
　y sofocación de las pulsiones, 109, 161-2, 166-81, 229
Cumplimiento de deseo
　en las fantasías, 129-31, 133-134, 141-3, 207-8
　en los síntomas, 144
　en los sueños, 7-8, 52, 75-7, 131
　en los sueños diurnos, 130-1, 218
Cura de aguas, 180, 229

*Charcot, J. M.*, 46
Chistes, 128, 135*n*.

Defecación, ganancia de placer de la, 154-8
Defensa, 155*n*.
　acciones obsesivas como, 106-7
　prácticas religiosas como, 106
Degeneración, 38, 188
*Dekker, E. D.* (*véase Multatuli*)
Delirios
　absurdidad de los, 59
　desfiguración en los, 67

equivocidad de los, 70-1
génesis y desarrollo de los, 19, 37-40, 43-52, 54-9, 63-8, 75
hay un grano de verdad en los, 67
histéricos, 38*n*.
paranoicos, 38 y *n*., 141, 143
psicoterapia de los, 19, 31-3, 39, 43, 50, 71-4, 76
simbolismo de los, 33
y sueños, 46-9, 52, 69-71
Delito
　psicología del, 86, 91, 94
　y sociedad, 168
*Dementia praecox*, 119*n*.
Denegación, 169 y *n*. 5, 173
Desarrollo sexual, demora en el, 175-7
Deseo inconciente, 77, 91, 131
Desfiguración
　en el ataque histérico, 207
　en las fantasías, 42-3, 49
　en los delirios, 67
　en los sueños, 49-50, 52, 61-2, 68, 131, 141, 207
Deslices en el habla, 88
Desmentida, 192 *n*. 7
Desplazamiento (*véase también* Traslado de atrás a adelante)
　de la pulsión sexual, 168-9
　del valor psíquico, en la práctica religiosa, 108
　en las acciones obsesivas, 108
　en los sueños, 49, 108
Determinismo, 88, 91
Determinismo doble
　de las fantasías, 43-4
　de los síntomas, 71
*Deuticke, F.*, 225 *n*. 1
Diablo como personificación de la vida pulsional inconciente, 157
Dichos
　como formaciones de compromiso, 70-1
　en los sueños, 62
Dietética, 229
Dinero
　en la Antigüedad, 157
　equiparado con la suciedad, 156
　equiparado con las heces, 152, 156-8
Dios, 109
Dislocación (*véase* Desfiguración)
Displacer, 94, 169
Disposición constitucional, 171-3, 177, 179, 181

Divinidad, sacrificio del placer pulsional a la, 168
Doble sentido (*véase* Equivocidad)
*Docteur Pascal* (de *Zola*), 224
«*Dora*», caso de, 5, 45 n. 10, 85 n. 1, 89 n. 3, 140, 209 n. 5
Dormir, 7-9, 52
*Dostoievski, F.*, 206, 211 n. 8

*Eckstein, E.* (*véase* la «Bibliografía»)
*Edipo rey* (de *Sófocles*), 4, 119
Educación (*véase también* Esclarecimiento sexual del niño), 155, 171, 175-9, 187, 191
*Ehrenfels, C. von* (*véase también* la «Bibliografía»), 181
*Eimer, G. H. T.*, 20 y n., 61-3
*Einstein, A.*, 162
*Ellis, H.* (véase la «Bibliografía»)
*Emmy von N.*, caso de, 85
Empatía, 38
Emperadores romanos, fantasías escenificadas por, 143
Enuresis, 158 y n. 11
Envidia del pene, 186, 194
Epilepsia, 205, 211
*Epístolas* (de *Horacio*), 29n.
Equiparación de personas en los sueños, 62
Equivocidad (*véase también* Palabras-puentes), 68-71, 92
*Erb, W.* (*véase* la «Bibliografía»)
Erotismo
anal, 151-8, 196 n. 14
oral, 154, 198
uretral, 154, 158 n. 11
«Erotomanía fetichista» (*véase* Fetichismo)
Escena primordial, 186, 196-8
Esclarecimiento sexual del niño
edad y maneras apropiadas para darlo, 115, 120-1
en la escuela, 120-1
necesidad del, 115-20
por otros niños, 199-200
reacción ante el, 200
Escrupulosidad obsesiva, 102-3, 107
Esfinge, enigma de la, 119
Espíritus, creencia en los, 14-7, 23, 26, 59
*Essays* (de *Macaulay*), 224
«Estados hipnoides», 211
*Este, I. d'*, 127 y n. 1

Excitación sexual (*véase también* Satisfacción sexual), 117, 154, 169-71, 196
Expectativa angustiada (*véase* Angustia de expectativa)

*Fackel, Die*, 178
Factores tóxicos en las neurosis, 167
Fantasías (*véase también* Sueños diurnos), 229
como cumplimientos de deseo, 129-31, 133-4, 141-3, 207-8
como formaciones de compromiso, 44, 49
como sustitutos del juego, 128-129, 134
de ambición, 130, 141, 218
de la «novela familiar», 219-20
desfiguración en las, 42-3, 49
determinismo doble de las, 43-44
encubridoras, 155n.
eróticas, 130, 141, 209
histéricas, 139-47, 207-9
inconcientes, 141-7, 207
masturbatorias, 142-3, 146, 178
recuerdos reprimidos como fuente de las, 26-7, 29-30, 33-34, 41-3, 48-9
son los estadios previos de la neurosis, 131
son precursoras del delirio, 38, 49
su relación con el tiempo, 130-131, 133-4
y represión, 142, 210
y síntomas, 130, 140-6
y sueños, 130-1, 141-2
*Fausto* (de *Goethe*), 223
*Fécondité* (de *Zola*), 224
*Ferenczi, S.* (*véase* la «Bibliografía»)
Fetichismo, 38-40
Figuración indirecta, 93
Fijación de la pulsión sexual, 168, 170, 193
*Fliess, W.*, 4, 85 n. 2, 101n., 133 n., 140, 145n., 152, 156 n. 6, 157 n. 7, 162, 166 n. 2, 168n., 171n., 194 n. 11, 209 n. 5, 216, 219 n. 3
Fobias (*véase también* Horror), 107, 198
*Forel, A.*, 223n.
Formación
reactiva, 154, 156, 158

246

sustitutiva histérica, 194
Formaciones de compromiso
  las fantasías como, 44, 49
  los dichos como, 70-1
  los síntomas como, 44-5, 49, 56, 66, 71, 74, 107-9, 145-6
*France, A.*, 224
*Fremdlinge unter den Menschen* (de *Jensen*), 79
Frigidez, 177, 179-80, 194
Frustración (*véase* Denegación)
*Fürst, M.*, 113-21

Ganancia primaria y secundaria de la enfermedad, 209 *n*. 5
Genitales (*véase también* Castración; Clítoris; Pene; Vagina)
  estimulación de los, en la infancia, 117, 154, 169, 192-4
  primado de los, 117, 169
Goethe, *J. W. von*, 129 *n*. 3, 156 y *n*. 5, 223
*Gomperz, T.*, 224
*Götz von Berlichingen* (de *Goethe*), 156 y *n*. 5
*Gradiva* (de *Jensen*), 126, 225 *n*. 1
  como estudio psiquiátrico, 3-5, 35-79
  resumen del relato, 9-34
  y *Jung*, 4, 9, 75
*Graf, M.*, 79 *n*. 3
*Griechische Denker* (de *Gomperz*), 224
*Gross, H.*, 89

*Hamlet* (de *Shakespeare*), 4, 8*n*., 15, 223
Hanold, N. (en *Gradiva*, de *Jensen*), 10-77 *passim*
  sueños de, 11-5, 17-8, 21-2, 35, 43-52, 55-69, 72-3, 77
Hans, pequeño, caso del, 118 y *n*. 2 y 3, 186, 191 *n*. 6, 192 *n*. 8, 193 *n*. 9, 194 *n*. 12, 196 *n*. 14, 227 *n*. 2
*Hartleben, G.* (en *Gradiva*, de *Jensen*), 21-4, 32, 58, 62-3, 69-70
*Hauser, F.* (*véase* la «Bibliografía»)
Heces, 154-5 y *n*. 4
  equiparadas con el dinero, 152, 156-8
  equiparadas con el hijo, 195

Hedonismo, 181
*Heine, H.*, 223
*Heller, H.*, 125, 223*n*., 225 *n*. 1
*Herald* (en *Götz von Berlichingen*, de *Goethe*), 156 *n*. 5
Herencia y neurosis, 38, 45 y *n*. 8, 167
Hermafroditismo, 193
Héroe
  en las creaciones literarias y los sueños diurnos, 132-3, 135
  y sociedad, 168
*Hesse, H.*, 223*n*.
Hijo equiparado con las heces, 195
*Hirschfeld, M.*, 139
Histeria (*véase también* Ataque histérico; Conversión histérica; Formación sustitutiva histérica; Posesión histérica), 45-6, 144-6, 167, 211
  de angustia, 227 y *n*. 2
*Hoffmannsthal, H. von*, 223*n*.
Hombre (*véase también* Masculino y femenino; Niños varones)
  fantasías de ambición en el, 130, 141
  y matrimonio, 172-81
  y moral sexual doble, 163, 174
«Hombre de las Ratas», caso del, 34*n*., 100, 108 *n*. 10, 152, 178 *n*. 11, 191 *n*. 5
«Hombre de los Lobos», caso del, 152, 196 *n*. 14, 197*n*.
Homero, 223
Homosexualidad, 145-6, 158, 170, 179, 186, 193
Horacio, 29*n*.
*Horas*, 79
Horror
  a la mujer, 193
  a la sangre, 197
  al hermafroditismo, 193
Huella mnémica, 29
Huida, 36, 56
Humor, 128
*Huttens letzte Tage* (de *Meyer*), 224

Icc (*véase* Inconciente)
Identificación (*véase también* Equiparación de personas en los sueños)
  múltiple, 208
«Imbecilidad fisiológica de la mujer» (*Moebius*), 177

*Im gotischen Hause* (de Jensen) 78-9
Incesto (*véase también* Mociones incestuosas), 162
Inconciente (*véase también* Deseo inconciente; Motivos inconcientes; Procesos psíquicos inconcientes), 44-5, 52-53, 71, 73-6, 107, 131, 171
  y la conciencia, 74, 94
  y lo reprimido, 41
Incontinencia fecal, 153
Inmortalidad del alma, 121
Interpretación de los sueños, 7-8, 35, 49-52, 54, 61-2, 67-9, 92-3, 131, 207, 220
Inversión de la secuencia temporal en el ataque histérico y en los sueños, 208
Inversión sexual (*véase* Homosexualidad)
Investidura
  de afecto, 90-1, 209 y *n*. 4
  de atención, 211
Investigaciones sexuales de los niños, 115-9, 177, 185-201

*Jahrbuch für sexuelle Zwischenstufen*, 139
Janet, P. (*véase también* la «Bibliografía»), 46
Jensen, W., autor de *Gradiva* (*véase también* la «Bibliografía»), 3-79 *passim*, 225*n*.
  correspondencia entre Freud y, 4
  otras novelas de, 78-9
Jeremias, A. (*véase* la «Bibliografía»)
Jesucristo, 30
Jones, E. (*véase también* la «Bibliografía»), 225 *n*. 1
Juego de los niños, 87, 127-9, 134, 198, 218
Jung, C. G. (*véase también* la «Bibliografía»), 188, 225 *n*. 1
  y experimentos de la asociación, 84, 87-8
  y *Freud*, 4, 83-4, 151
  y *Gradiva*, 4, 9 y *n*., 75
  y teoría de los complejos, 188
*Jungle Book* (de Kipling), 224

Keller, G., 224
Kipling, R., 224
Klein, J., 89

Kraepelin, E., 84
Krafft-Ebing, R. von (*véase* la «Bibliografía»)
Kraus, K., 178 y *n*. 11

Lactancia, 117, 174
Latencia, período de, 154, 162
*Lázaro* (de Heine), 223
Lenguaje (*véase* Palabras-puentes; Uso lingüístico)
Leonardo da Vinci (de *Merejkovski*), 224
*Leute von Seldwyla* (de Keller), 224
Leyendas (*véase* Mito)
Libido (*véase también* Pulsión sexual)
  exteriorizada como síntomas, 145, 173, 209, 211
  represión de la, 51
  sublimación de la, 143
Literatura (*véase* Creación literaria)
Löffler, A., 83, 87
Löwenfeld, L. (*véase* la «Bibliografía»)

Macaulay, T., 224
*Macbeth* (de Shakespeare), 15, 223
Mach, E., 223*n*.
Mammon, 157 y *n*. 9
Manía, 196
Marte, 42
Masaryk, T., 223*n*.
Masculino y femenino (*véase también* Hombre; Mujer), 66, 193-6, 211
Masoquismo, 77, 143
Masturbación (*véase también* Autoerotismo), 142-3, 178-9, 193, 199, 210
  enuresis como equivalente de la, 158 *n*. 11
  fantasías de, 142-3, 146, 178
  su efecto sobre el carácter, 178
Matemática y sexualidad, 30-1
Matrimonio, 107, 163, 172-81, 197-8
  teorías infantiles sobre el, 196-198
*Melusina*, 103 y *n*. 2
Menstruación, 174, 197-8
Merejkovski, D. S., 224
Meta sexual, 154-5, 158, 168-70, 173, 178

Método catártico, 73, 91
*Meyer, C. F.*, 4, 133*n.*, 224
«Mezcla de sangres», 198
Micción (*véase también* Enuresis), 194, 198-9
involuntaria, 210
*Milton, J.*, 223
Mito, 118, 134, 157 y *n.* 9, 189-190, 193, 218, 229
como fantasía de una nación entera, 134
Mociones
incestuosas (*véase también* Incesto), 219
pulsionales (*véase también* Pulsiones), 107
*Moebius, P. J.* (*véase* la «Bibliografía»)
*Moll, A.*, 205
Monogamia (*véase* Matrimonio)
*Monsieur Nicolas* (de *Restif de la Bretonne*), 196 *n.* 15
Moral
doble, 163, 174
en la educación de los niños, 119-21, 154-5, 191
sexual «cultural», 162-81
Mordedura de la lengua en la histeria, 210
Moscas, malestar causado por las (en *Gradiva*, de Jensen), 14, 55
Motivos inconcientes, 59, 105
Muerte, angustia ante la, 181
Mujer (*véase también* Masculino y femenino; Niñas)
«con pene», 186, 192-5
frigidez en la, 177, 179-80, 194
histeria en la, 141, 146, 211
horror a la, 193
«imbecilidad fisiológica» de la (*Moebius*), 177
inferioridad intelectual de la, 177-8
pulsión sexual en la, 130, 171-2, 174-7
y maternidad, 180
y matrimonio, 174-7, 179-81
y parto, 177
*Multatuli* (seud. de *E. D. Dekker; véase también* la «Bibliografía»), 116 y *n.*, 224
*Mutterschutz*, 161

Nacimiento, teorías infantiles del, 118-21, 186, 189-96, 198-200
Nalgas, estimulación de las, 156

*Nergal*, 157 *n.* 9
Neurastenia, 165-6
Neurosis (*véase también* Histeria)
arruinan el propósito de la cultura, 180
como «negativo» de las perversiones, 169-72
complejo nuclear de las, 191
etiología sexual de las, 74, 115, 117-9, 164, 166-81, 227
factores tóxicos en las, 167
las fantasías son los estadios previos de las, 131
obsesiva, 45, 91, 99, 109, 152, 167
predisposición a la, 173
propiamente dichas y psiconeurosis, 167
y cultura, 164-6, 180-1
y herencia, 38, 45 y *n.* 8, 167
y «novela familiar», 218-20
y procesos psíquicos inconcientes, 46, 74
Neuróticos
comparados con las personas normales, 188
comparados con los niños, 95
tratamiento psicoanalítico de los, 90-5, 103, 129, 143-7, 156-8, 187-8, 200, 207, 229
Niñas
ataque histérico en las, 210-1
envidia del pene en las, 194
Niños (*véase también* Esclarecimiento sexual del niño; Padres e hijos; Sexualidad infantil; Teorías infantiles)
capacidad de amar en los, 117
comparados con los neuróticos, 95
investigaciones sexuales de los, 115-9, 177, 185-6, 188-201
juego de los, 87, 127-9, 134, 198, 218
pulsiones parciales en los, 192, 195, 197-9
Niños varones, hostilidad de los, hacia los progenitores, 218
*Nouvelles lettres de femmes* (de *Prévost*), 200 y *n.* 17
«Novela familiar», 215-20
efecto del esclarecimiento sexual en la, 218-9

Olvido, 20, 33, 88
y represión, 29, 40

Omnipotencia, 168
Onanismo (*véase* Masturbación)
Oppenheim, D. E. (*véase* la «Bibliografía»)
Orden y erotismo anal, 153-8
*Orlando furioso* (de *Ariosto*), 127 n. 1
Padres e hijos, 189-91, 199, 217-220
Palabras-puentes, 31, 43, 74, 155 n., 200
*Paraíso perdido* (de *Milton*), 223
Paranoia, 38 y n., 60, 141, 143, 216
Parejas en viaje de bodas, malestar causado por las (en *Gradiva*, de *Jensen*), 14, 21-4, 33, 54-7, 63, 73
Parto, 177
Pene
  atribuido a la mujer, 186, 192-5
  envidia del, 186, 194
  «mujer con», 186, 192-5
Pensamientos oníricos latentes, 49-51, 57, 61, 64, 69, 76-7, 93, 144 n. 5
*Pequeño Hans*, caso del, 118 y n. 2 y 3, 186, 191 n. 6, 192 n. 8, 193 n. 9, 194 n. 12, 196 n. 14, 227 n. 2
Percepción
  «endopsíquica», 43
  «falsificada», 192 n. 7
Perseveración, 90, 93
Personas normales comparadas con los neuróticos, 188
Pertinacia y erotismo anal, 153, 155-6, 158
Perversiones, 117, 141, 143, 178-9
  como «positivo» de la neurosis, 169-72
*Pfister, O.*, 225 n. 1
*Pick, A.* (*véase* la «Bibliografía»)
Placer
  estético, 135
  las religiones inducen a sacrificarlo a la divinidad, 109
  previo, 135 y n.
  y pulsión sexual, 169
Poesía (*véase* Creación literaria)
Pompeya, 4-78 *passim*
  represión simbolizada por el sepultamiento de, 5, 34 y n., 43, 70
Posesión histérica, 157 n. 7

Prácticas religiosas y acciones obsesivas, 101-3, 105-9
*Prévost, M.*, 200 y n. 17
Prima de incentivación, 135
Procedimientos anticonceptivos, 174, 179
Proceso primario, 28n.
Procesos psíquicos inconcientes, 40-1, 43-5, 50, 52-3, 55, 63-71, 85, 167, 187
Prohibición de pensar, 177
Prohibiciones en la neurosis obsesiva (*véase también* Abulias), 107
Pruebas judiciales
  estudios de *Jung* sobre las, 84
  inseguridad de las, 87
Psicoanálisis (*véase también* Técnica psicoanalítica; Tratamiento psicoanalítico)
  aspectos terapéuticos del, 5, 73-6, 93-4, 105, 156, 228-229
  críticas contra el, 187
Psiconeurosis (*véase* Neurosis)
Psicosis (*véase también* *Dementia praecox*; Manía; Paranoia), 131, 196
*Psychoanalytische Bewegung, Die*, 4
Pubertad, 116-7, 154, 188, 194, 211-2, 218
Pulsión sexual (*véase también* Libido), 115, 130, 168-77
  desplazamiento de la, 168-9
  fijación de la, 168, 170, 193
  intensidad variable de la, 187
  represión de la (*véase* Represión sexual)
Pulsión yoica, 109, 189
Pulsiones (*véase también* Mociones pulsionales)
  parciales, 74, 107, 115, 143, 145, 154-5, 158, 168, 170-1, 192, 195, 197-9
  represión de las, 44-5, 73-4, 106-7
  sofocación de las, y la cultura, 109, 161-2, 166-81, 229

*Rank, O.* (*véase también* la «Bibliografía»), 225 n. 1
Reacción frente a palabras estímulo
  alteración en el contenido de la, 90, 92

reproducción de la, con variantes, 90, 93
tiempo de, 90, 92
Realidad
 huida de la, 209
 sentido de, en los sueños, 48-50
 y fantasía, 128-9
 y juego, 127-9
Recuerdos reprimidos, 25-34, 39-44, 48-9, 73, 187
Refugio en la enfermedad, 172, 209 y *n*. 5
Religión (*véase también* Prácticas religiosas)
 es una neurosis obsesiva universal, 109
 psicología de la, 99-101, 225
 y psicoanálisis, 225
 y sofocación de las pulsiones, 108-9, 168, 229
Representación intermedia, 28 y *n*.
Represión
 como apartamiento de la conciencia, 40-1, 49, 66, 77, 85, 91
 de los recuerdos, 25-34, 39-44, 48-9, 73, 187
 del conocimiento sexual, 191, 194-5, 200
 en santos y ascetas, 30
 la angustia es el resultado de la, 51, 107, 181
 sexual, 30, 45, 51, 74, 94, 106-109, 145, 154, 162, 167, 171, 194
 simbolizada por el sepultamiento de Pompeya, 5, 34 y *n*., 43, 70
 teoría de la, 29-31, 40-1 y *n*. 6, 44-6, 73-5, 91, 210-1
 y delirios, 67
 y fantasías, 142, 210
 y sueños, 52-3, 57, 77
 y teoría de los complejos, 85, 167, 209
Reproducción sexual, función de, 117, 169, 174, 181
Resistencia
 conciente e inconciente, 94
 en el tratamiento psicoanalítico, 92, 94
 frente a lo reprimido, 49, 52, 208
*Restif de la Bretonne, N. E.*, 196-197 *n*. 15
Restos diurnos, 48, 61-4, 77

Retorno de lo reprimido, 29-31, 74, 93, 210
*Rey Lear, El* (de Shakespeare), 36 y *n*. 2
«Richterin, Die» (de *Meyer*), 4
*Riklin, F.* (*véase también* la «Bibliografía»), 225 *n*. 1
Rituales (*véase* Prácticas religiosas)
*Rops, F.*, 30
*Rote Schirm, Der* (de *Jensen*), 78-9
*Rousseau, J.-J.*, 30

Saber, apetito de (*véase también* Investigaciones sexuales de los niños), 177, 189, 195, 199, 201
Sacrificio del placer pulsional a la divinidad, 168
*Sadger, I.* (*véase también* la «Bibliografía»), 225 *n*. 1
Sadismo, 143, 194
 en el acto sexual de los padres, 186, 196-8
Sagas (*véase* Mito)
Sagrado, lo, 168 y *n*.
*Sanctis, S. de* (*véase* la «Bibliografía»)
Sangre, horror a la (*véase también* «Mezcla de sangres»), 197
Satisfacción sexual (*véase también* Excitación sexual), 142-5, 169, 173-4, 176-9, 210
*Schnitzler, A.*, 223*n*.
*Schriften zur angewandten Seelenkunde*, 225-6
Semen, 199
Sexualidad infantil, 39-42, 107, 116-8, 145, 155*n*., 169, 178, 187-9, 191-4, 210
*Sexual-Probleme*, 161, 185
*Shakespeare, W.*, 4, 8*n*., 15, 36 y *n*. 2, 223
Simbolismo
 de las acciones obsesivas, 103-8
 de las prácticas religiosas, 103-8
 de los delirios, 33
 de los síntomas histéricos, 144
Símbolo mnémico, el síntoma histérico como, 144
Símbolos
 el pasado, 71
 emperador y emperatriz, 220
 entierro, 5, 33-4, 43, 69-71
 lagartija, 61-4, 69, 77
«Simulación, ejercicios de», 87

251

Síntomas
  como formaciones de compromiso, 44-5, 49, 56, 66, 71, 74, 107-9, 145-6
  cumplimiento de deseo en los, 144
  curabilidad de los, 93, 145
  determinismo doble de los, 71
  génesis de los, 74, 91, 141-3, 173, 188, 198
  y fantasías, 130, 140-6
Sketches (de Twain), 224
Sobrestimación, 220
Sociedad Psicoanalítica de Viena (véase también la «Bibliografía»), 79 n. 3, 90 n. 6, 99-100, 113-4, 119n., 125, 151-2, 186n., 205, 227 n. 2
Sófocles, 4, 119, 223
Stekel, W. (véase también la «Bibliografía»), 227-8
Storfer, A. J., 225 n. 1
Sublimación, 143, 154, 158, 168, 170, 173-4, 176
Suciedad y dinero, 156
Sueños (véase también Contenido manifiesto del sueño; Pensamientos oníricos latentes; Trabajo del sueño)
  absurdidad de los, 61, 68-9
  condensación en los, 63
  cumplimiento de deseo en los, 7-8, 52, 75-7, 131
  desfiguración en los, 49-50, 52, 61-2, 68, 131, 141, 207
  desplazamiento en los, 49, 108
  dichos en los, 62
  en la Antigüedad clásica, 7-8
  identificación en los, 62
  interpretación de los, 7-8, 35, 49-52, 54, 61-2, 67-9, 92-3, 131, 207, 220
  inversión de la secuencia temporal en los, 208
  reproducción alterada de los, 93
  sentido de la realidad en los, 48-50
  son el mejor acceso a lo inconciente, 53
  y creación literaria, 7-9, 35, 52
  y delirios, 46-9, 52, 69-71
  y estímulos sensoriales, 8, 12, 47
  y fantasías, 130-1, 141-2
  y perturbación mental, 47
  y represión, 52-3, 57, 77
  y vida de vigilia, 8-9, 52-3
Sueños, variedades de
  de angustia, 11-5, 17-8, 46-8, 50-2, 77
  de la «mujer con pene», 192-3
Sueños citados en el texto
  primero de Norbert Hanold (en Gradiva, de Jensen), 11-5, 17-8, 21-2, 35, 43-52, 55-9, 65-6, 72-3, 77
  segundo de Norbert Hanold (en Gradiva, de Jensen), 21-2, 60-5, 67-70, 77
  «Villa Secerno» (Freud), 4 n. 2
Sueños diurnos (véase también Fantasías), 128, 131-3, 141-142, 207, 210
  ambiciosos o eróticos, 141, 218
  cumplimiento de deseo en los, 130-1, 218
  y creación literaria, 131-5
«Sueños seculares», 134
Sugestión, 229
  hipnótica, 156
Superstición, 7-8, 157
Sur la pierre blanche (de France), 224

Técnica psicoanalítica, 31-2, 70-1, 73-5, 90-4, 143, 187
Teorías infantiles
  de la diferencia entre los sexos, 117-8, 185-6, 189, 191-5
  del acto sexual, 119, 186, 194, 196-201
  del nacimiento, 118-21, 186, 189-92, 194-6, 198-201
Torquato Tasso (de Goethe), 129 n. 3
Trabajo del sueño, 69, 144 n. 5, 207-8
Trasero (véase Nalgas)
Trasferencia, 74
Traslado de atrás a adelante, 155n.
Trastorno hacia lo contrario, 208
Trastrabarse (véase Deslices en el habla)
Tratamiento psicoanalítico
  comparado con la excavación de Pompeya, 5, 33-4
  de neuróticos, 90-5, 103, 129, 143-7, 156-8, 187-8, 200, 207, 229
  lleva lo reprimido a la conciencia, 73, 156
  resistencia en el, 92, 94
Twain, M., 224

252

Übermächte (de *Jensen*), 78n.
Uso lingüístico (*véase también* Palabras-puentes), 128, 131, 156-7

Vacilación como exteriorización de la resistencia, 92
Vagina, 194-5, 199
Venganza, 219
*Venus*, 57, 69
Vergüenza, 142, 154-5
Vértigo polutorio, 211
Vida de vigilia y sueños, 8-9, 52-53
Viena, Sociedad Psicoanalítica de (*véase también* la «Bibliografía»), 79 n. 3, 90 n. 6, 99-100, 113-4, 119n., 125, 151-2, 186n., 205, 227 n. 2
Vivencia traumática, 144
Vivencias infantiles
  concientes, 187
  reanimadas, 208
reprimidas, 26-34, 39-44, 49, 187, 207-8
*Vorbrodt, G.*, 99

*Wassermann, J.*, 223n.
*Weier, J.*, 223
*Wertheimer, M.*, 89
*Wundt, W.*, 84, 87

Yo
  pulsiones del, 109, 189
  y el héroe de la creación literaria, 132-3

*Zeit, Die*, 79, 125
*Ziehen, T.*, 85 y n. 1
*Zola, E.*, 133, 224
Zonas erógenas (*véase también* Erotismo anal; Erotismo oral), 117, 143, 154-5, 158, 169, 192
Zurich, grupo psicoanalítico de, 84-5, 88